신학자가 풀어 쓴 유교 이야기

IVP(InterVarsity Press)는
캠퍼스와 세상 속의 하나님 나라 운동을 지향하는
IVF(InterVarsity Christian Fellowship)의 출판부로서
생각하는 그리스도인을 위한 문서 운동을 실천합니다.

신학자가 풀어 쓴 유교 이야기

배요한

차례

머리말　7

서론　11

1부 유교의 밑그림　25
　　1. 유교의 기본적인 특성　27
　　2. 유교와 서양 철학　33

2부 중국 유교의 역사　43
　　3. 공자와 선진시대의 유학　45
　　4. 한당시대의 유학　93
　　5. 송명시대와 그 이후의 유학　107

3부 한국 유교의 역사　167
　　6. 유교의 전래와 주자학　169
　　7. 퇴계와 율곡의 사상　189
　　8. 퇴율 이후 조선 유학의 역사　231

4부 현대 사회와 유교   245
    9. 현대 사회에 미치는 유교의 영향력   247
    10. 서구 지성계의 유교 신드롬   259
    11. 중화의 힘, 유교   265

5부 유교와 기독교, 그 어울림과 변주곡   283
    12. 신학자가 공감하는 유교의 가르침과 향기   285
    13. 조상 제사에 대한 그리스도인의 태도   295
    14. 신학자의 눈으로 본 유교   303

주   315

머리말

이 책은 제가 신학교 시절부터 여러 선배와 스승, 서당, 국내외 대학에서 유교에 대해 배우고 또 가르치면서 얻은 지식들과 기독교적 성찰들을 담고 있습니다. 문명화·산업화를 거치면서 공자와 맹자, 퇴계와 율곡 등을 통해 우리에게 전수된 유교의 가르침은 한때 폐기해야 할 옛 이야기로 치부되기도 했습니다. 하지만 최근에는 현대 사회가 다시 회복해야 할 정신적 유산이자 가치체계라는 인식이 보편화되면서 유교를 포함한 우리 전통 종교에 대한 관심이 매우 커졌습니다. 그럼에도 우리 한국 교회는 이런 세간의 관심에서 아직 크게 벗어나 있는 상황입니다. 오히려 예수 그리스도의 유일성과 그에 따른 복음과 구원의 배타성을 극단적으로 강조하는 경향을 더 보이고 있습니다. 물론 깨어진 세상의 유일한 소망이신 예수 그리스도를 믿는 믿음에 근거한 복음의 배타성은 포기해선 안 될 기독교의 본질입니다. 그러나 우리를 그리스도 안으로 부르신 분은 우리로 하여금 또한 한민족이라는 정체성을 갖게 하셨으며, 따라서 우리는 그리스도인이면서 한국인이라는, 또는 한국인이면서 그리스도인이라는 두 정체성 가운데 살아야 하는 자들임을 기억할 필요가 있습니다. 이 책은 바로 두 정체성을 갖고 태어난 사람들 중 한 사람인 제가, 그 사이에서 경험하고 고민하고 연구하며 얻은 유익들을 이제 다른 분들과 함께 나누고자 하는 마음에서 쓴 책입니다.

교수가 되고서 첫 번째 연구학기를 유교, 불교, 노장, 서양 사상, 기독교 신앙 등을 다룰 '신학자가 풀어 쓴 종교 이야기' 시리즈의 첫 권에 해당하는 이 책과 씨름하며 보냈습니다. 첫 번째 책이어서 그런지 쓰고 나니 포함했어야 할 내용들이 떠오르고, 반대로 좀더 과감하게 정리할 필요가 있던 부분들도 눈에 밟혀 여러모로 아쉬움이 남습니다. 하지만 한국 기독교 신학자 중 이런 작업을 시도한 이가 아직 없었다는 생각에 위로를 얻어 이 책을 조심스럽게 독자 여러분 앞에 내놓습니다. 사실 처음에는 이 책을 본격적인 전문서로 출간할 생각도 했습니다. 번듯한 전공서적처럼 원문도 장황하게 인용하고, 한문이나 영어책을 포함한 자료들도 소개하고 싶었습니다. 하지만 유교에 대한 무지와 편견, 지식에 있어 아직 초보적 수준을 넘지 못한 교회 현실과, 소수이긴 하지만 유교 사상을 찬찬히 들여다보고 싶어 하는 진지한 그리스도인들이 조금씩 늘고 있는 점을 감안해 신학적으로 안심하고 읽을 수 있는 책을 쓰는 것이 급선무라는 결론을 내렸습니다. 그래서 가능하면 젊은 세대도 쉽게 이해할 수 있는 수준의 유교 입문서로 이 책을 집필했습니다. 초고를 완성한 후에는 가까운 친구와 제자들, 동료 교수들에게 원고를 보내어 다양한 의견을 듣고 반영해서, 신학과 유교 전공자에게도 인정받는 있는 책이 되도록 했습니다.

이 책에 실린 글 가운데 1/5 정도는 「교육 교회」, 「선교와 신학」 등 여러 잡지에 연재했던 글이었는데 단행본 성격에 맞도록 내용을 과감하게 새로 고쳤고, 제가 했던 유교 공부와 경험들 가운데 기독교적으로 숙고해 보면 좋을 것 같은 요소들을 새로 담았습니다.

가능하면 독자를 앞에 두고 대화나 강의를 하듯이, 몇 발자국 앞에서 안내하는 인도자의 마음으로 책을 쓰려고 노력했습니다. 그래서 문체도 대화체와 존댓말을 사용했고, 내용 또한 가능한 한 전통 종교를 공부하면서 저 스스로가 궁금했던 것과 답답했던 것 등을 떠올리면서 독자들의 눈높이에 최대한 맞추려고 했습니다.

이 자리를 빌려서 특별히 감사를 드릴 분들이 계십니다. 가장 먼저 저를 위해 언제나 기쁜 마음으로 기도해 주시는 부모님께 감사드립니다. 부모님의 지극한 사랑과 기도를 생각하면 언제나 부끄러울 따름입니다. 또한 지금은 천국에 계신 사랑하는 장모님께도 깊은 감사를 드립니다. 항상 연구에 힘쏟을 수 있도록 배려해 준 사랑하는 아내와 두 아들 병우와 병준이에게도 고마움을 전합니다. 제 은사이신 성균관대학교 이기동 교수님께도 진심으로 감사드립니다. 그분에게 들었던 유교 강의는 저의 배움과 가르침에 매우 큰 디딤돌이 되었습니다. 집필 과정에서 좋은 제안과 의견을 준 제자들과 동료 교수들, 교정과 편집에 도움을 준 광나루 학우 여러분에게도 감사를 드립니다. 사실 이 책을 쓰긴 했지만 그들의 수고와 제안이 아니었으면 책이 완성되었을지 확신하기 어려울 정도로 이들의 도움은 저에게 큰 힘이 되었습니다.

마지막으로 독자 여러분들이 이 책을 통해 조금이나마 동양의 종교들과 서양의 사상, 기독교 신앙에 대해 바르게 이해하고, 바르게 생각하고, 그리고 그것을 근거로 여러 종교적 전통에 대해 기독교적 입장에서, 성경적인 토대 위에서 바르게 공감할 수 있기를 바랍니다.

서론

저는 소위 모태신앙인입니다. 네 살 때부터 '하나님, 저 목사 되게 해주세요'라고 기도하며 자란 독실한 그리스도인입니다. 그래서 신학교에 들어가 공부하는 것을 정말 행복하게 생각하며 신학교에서 목회를 준비했습니다. 그렇게 즐겁게 신학을 공부하면서 제 안에는 커다란 궁금증 하나가 자라났습니다. '그리스도인이긴 하지만 나는 한국인이기도 하다. 그런데 왜 신학교에서는, 오랫동안 우리 민족과 문화를 지배해 왔고 여전히 많은 사람들의 삶에 영향을 미치고 있는 전통 종교에 대해서 아무것도 가르치지 않는 걸까?' '기독교가 전파되기 전 우리 민족이 믿었던 토속종교, 불교, 도교, 유교를 우리는 어떻게 이해해야 할까'하는 것이었습니다. 믿지 않는 이들과 더 깊이 공감할 수 있고, 이를 바탕으로 복음을 제대로 전하려면 우리 전통 종교들을 알아야 하지 않을까 생각했기 때문입니다.

이런 문제의식을 가지고 그리스도인이라는 정체성을 굳건히 하면서 저는 동양 종교와 사상에 대한 공부를 조금씩 시작하게 되었습니다. 그렇게 공부를 시작하고 얼마 지나지 않아 한 가지 사실을 깨달았습니다. 아무리 신실한 그리스도인이라 해도 이 땅에서 태어나 자랐기에 토속종교, 불교, 도교, 유교같이 일종의 삶의 체계, 생활, 문화가 되어 버린 민속 종교의 영향을 받지 않을 수 없다는 것과, 이 사실은 인식하느냐 그렇지 못하느냐, 인식한다면 얼마나 인식하느냐는 인식과 정도의 차이일 뿐 저를 포함한 모든 그리스도인이 직면할 수밖에 없는 문제임을 말입니다. 따라서 우리 전통 종교들을 공부하는 것은 저 같은 몇 사람의 이야기가 아니라,

이 땅에 사는 모든 그리스도인이 해야 할 과제라는 사실을 깨닫게 되었습니다.

이러한 사실은 전통 종교를 공부하는 과정에서 제가 직접 경험한 유의미한 사건들을 통해 저에게 더욱 확신을 주었습니다. 단편적이지만 다른 종교를 공부하는 것에 대한 편견이 얼마나 심한지, 그리고 그러한 편견이 얼마나 쓸데없는 것인지, 또 그러한 편견을 극복하는 것이 왜 필요한지, 그리고 이러한 생각이 오늘날 얼마나 절실하게 요구되고 있는지에 대한 기초적 이해를 유교를 공부하며 제가 했던 경험을 통해 독자들과 함께 나누고 싶었습니다.

유학을 공부한다는 이유로

7년간의 신학 공부를 마치고 저는 유교를 제대로 배우기 위해 성균관대학교대학원 석사과정에 진학했습니다. 부족하긴 하지만 기독교 신학에 대해서는 어느 정도 배웠으니 우리 종교 전통을 배운 후 복음을 좀더 잘 전해야겠다는 초심을 간직한 채 말입니다. 여러 전통 종교 중에서 유교를 택한 이유는, 기독교가 전파되기 전 우리 민족의 종교와 사상을 오백여 년 동안 지배한 것이 유교였고, 복음이 전파된 초기에 복음을 수용한 자들 가운데 유학자들이 많았다는 사실 때문입니다. 그런데 유교 철학을 공부하겠다는 저의 선택을 신학교 동료들과 목회자들은 곱지 않은 시선으로 바라봤습니다. 심지어 어떤 이들은 입에 담기도 힘든 악담을 퍼붓기도 했습니다. 복음을 더 설득력 있게 전하고 싶어 다른 종교를 알아보겠다는 제 의도와는 상관없이 말입니다. 이후 신학생이 다른 종교를 더 공부하겠다는 이유만으로 저는 절실한 중보기도가 필요한 '한심한 놈'이 되었습니다. 안타까운 것은 지금까지 이런 태도가 많은 그리스도인 사이에 여전히 자리 잡고 있다는 사실입니다.

유교 철학을 배우기 위해 입학한 성균관대학교에서도 저는 환영받지 못했습니다. 유교 철학을 공부하는 것 자체도 매우 힘들었지만, 막상 들어가니 유교를 배우러 왔다고 하지만 실은 불순한 의도를 갖고 온 게 분명하다는 따가운 의심의 눈초리와 함께 싸늘한 냉대까지 받았습니다. 그렇게 고된 과정을 거쳐 마침내 "유교와 기독교의 인간관에 관한 비교연구"라는 주제로 석사논문 심사를 받는 날을 맞았습니다. 심사관들의 예리하고 집요한 질문들을 잘 방어하고 '이제 끝났구나!' 생각하며 자리로 돌아오는데, 참관인 자격으로 논문심사를 지켜보던 한 유학대학 교수의 혼잣말이 제 뒤통수를 때렸습니다. "기독교를 유교와 동등하게 비교하다니! 내가 심사 위원이었다면 절대 통과 못 하지." 그리고 그분은 담배를 꺼내 물며 언짢은 표정으로 저를 쏘아봤습니다. 몇 주 후 저는 그분을 강의 시간에 다시 만났습니다. 강의에서 그분은 학생들에게 천주교와 개신교의 차이를 이렇게 설명했습니다. "천주교는 구약과 하나님을 믿기 때문에 구교(舊敎) 또는 천주교(天主敎)라 하고, 개신교는 신약과 예수를 믿기 때문에 신교(新敎) 또는 예수교라고 한다." 그 설명을 듣고 저는 참 서글펐습니다. 교수님의 무지와 편견이 서글펐고, 전통 종교를 전공하는 분들 중 그와 같은 무지로 기독교를 혐오하는 분들이 많다는 사실이 서글펐습니다. 그러면서 동시에 그들 못지않게 유교에 대한 무지와 편견으로 가득 차 있는 한국 교회 모습이 떠올라 서글펐습니다.

공부에만 전념하던 제가 유명세를 타는 일이 생겼습니다. 도올 김용옥 선생이 「논어」 강좌를 공개방송에서 진행하면서 거침없는 입담과 현대 사회를 향한 날 선 비판으로 세간의 관심을 받고 있던 때였습니다. 강좌에서 도올은 논어를 근거로 기독교에 대한 원색적이고 강도 높은 비난을 주저하지 않았는데, 이에 문제의식을 갖게 된 한 기독교 단체가 도올의 철학과 학문 태도, 그리고 신학적 문제점을 집중적으로 다루는 포럼을 열었습니다. 신학 전공자로서 드물게 유교 철학을 공부하고 있다는 이유로 저는 "도올 김용옥의 동양 철학에 대한 비판"이라는 논문 주제를 부탁받아 그 포럼에 참여하게 되었고, 이 논문을 수정해 출간한 「도올 논어 바로보기」(동인출판사)가 사람들의 주목을 받아 본의 아니게 유명세를 탔던 것입니다. 그때 저는 정말 기뻤습니다. 유명세를 타서가 아니라 목사로서 동양 사상을 공부했던 것이 (신학의 궁극적 목적인) 교회를 위하는 일에 의미 있게 쓰였고, 이를 계기로 한국 교회에 우리 전통과 동양사상에 대한 깊이 있는 연구가 필요하다는 공감대를 확산할 수 있었기 때문입니다.

그후 박사과정을 위해 유학길에 오른 저는 2002년 4월 11일 동양사상과 기독교 신학의 비교 연구로 명성이 자자했던 보스턴 대학교의 총장이자 제 지도교수가 될 로버트 네빌(Robert C. Neville)을 만났습니다. 네빌은 이 분야에 있어 미국에서 최고의 권위자로 꼽히는 분으로, 청교도 신앙 위에 세워진 도시 보스턴의 대표적인 대학교 학장답게 비교종교라는 학문적 방법을 통해 기독교 신앙을 재발견하고 새롭게 해석하는 뛰어난 신학자입니다. 처음 인사를 나누는 자리에서 그가 제게 했던 질문이 지금도 생생하게 기억납니다. 짧게 인사를 나눈 그는 다그치듯 제게 이렇게 물었습니다. "요한, 자네는 한문을 독해하고 한문으로 된 고전을 읽을 수 있나?" "심성론에서 퇴계와 율곡의 차이를 설명할 수 있나?" 저는 단호한 목소리로 "예"라고 답했습니다. 그리고 원한다면 지금 이 자리에서 보여줄 수 있다고 덧붙였습니다. 그러자 네빌은, 자신은 지금까지 이 두 질문에 "예"라고 답할 수 있는 학생을 오랫동안 기다려 왔다며 저를 따뜻하게 환영해 주었습니다.

이런 경험들은 저로 하여금 기독교와 다른 종교 전통과의 본질적인 차이를 확인하면서, 동시에 그럼에도 기독교 신앙에 입각해 동양 종교를 왜 그리고 어떻게 이해해야 하는지, 이를 우리 신앙에 어떤 면에서 그리고 어떻게 적용하면 좋을지 등에 관한 고민을 깊이 하게 만들었습니다.

한국인으로 태어난 이상

위에서 말했던 경험들을 포함해 유학을 공부하며 했던 경험들을 통해 저는 다음과 같은 사실들을 깨달았습니다. 한국인으로 태어난 이상 우리는 의식하든 그렇지 않든 우리 역사 속에 오래전부터 존재해 왔던 다양한 종교 전통과 그것이 형성한 문화로부터 영향을 받습니다. 각 사람의 삶과 사회 전반에 걸쳐 그러한 종교 전통이 드러나는 것은 불교인이든 유교인이든, 심지어 종교가 없는 사람이든 예외 없이 모두에게 적용되는 자연스러운 현상입니다. 예를 들어 우리나라 기독교가 웃어른이나 질서에 대한 복종과 예의를 강조하는 것, 경건생활과 일상에서 형식과 윤리적인 덕목을 강조하는 것은 기독교적 전통 때문만이 아니라 유교적인 영향을 강하게 받았기 때문이기도 합니다. 우리가 자랑하는 통성기도도 어떤 신학자들과 종교학자들에 의하면 성경적이기보다는 무속적인 영향을 크게 받은 것이라고도 합니다(저는 꼭 그렇게 생각하지는 않습니다). 또 그리스도인이면서도 우리가 명절이 되면 특별한 문제의식 없이 고향을 찾고 혈연으로 맺어진 가족과 친척을 찾는 것은 유교 오랜 전통에 익숙해 있기 때문입니다(제사나 세배에 거부감을 나타내는 이들이 있지만, 고향과 어른들을 찾아뵙는 것에 특별히 거부감을 드러내는 사람은 거의 없지요). 나아가 우리는 대중, 결집, 이판사판, 야단법석, 출세, 화두 같은 불교 정신이 담겨 있는 용어를 무의식적으로 사용하기도 합니다. 이렇듯 그리스도인인 우리는 의식적이든 무의식적이든 오랫동안 우리 역사와 정신 속에 축적되었고 생활 곳곳에 배어 있는 전통 종교의 영향을 엄청나게 받으며 살아갑니다.

한마디로 우리가 '나는 그리스도인이다'라고 아무리 진실하게 고백하더라도 이 땅에 태어나고 살아가는 이상, 다차원적이고 다면적인 측면에서 전통 종교의 영향을 받고 있다는 점은 부인할 수 없고, 여기에서 자유로운 사람은 없습니다. 그렇기 때문에 그리스도인이라면 지금 나의 신앙

속에 나도 모르게 다른 종교 전통의 영향을 받은 비복음적인 내용은 없는지 살펴볼 필요가 있고, 그런 의미에서 우리 문화를 형성해 왔던 유교, 불교, 도교, 무교 등을 차분히 공부하는 것은 소수 전문가만이 아니라 모든 그리스도인이 직면해야 하는 일입니다.

우리 그리스도인이 배타적인 이유

이렇게 말해도 '왜 그리스도인이 다른 종교를 배워야 하냐'며 여전히 다른 종교 전통에 배타적인 태도를 거두지 않는 분들이 있을 것입니다. 물론 예수의 유일성은 논리적으로 복음의 배타성, 즉 다른 종교에 구원이 없다는 결론에 이릅니다. 하지만 유독 한국 교회는 세계 어느 교회보다 다른 종교, 특히 우리 전통 종교에 전투적이고 배타적입니다. 우리 교회가 갖고 있는 타 종교에 대한 전투적 배타성의 이유와 원인을 먼저 살펴보는 것은, 왜 다른 종교를 공부해야 하는가를 생각하기 전에 살펴볼 필요가 있기에 짧게나마 다뤄 볼까 합니다.

한국 교회가 유독 다른 종교에 더 배타적인 이유를 저는, 기독교 복음이 수용된 초기의 우리 교회 역사에서 찾습니다. 1884년 알렌 선교사, 1885년 언더우드와 아펜젤러 선교사를 위시하여 서양 선교사들이 복음을 전하러 들어온 시기는 유교, 불교, 무속 같은 그간 우리 사회의 정신세계를 떠받치고 있던 전통 종교들이, 급변하는 개화기 시대에 그 적실성을 잃고 영향력을 급격하게 잃고 있던 시기였습니다. 이런 상황에서 선진 문명을 자부하던 선교사에게 전통 종교는 결코 가치 있게 여겨지지 않았을 뿐 아니라, 오히려 생명력을 잃고 있는 전통 종교에 비해 예수 그리스도의 복음과 기독교 가치가 얼마나 우월한지를 강조할 수 있는 기회가 되었습니다. 이와 같은 초기 상황은 당시 그리스도인의 뇌리에 부정적인 인식으로 깊이 각인되었고, 이후 고스란히 한국 교회에 전수되었던 것으로 보입니다.

우리 교회가 전통 종교에 부정적인 태도를 갖게 된 데에는 다른 원인도 있습니다. 1960년대에 이르러 한국적인 신학, 소위 토착화 신학을 주창하는 몇몇 진보적인 신학자들이 동양의 전통 종교에 대해 관심을 가지고 전통 종교와 기독교 신앙과의 통합을 시도했습니다. 하지만 동양 종교에 대한 그분들의 이해는 너무 피상적이어서 결국 그런 나이브한 생각은 교회 밖 즉 '동양 종교에도 구원이 있다'는 극단적인 주장으로까지 이어지고 말았습니다. 이로 인해 한국 교회는 다시 한 번 전통 종교에 대한 부정적인 인상을 갖게 되었습니다. 한국 교회에 전통 종교를 부정적으로 생각하게 해 준 것은 진보적인 교회만이 아닙니다. 60년대와 70년대 산업화와 그에 따른 도시화를 경험하면서 한국 교회, 특히 경제적인 부와 육체적 건강을 강조하는 메시지를 선포하던 보수적인 교회는 수적으로 크게 성장하고 있었습니다. 등록 교인 몇천 명, 몇만 명을 자랑하는 대형 교회가 이때 등장하기 시작했습니다. 교회를 성장시키고 성장한 교회를 관리하는 데 정신이 없던 교회는 우리의 전통 종교에 관심을 가질 아무런 이유가 없었습니다. 그뿐 아니라 부족하긴 하지만 개인 윤리와 사회 윤리를 균형 있게 담아내려 했던 전통 종교의 정신중심적·윤리중심적 가치체계를, 양적·물질적 성장으로 한껏 도취되어 있던 기독교로선 오히려 불필요한 것으로 치부하는 치명적 실수를 저지르고 말았습니다.

이것이 오늘날 우리 교회가 전통 종교와 다른 종교를 필요 이상으로 공격적·배타적으로 대하게 만든 주요 원인 중 하나입니다. 미성숙한 신학과 경제 성장에 함몰된 교회의 물질주의가 말입니다.

왜 다른 종교를 알아야 하는가

성경은 인간의 특성을 이야기하면서 가장 먼저 모든 사람이 하나님의 형상으로 창조되었다는 점을 말합니다(창 1:26). 사도 바울은 이를 '하나님을 알 만한 것이 그들 속에 보임이라'라고 바꿔 표현합니다(롬 1:19). 모든 사람이 다 하나님의 형상으로 창조되었고, 그래서 모든 사람은 다 하나님이 주신 이성적 능력과 지혜를 가지고 있다고 말입니다. 인간이 가진 이성적 능력과 수행 노력을 통해 이룬 가장 고상한 것이 바로 유교, 불교 등과 같은 다양한 종교입니다. 그래서 종교에는 자연 능력을 통해 얻을 수 있는 최고의 고상한 지식과 심오한 사상, 실천적 원리들이 담겨 있습니다. 물론 이런 진리는, 성경이 말하는 하나님을 알 수 있거나 예수 그리스도의 구원의 기쁜 소식을 깨달을 수 있는 온전한 진리가 아닌 파편적인 진리입니다(이런 진리를 신학자들은 '일반계시'라고 부릅니다). 그러나 분명한 것은 이것 또한 하나님의 진리라는 사실입니다. 이런 조각난 진리로는 구원의 하나님을 온전히 알 수 없는 것은 분명하지만, 구원받은 그리스도인들은 이 진리의 파편들을 통해 하나님을 알고, 그 진리를 풍성하게 누릴 수 있고, 누려야 한다는 것이 성경의 메시지입니다. 참되지만 부분적인 진리(일반계시)를 발견하고 올바르게 누리기 위해서 우리는 고상한 지식과 심오한 사상, 실천적 원리들이 집약되어 있는 다른 종교를 배워야 하는 것입니다. 예를 들어 유교는 '어떻게 하면 내가 일상적인 삶 속에서 가장 도덕적인 삶을 살아갈 수 있을까'를 깊이 고민하고 그 해답을 찾아가는 종교 전통이기에, 유교를 아는 것은 기독교 복음에서 강조하는 구원과 거룩한 삶, 그리고 일상 속에서 추구해야 할 경건의 역할을 이해하는 데 큰 도움을 줍니다. 현실 속의 행복한 삶을 살아가는 무위자연의 모습과 자연스런 삶의 평안한 모습을 잘 보여 주는 도교(노장사상)는 그리스도인인 우리가 이 세상을 어떠한 자세로 살아가야 하는가에 대해서 큰 가르침을 줍니다. 불교가 지향하는 삶의 태도, 즉 집착을 버리고 살아가는 무소유(無所有)의 삶의 모습, 그리고 불교가 가진 내세에 대한 관심은 "하나님과 재물을 겸하여 섬길 수 없다"는 기독교 복음과, 천국에 대한 소망의 필요성을 간접적으로 더 잘 이해하게 해 주는 것처럼 말입니다. 이런 면에서 이들 종교는 성경에서 말하는 직접적인 복음을 가지지는 못했지만, 복음을 가진 그리스도인의 삶의 자세와 태도에 대해서 우리에게 잘 알려 준다는 의미에서 '복음에 이르게 하는 준비과정'이라고 말할 수 있습니다.

다른 종교의 가치와 대화의 바른 태도

일반계시나 복음에 이르게 하는 준비과정이라는 차원뿐 아니라 다른 종교를 배워야 할 현실적 이유도 있습니다. 절대 진리와 윤리를 부정하는 상대주의와 다원주의 사회를 직면하고 있는 오늘날의 기독교의 정황이 바로 그 이유입니다. 다른 종교의 가치와 그들과의 연대에 대해 이정석 교수가 「세속화 시대의 기독교」(이레서원)라는 책에서 다음과 같이 한 주장은, 이 문제에 대한 좋은 지침을 제공해 줍니다.

> 모든 종교는 인간의 제한성을 인정하고 신적 존재의 도움을 요청하며, 올바른 삶을 가르치고 그렇게 살려고 노력한다. 심지어 자기를 부정하고 부인하려는 처절한 몸부림도 있고, 하늘의 뜻을 추구하며 인간의 본성을 회복하려는 끈질긴 노력도 있다. 그리스도를 부인하고 율법적 구원을 추구하는 유대교와 유교나 이슬람교에 근본적인 차이가 있는가? 우리는 종교를 사용하여 인류의 급격한 부패를 방지하는 하나님의 섭리와 일반은총을 인정할 필요가 있다. 한국에 기독교가 들어오기 이전의 오랜 세월동안 아무 종교도 없었던 것과 종교들이 있었던 것 중에서 어떤 것이 전반적으로 한국인의 인간성을 보존하는데 도움이 되었겠는가? 이런 면에서 타 종교의 가치를 조금이라도 인정한다면, 모든 종교는 기독교의 준비이며 기독교는 종교의 완성이라고 할 수 있다.
>
> 더욱이 진리와 윤리의 존재를 부정하고 상대주의와 다원주의가 범람하고 있는 오늘날, 기독교는 타 종교와 협력할 일이 많다. 현대의 다종교사회

에서 사회적 타락을 방지하고 보다 건강한 사회를 만들려는 데 있어서 같은 의견과 목적을 가지고 있으면서도 단순히 타 종교인이기 때문에 협력을 거부한다면, 그것은 무언가 잘못된 것이다. 무신론이나 불가지론도 종교적 전제를 가지고 있다면, 왜 타 종교인에게는 거부감을 가지면서 무신론자에게는 거부감을 느끼지 않는가? 그것은 사실상 논리나 신학의 문제가 아니라 감정의 문제이다. 그러나 타 종교인을 사랑하고 동정하기보다 미움의 감정이 앞선다면, 그것은 모두를 사랑하고 복음을 전해야 하는 그리스도인의 본분에도 위배된다. 실로 많은 그리스도인들은 과거에 타 종교인이었고, 현재의 타 종교인 중에도 많은 미래의 그리스도인들이 들어 있다.

그러면 이를 바탕으로 다른 종교를 어떠한 자세로 대해야 하는지에 대해서 살펴보겠습니다.

우선 다른 종교를 믿는 사람들은 우리의 경쟁 상대이기 이전에, 우리가 사랑하고 섬겨야 할 우리의 '이웃'이라는 점을 기억해야 합니다. 예수님은 당시 경멸해야 할 인물들의 대명사였던 '세리와 죄인들의 친구'라는 별명을 가지셨습니다. 그들의 직업과 그들의 행위에 아무런 문제가 없었기 때문이 아니라, 그들 모두 하나님이 창조하신 사람들이고, 하나님 은혜를 받아야 할 사람들이라는 측면에서 예외가 아니었기 때문입니다. 기독교 복음을 받아들이고 구원 얻는 데에는 그 어떤 종교적 차이나 직업, 성별, 죄의 정도는 아무런 문제가 되지 않습니다. 다른 종교인들도 다 하나님께서 창조하신 소중한 사람들이고, 나아가 잠재적으로는 하나님의 은혜를 받아야 할 이들입니다. 따라서 그들에게 관용과 포용적 태도를 보여 주는 것은, 하나님이 모든 인간을 자신의 형상으로 만드셨다는 선언에 대한 고백이며 그들은 우리의 이웃이라는 의미에서 매우 당연한 태도입니다.

이런 측면에서 이정석 교수가 말한 대로 다른 종교를 믿는 사람들은 이 사회의 불의, 성적 타락 등의 문제를 해결하기 위해서 우리 그리스도인의 소중한 파트너가 될 수 있습니다. 그들도 이 사회가 건강하고 윤리적으로 바로 서는 것의 중요성을 강조하고 또 실천하고 있기 때문입니다. 이런 의미에서 대화는 복음을 전하기 위한 유용한 통로입니다.

그런데 여기에는 간과해서는 안 될 몇 가지 사항이 있습니다. 가장 먼저는 다른 종교와의 대화를 오직 전도를 위한 수단으로 삼아서는 안 되고, 다른 종교인을 전도의 대상으로 인식해서는 안 된다는 것입니다. 우리는 그들과 대화하고 그들의 주장을 경청하면서도 그들이 믿는 종교는 인간이 처한 현실의 문제 해결에 불충분한 것임을 보여 주고 예수 그리스도를 소개할 수 있어야 합니다. 우리는 다른 종교와의 대화를 하나의 인격적 존재를 향한 증언과 궁극적 사랑을 지향한 실천적 과정으로 이해해야 하는 것입니다.

다른 한 가지는, 대화가 대화에서만 그치면 안 되고 삶으로 연결되어야 한다는 점입니다. 사실 대부분 주요 종교는 그 가르침이 매우 깊고 심오합니다. 그래서 논리 대 논리로 설득시키려는 것은 생각보다 매우 어렵습니다. 그런 의미에서 우리는 다른 종교인들과의 대화에 있어 겸손한 태도를 가져야 합니다. '몸으로 복음을 전하라. 그리고 필요하면 말을 사용하라'는 아시시의 프란시스코의 금언대로 논리 이전에 삶으로 전도하는 것이 중요하기 때문입니다.

나머지 하나는, 복음에 대한 자신감과 자만심은 구분할 필요가 있다는 것입니다. 신앙의 대상인 하나님과 기독교 신앙에 대한 자신감은 자연스럽게 다른 이들에게 적극적으로 예수 그리스도를 소개하고 믿게 하고 싶은 열망을 낳게 마련입니다. 그러나 내가 믿는 기독교 복음에 대해 '자신감'(자만심이 아니라)을 가진 사람이라면, 자신이 그리스도인이기 때문에 다른 종교를 믿는 사람들을 정죄하려는 마음이 아니라 오히려 다른 종교인들이나 종교를 가지지 않은 사람들의 세계관을 이해하고 그들을 기독교 복음으로 초대하고 싶은 마음을 가져야 합니다. 그리스도인이기에 다른 종교적 전통에 대해서 무조건 가볍게 정죄하거나, 나는 다른 종교에 관심이 없이 오직 기독교 복음에만 충실하겠다고 하는 식의 폐쇄적이고 정죄적인 태도는 단연코 예수님이 바라는 태도가 아닐 것입니다.

다른 종교를 공부하기 전에

마지막으로 다른 종교를 공부하기 전에 한 가지 더 명심해야 할 사항이 있습니다. 그것은 본질은 본질과 비교해야 한다는 사실입니다. 종교학 관련 논문을 쓸 때 가장 피해야 할 주제 중 하나가 바로 "비교 연구"입니다. 이 작업을 하기 위해서는 비교하려는 두 대상에 대해 정확한 지식을 가져야 하는데 실제로 그것이 매우 어렵기 때문입니다. 그럼에도 비교 연구를 피할 수 없는 경우에는 반드시 관찰 대상의 본질을 중심으로 연구해야 한다는 것이 원칙입니다.

모든 종교는 하나의 종교 전통으로 사회 속에서 그 종교의 본질적 측면과 비본질적 측면 혹은 본질이 왜곡된 측면을 가지고 있습니다. 예를 들어 기독교의 경우, 예수 그리스도의 말씀을 온전히 따르는 제자의 삶은 기독교의 본질이며 예수를 믿어 얻는 복만을 추구해 나타난 기복신앙 같은 것은 비본질적 측면이고, 유교의 경우 일상 속에서 성인(聖人)이 되기를 추구하는 것이 본질이고, 예의 형식에만 집착해 생긴 체면 문화는 비본질적인 것이라 말할 수 있습니다. 그러기에 유교의 비본질적인 측면을 유교의 전체인 것처럼 호도해 비판하는 것은 기독교의 비본질적인 측면을 기독교의 전체인 것으로 호도해 비판하는 것처럼 매우 잘못된 것입니다. 그래서 저는 이런 마음으로 유교의 본질과 역사를 객관적으로 개관한 후, 기독교의 본질과 유교의 본질이 어떤 점에서 비교될 수 있고 서로에게 통찰을 줄 수 있는지를 살펴보는 방식으로 이 책을 서술했던 것입니다.

책의 얼개를 소개함으로 길어진 서론을 이제 정리하고자 합니다. 방금 언급한 대로 저는 기독교 신학자의 입장에서 유교를 가능한 한 객관적으로 서술하면서 때로는 기독교와 비교해서 설명하는 방식을 취했습니다. 그리스도인 스스로 자신을 좀더 객관적으로 바라보면서 도움과 통찰을 얻기 위해서입니다. 이를 위해 1부에서는 유교의 기본적인 특성을 파악하도록 했고, 특히 1장에서는 유교가 과연 종교인지, 유교의 목표가 무엇인지, 그리고 서양사상과 비교해서 어떤 특징이 있는지를 기술하며 유교에 대한 윤곽을 잡을 수 있도록 하였습니다. 2부에서는 중국 유교의 역사를 공자 이전부터 송명시대까지를 다루어서 전체적인 유교의 핵심 사상과 사상가들의 주장을 파악할 수 있도록 했고, 3부에서는 한국 유교의 역사를 중국의 유학과 어떤 면에서 다른지 하는 문제와 한국 유교사의 가장 위대한 두 학자인 퇴계와 율곡을 중심으로 하여 설명하였습니다. 4부에서는 오늘날의 유교의 모습으로 우리 사회 속에서 유교가 현재 어떤 위치를 차지하고 있는지와 미국과 유럽의 유교에 대한 관심과 그 이유, 현대 중국에서 왜 유교부흥운동이 일어나는지를 분석해 보았습니다. 5부는 많은 분들이 관심을 갖고 있는, 유교와 기독교를 비교하는 장입니다. 그리스도인으로서 유교를 통해 우리가 배워야 할 점은 무엇인지 그리고 늘 궁금해 하는 조상 제사에 대한 바른 이해 등을 조금 상세하게 다루었습니다. 그리고 마지막 14장에서 기독교 복음을 가진 우리가 어떤 면에서 유교를 비판할 수 있는가에 대한 내용을 깊이 성찰하며 다룸으로써 유교의 본질적 한계와 그 대안으로 기독교 복음의 가치를 재확인하고자 했습니다.

   자, 이제 어느 정도 서론을 마무리했으니 그러면 저와 함께 본격적으로 유교의 세계로 들어가 보실까요.

1부
유교의 밑그림

1. 유교의 기본적 특성
2. 유교와 서양 철학

'유교' 하면 그리스도인들은 대개 부정적인 생각부터 떠올립니다. 신앙적인 면에서 공자나 맹자의 말씀을 추종하는 것은 옳지 않다고 생각하거나, 형식적이고 시대착오적인 듯 보이는 유교 문화의 폐해를 직간접적으로 경험했기 때문입니다. 그러나 어떤 종교에 대해 말할 때는 각별히 조심해야 합니다. 그 종교의 본질적 가르침과 부가적인 현상, 즉 그 종교의 추종자들이 형성한 문화적·사회적 현상을 구분할 필요가 있습니다. 이 둘을 엄밀하게 구분하기란 쉽지 않지만, 편견을 갖고 일방적인 판단을 내리는 것은 옳지 않습니다. 이는 예수님의 가르침과 그를 믿는 그리스도인들의 실제 모습을 구분하지 않고 싸잡아 비판하는 것이 바람직하지 않은 것과 마찬가지입니다. 종교의 본질과 현상을 구분하는 것은 다른 종교를 이해하기 위해 필요한 기본 태도입니다.

1부에서는 유교의 역사와 내용을 본격적으로 살피기에 앞서 유교 전체를 개괄하면서 유교에 대한 몇 가지 의문점과 유교가 지닌 기본적이고 일반적인 특성을 살펴보겠습니다.

1. 유교의 기본적인 특성

유교의 '유'는 무슨 뜻인가

세계 종교들 가운데는 그 이름에서부터 그 종교의 핵심 인물이 드러나는 경우가 많습니다. 기독교에서 '기독'은 '그리스도'의 한자 표기이고, 천주교에서 '천주'는 하나님을 뜻하며, 불교에서 '불'은 '부처'를 뜻합니다. 그런데 '유교'라는 이름에는 유교의 핵심 인물인 '공자'가 나타나지 않습니다.

그러면 유교의 '유'는 무슨 뜻일까요? '유'(儒)라는 글자에는 '유'(柔), '유'(濡), '윤'(潤)이라는 뜻이 담겨 있습니다.[1] 유(柔)는 부드럽다는 뜻이고, 유(濡)는 스며들다 혹은 젖는다는 뜻이며, 윤(潤)은 (물에 젖어) 붇다 혹은 윤택하다는 뜻입니다. 셋 다 '젖다'는 것과 관계가 있습니다. 이는 곧 옛 어진 이가 가르친 도(道)를 배우고 익혀서 자기 몸에 젖게 한다는 뜻입니다.

이렇게 도를 배우고 익히는 사람을 '유'라고 불렀으므로, '유'에는 '선비'나 '학자'라는 뜻도 들어 있는 셈이지요. 더 넓게 해석하면, '사람의 도리를 익혀 자기 몸에 젖게 한 뒤에 부드러운 모습으로 남을 가르쳐서 마치 하얀 종이에 물이 스며들듯이 상대방의 마음속에 가르침이 젖어들게 하는 사람'이라는 뜻이 됩니다. 자기 몸에 젖게 하는 것은 자기 몸을 닦는 일, 곧 자기 수양이니 이를 수기(修己)라고 합니다. 그리고 남을 가르쳐서 편안하게 하는 일은 안인(安人)이라고 하는데, 수기와 안인(다른 말로는 치인[治人]이라고도 함)은 유학 사상을 통해 이루고 실천해야 할 두 축입니다.

「주례」(周禮)에 의하면 유자(儒者)라는 사회 계층이 등장하는데, 이들은 특정한 복장(유복)이나 넓은 띠에 긴 소매 옷을 입었다고 합니다. 사실 공자는 스스로를 유자(儒者)로 칭한 적이 없었습니다. 그런데 맹자(孟子, 주전 371-289)에 이르러 양상이 달라집니다. 맹자 당시에는 사람들이 공맹의 가르침을 따르지 않고 묵자(墨子, 주전 468-376)나 양주(楊朱, 주전 440?-360?)의 학설을 따르는 경우가 많았는데, 맹자는 만일 그들이 유도(儒道)로 돌아온다면 가르쳐 주겠다고 언급합니다. 즉 맹자는 스스로를 유자로 인식하고 있었던 것이지요. 순자(荀子, 주전 298-238)도 자신의 책에서 유자의 의미를 잘 설명하고 있습니다.[2]

이렇듯 '유가'는 공자의 삼천 제자와 이후 공자 문하의 학파들을 일컫는 용어로 불리게 되었습니다.

유교, 유학, 유가

유학(儒學), 유교(儒敎), 유가(儒家)는 같은 내용을 다른 맥락과 각도에서 표현한 것입니다. 유교는 기독교나 불교처럼 여러 종교 가운데 하나로 간주될 때 일컬어지는 표현입니다. 제사, 귀신 등 종교적인 내용을 다룰 때 주로 사용됩니다. 유학은 학문적 혹은 사상적인 면을 지칭할 때 주로 사용됩니다. 공자의 사상, 주자학의 학문적 내용 등을 다룰 때에는 유학이나 유학사상 등의 표현을 쓰곤 하지요. 유가의 '가'는 학파를 뜻합니다. 묵자(墨子)를 따르는 무리들을 묵가(墨家), '도'(道)를 핵심 사상으로 파악하는 노장의 무리들을 도가(道家)라고 부르듯이, 공자와 그의 가르침을 따르는 무리들을 유가라고 부릅니다. 혼란했던 춘추전국시대(春秋戰國時代)를 구하고자 현자들을 중심으로 활동하던 학파들을 '제자백가'(諸子百家)라 칭했는데, 유가 역시 그 제자백가 중 한 학파라는 시대적이고 역사적인 맥락을 강조할 때 주로 사용됩니다. 이 책에서도 이러한 기본적인 차이점을 고려하면서 문맥에 따라 위의 용어들을 적절히 사용하였습니다.

유교는 과연 종교인가

그러면 유교는 종교일까요? 이 질문에 대한 대답은 다양할 수 있습니다. 묻는 사람이나 대답하는 사람의 '종교'에 대한 정의가 다 다르기 때문입니다. 사실 모두가 다 동의하는 종교의 정의를 내린다는 것은 불가능한 일입니다. 서양 사람들은 오랫동안 기독교(천주교를 포함해서) 문화권에서 살아 왔기 때문에 종교라는 말을 정의할 때 보통 이 세상을 창조한 신(神), 지금도 역사를 보살피는 신, 오직 한 분이신 신 등을 떠올립니다. 만약에 이런 식으로 종교를 정의한다면 유교는 종교가 아닙니다. 유교는 창조주 또는 창조의 문제를 거의 다루지 않기 때문입니다. 그러나 이 세상에는 기독교 외에도 불교, 힌두교, 이슬람교, 유교, 무교, 도교 등 다양한 종교적 전통들이 공존하고 있습니다. 그러므로 유교가 종교냐 아니냐의 문제는 먼저 종교의 의미를 검토한 후에 다루는 것이 적절할 것입니다.

종교에 대한 정의는 사람마다 다 다르지만, 종교라면 적어도 세 가지 요소를 갖추어야 합니다. 첫째, 인간이 당면한 현실 속에서 겪는 불완전한 모습을 매우 정확하게 윤리적·종교적으로 진단해야 합니다. 여기서 불완전성은 성과 지역, 인종 등에 관계없이 모든 사람들에게 보편적으로 해당되는 현실을 말합니다. 이는 모든 사람들이 본연의 아름다운 모습—선, 도덕, 사랑, 긍휼, 자비 등—을 제대로 드러내지 못한 채 살아가고 있다는 점입니다. 이것을 기독교에서는 '죄'라는 개념을 사용하여 이해합니다. 인간의 불완전한 모습을 하나님 안에서 온전히 구원받지 못했기 때문에 나타나는 현상, 즉 죄의 결과로 해석한 것입니다. 유교에서는 인간의 이기적인 모습이 '사욕'(私欲)에서 나온다고 말합니다. 이 욕심 때문에 우리의 삶에는 평화와 사랑은 없고 다툼과 싸움이 벌어진다는 것이지요. 이렇게 우리가 현실 속에서 불완전하게 살아가는 모습을 철학적 용어로는 '실존적 한계성'이라고도 합니다.

이러한 불완전한 모습과는 다른 인간 본래의 모습을 규정하는 것이 종교의 두 번째 요소입니다. 이를 철학에서는 '본질적 가능성'이라고도 합니다. 기독교에서 말하는 '하나님 형상으로 창조된 인간'이 여기에 해당합니다. 타락하기 전 아담과 하와의 모습이 그러한데, 최고의 모습은 이 세상에 오신 예수 그리스도에서 볼 수 있습니다. 유교에서 말하는 성선설(性善說)도 이 본질적 가능성과 연관되어 있습니다. 유교에서는 갓 태어난 어린아이의 모습을 가장 아름답고 완벽한 상태로 봅니다. 본래 순진무구했던 어린아이가 자라면서 나쁜 생각과 의식 작용(보고 듣고 만지는 등)으로 말미암아 인간의 본래 상태를 잃어버리게 된다는 것입니다. 그래서 이 점을 바로 깨닫고 장성한 사람이 되어서도 어릴 적 순수하고 아름다운 모습을 회복하고 그 상태를 계속 간직하여 하늘의 뜻을 온전히 자신의 삶 속에서 구현할 수 있는 가능성을 인정하면서 살아야 한다고 강조합니다. 이렇게 하늘의 본성을 지닌 어린아이의 모습을 회복한 사람을 유교에서는 '성인'(聖人)이라 부릅니다.[3]

그러면 어떻게 하면 '인간이 당면한 현실 속에서 겪는 불완전한 모습'에서 '아름다운 본래의 모습'으로 나아갈 수 있을까요? 그 길을 구체적으로 제시하는 것이 종교의 세 번째 요소입니다. 이를 유교에서는 '수양론'(修養論)이라 하고, 기독교에서는 이를 구원론(칭의론과 성화론을 포함하여)에서 다룹니다. 유교, 특히 주자학의 수양론은 '거경궁리'(居敬窮理)로 요약할 수 있는데, 거경이란 '늘 공경한 상태로 살아간다'는 뜻이고, 궁리란 '이치를 (가장 깊은 단계까지) 연구한다'는 뜻입니다. 단순히 지식의 양을 늘린다는 뜻이 아니고, 올바른 삶을 살아가기 위한 바른 삶의 태도와 지혜를 연구한다는 뜻입니다. 아는 만큼 삶의 본질적 모습을 회복하는 공부, 아는 만큼 삶이 더 바른 모습으로 바뀌는 공부(성덕지학, 成德之學)를 말하는 것입니다.

이를 위한 삶의 태도가 바로 '수양론'입니다. 기독교의 입장에서 풀이하자면, 거경은 늘 깨어 기도하는 경건한 삶의 태도에, 궁리는 학문에 비교할 수 있을 것입니다. 즉, 거경과 궁리는 장신대 학훈인 경건 및 학문과 매우 비슷합니다.

유교의 종교성을 기독교와 간략히 비교해 보면 다음 도표와 같습니다 (이 부분은 5부에서 좀더 자세히 분석할 것입니다).

종교의 세 가지 요소	기독교	유교
인간의 실존적 한계성	죄	사사로운 욕심
인간의 본질적 가능성	예수 닮은 삶	성인의 경지
도약을 위한 방법론	경건과 학문	거경과 궁리

표1-1. 기독교와 유교의 종교성 비교

위와 같은 종교의 개념으로 보면 '유교도 종교다'라고 말할 수 있습니다. 물론, 유교뿐 아니라 도교, 불교 등 다른 동양의 종교도 마찬가지로 이런 맥락에서 종교적이라고 이해할 수 있습니다. 전에는 종교의 의미를 서구 종교 전통 중심적으로 규정하는 학자들이 많았지만, 최근에는 유교를 포함해 세계 종교에 다른 의미의 종교적 차원이 있다는 점을 인정하고 있습니다.

2. 유교와 서양 철학[1]

농부의 철학

전 세계에서 유교의 순수한 전통을 비교적 잘 간직한 나라가 우리나라입니다. 중국은 공산화를 거치면서 유교를 중도 폐기한 바 있고, 일본은 다른 종교 전통에 비해 유교의 영향력이 상대적으로 미미합니다. 우리나라의 경우 기독교가 영향력을 발휘하기 전인 조선왕조 오백 년 동안을 유교가 지배하였으므로 유교의 순기능과 역기능 모두가 잘 간직되어 있습니다. 그러나 현재 우리나라 교육과정에서는 유교 사상과 철학보다는 서양 철학을 더 중시하기 때문에, 우리는 서양 철학에 좀더 익숙한 실정입니다. 따라서 이 장에서는 유교를 서양의 철학적 전통과 비교해서 간략히 설명해 보려고 합니다.

유교가 발생한 중국은 예로부터 농사를 짓는 나라였고, 해양국이 아닌 주요 활동 무대가 내륙인 대륙국입니다. 그래서 중국에서는 '세계'와 같은 뜻의 한자어로 '천하'(天下)와 '사해내'(四海內)를 사용합니다. 그리스와 같은 해양국에서라면 천하와 사해내는 같을 수가 없습니다. 유교나 불교가 발생한 중국이 대륙국이자 농업이 발달한 지역이고, 서양 철학의 모태가 된 그리스는 해양국이자 상업이 발달한 국가입니다. 따라서 동양과 서양의 철학을 비교하는 학자들은 흔히 중국을 위시한 동양의 철학을 '농부의 철학'으로, 그리스 문명을 모태로 한 서양의 철학을 '상인의 철학'으로 부르기도 합니다.

중국의 종교와 사상, 특히 유교를 이해하는 데에는 '농부의 철학'이라는 것을 잘 이해할 필요가 있습니다. 농부에게 제일 중요한 것은 땅(土)입니다. 이 땅에 정착해서 땅을 경작하는 농부는 이곳저곳을 다니면서 무역을 하는 상인과는 매우 다릅니다. 농자천하지대본(農者天下之大本)이라는 표현에서 알 수 있듯이, 농업은 토지에서 작물을 추수하고 생산하는 활동이기에 본(本)입니다. 그런가 하면 상업은 단지 이미 생산된 것을 교역하는 것이기에 말(末)입니다. 이렇듯 중국의 사회경제사상의 바탕에는 농업이 본이고 상업이 말이라는 사상이 깔려 있습니다. 사농공상(士農工商)의 네 계층에서도, 토지의 주인인 사(士)가 우두머리이고, 직접 생산 활동에 종사하는 농(農)이 두 번째이며, 상(商)은 가장 말단에 위치하고 있습니다. 중국 고대 진(秦)나라 때의 「여씨춘추」(呂氏春秋)에서도, 본에 종사하는 농부는 순박하고 단순하며 이기심이 적다고 묘사하고, 말에 종사하는 상인은 순수성을 잃고 교활하며 이기적인 인물이라고 묘사합니다. 게다가 농부들은 토지가 생산의 근거라 고향을 떠나지 않으므로 충성심과 복종심이 강한 반면, 상인들은 이사하기 간편한 재산을 가지고 있으며 이익을 따라 늘 제고장을 버리기 일쑤라고 평가합니다.

그런데 농사에는 사계절의 변화, 낮과 밤의 변화, 비와 태양, 바람 등이 절대적으로 중요합니다. 봄에 비가 오면 못자리에 물을 가두어 모를 쪄서 모내기를 해야 합니다. 비가 많이 오는 여름에는 농작물에 피해가 없도록 논의 물꼬를 잘 터 주어서, 논에 물이 지나치게 많아 벼가 썩는 일이 없도록 해 주어야 합니다. 가을에는 볕이 좋아야 벼가 잘 영글어서 풍작이 됩니다. 밭농사를 지을 때에는 햇볕이 쨍쨍 내리쬐는 날 김매기를 해서 잡초를 제거해 주어야 합니다. 이렇듯 농사는 자연('하늘'로 대변되는)의 변화에 인간이 얼마나 적절하게 반응하느냐에 따라서 그 성패가 결정됩니다.

중국 철학의 정신인 '천인합일'도 농사와 연관해서 이해할 수 있습니다. 수양을 통해서 인간이 하늘(天) 같은 존재인 천인(天人)이 된다는 목표는 자연의 변화(天)에 인간이 적절하게 대응(合一)하는 것에 농사의 성패가 달려 있다는 사실과도 통하는 면이 있습니다. 자연의 변화에 대한 인간의 적절한 대응이 바로 '순리'(順理)입니다. 하늘의 이치(理)에 인간이 순응하여 따른다는 것이지요. 이와 반대로 '역리'(逆理)는 망하는 길입니다. 유교에서 강조하는 순리나 조화 등은 쌀농사 중심의 농경문화에서 자연과 인간의 조화와 일치를 강조하는 맥락에서 이해할 수 있습니다. 이러한 천인합일을 온전히 이룬 사람인 성인의 경지를 주자학 초기의 가장 중요한 학자 중 하나인 주렴계(周濂溪, 주후 1017-1073)는 다음과 같이 묘사합니다. "성인이란 천지와 그의 덕이 합치되고 해와 달과 그의 밝음이 합치되며 네 계절과 그의 질서가 합치되고 귀신(우주 만물의 온갖 움직임)과 그의 길흉이 합치되는 것이다."[2]

농부의 철학은 유교의 가족 중시 사상과도 통합니다. 농부들은 이동하면서 농사를 짓는 것이 아니라 땅에 정착해야 하고, 부득이한 경우가 아니면 조상과 부모가 살던 땅에서 계속 살아야 합니다. 또한 농사는 혼자지을 수가 없습니다. 특히 쌀농사의 경우는 더 그렇습니다. 모내기를 하거나 벼 베기를 할 경우 온 가족은 물론 이웃까지 힘을 합쳐야 합니다. 혼자서나 몇몇이서는 절대로 할 수가 없는 것이지요. 그러므로 가족이 함께 사는 것은 혈연적 이유만이 아니라 경제적인 이유에서도 매우 중요합니다. 이러한 가족 중심의 공동체에서는 가족들 간에, 그리고 이웃 사람들과의 관계에서 남을 사랑하고 함께하려는 태도가 필수적입니다.

공자가 가장 강조한 인(仁)과 예(禮)도 농경문화와 발생학적으로 관련된다고 해석할 수 있습니다. 인(仁)은 사람(人)과 둘(二)이 합해진 글자로서 '나'와 '상대방'(타인) 둘이 서로 기대어 있는 형상을 이루고 있습니다. 즉, 인은 남을 나처럼 사랑하는 마음을 뜻합니다.[3] 서로 돕고 배려해야만 가능한 농경문화에서는 인의 정서가 꼭 필요합니다. 그리고 서로 협동하는 것이 중요하기 때문에, 남을 나처럼 사랑하는 마음이 겉으로 표현될 때에는 반드시 남과 조화하고 배려하는 태도로 드러나야 합니다. 이것이 바로 예(禮)입니다. 인(仁)이 남을 나처럼 사랑하는 내면적인 모습이라면, 이 인의 정서가 잘 드러난 자연스런 외적 표현이 바로 예(禮)입니다.

그런데 남을 나처럼 사랑한다고 할 때, 나를 제외한 나와 가장 가까운 남부터 사랑하는 훈련이 필요합니다. 모든 사람들에게 나 자신을 제외하고 가장 가까운 남은 나를 낳아주시고 길러주신 부모님이고, 또 같은 부모 밑에서 태어난 형제자매들입니다. 그래서 부모님에 대해서 인의 마음으로 대하는 '효'와, 한 핏줄을 나눈 형제자매들에 대한 사랑을 뜻하는 '제'(悌)가 바로 인을 행하는 근본인 것입니다.[4]

이렇게 가정에서 출발한 윤리적 덕목은 더불어 살아가는 이웃들에게 확대되어야 합니다. 농사일이라는 것이 앞서 말씀드린 대로 이웃과 더불어 상부상조하면서 해야 할 일이기 때문입니다. 그래서 유교 사회윤리의 핵심인 삼강오륜(三綱五倫)도 자세히 살펴보면 가정 윤리가 확대된 형태입니다. 우선 삼강은 군위신강(君爲臣綱)·부위자강(父爲子綱)·부위부강(夫爲婦綱)을 말하는데, 이 중에서 부위자강은 부모와 자식의 관계, 부위부강은 남편과 아내 사이에 마땅히 지켜야 할 도리입니다. 오륜은 부자유친(父子有親)·군신유의(君臣有義)·부부유별(夫婦有別)·장유유서(長幼有序)·붕우유신(朋友有信)의 다섯 가지인데, 이 중에서 부자유친과 부부유별은 가정과 직접적으로 연결되고, 장유유서도 간접적으로 가정과 연결됩니다. 이렇게 보면 유교윤리를 실천하는 가장 중요한 토대는 가정입니다. 그리고 사실 위의 삼강오륜 중에서 가족제도와 직접 연관이 적어 보이는 군위신강이나 군신유의, 붕우유신도 국가나 사회가 가족 제도의 확대라는 면에서 보면 가정 윤리가 그 출발점이라고 해도 과언이 아닐 것입니다.

물론 인과 예, 삼강오륜이 농사와 가족에 대한 중시에서 나왔으므로, 시대와 환경이 변한 오늘날의 상황에서 유교의 의미가 무엇인지 진지하게 검토할 필요가 있습니다. 그러나 그렇다고 해서 인과 예, 삼강오륜 등을 폐기처분해야 한다는 것은 섣부른 판단입니다. 발생학적 분석과 현대적 적용은 별개의 문제로 다루어야 합니다. 오히려 현대와 같이 개인주의적이고 고립화된 관계 속에서 인과 예가 가진 공동체적 가치는 다시 활성화되어야 합니다.

유교 철학이 농부의 철학인 것처럼, 유교의 예술도 그 점을 잘 보여 줍니다. 유교의 회화는 대부분 산수·동물·화초·풍경 등 그 대상이 자연입니다. 동양 예술의 최고 경지도 바로 자연미(自然美)입니다. 자연을 아름답게 형상화한 예술품이 많은 것이 바로 그 좋은 예인데, 유교 회화에서 유독 산수화(山水畵)가 많은 이유도 여기에 있습니다. 아름다운 산과 바다, 그리고 사시사철 피어나는 아름다운 꽃들이 주요 대상입니다. 그리고 그 속에서 유유자적하는 선비의 일상이나 배 젓는 노인, 조용하고 아담해 보이는 정자 등이 산수화에 자주 등장하는 대표적인 소재입니다. 자연의 아름다움을 감상하며 관조하는 것이지요. 선비의 기상을 뜻하는 사군자(매화·난초·국화·대나무)도 다 자연의 궁극적 아름다움을 빗대어 선비의 기상을 표현한 것입니다. 이렇듯 농부의 철학과 자연의 조화로움을 표현하는 예술관이야말로 동양적 사유 구조 전반에 흐르는 특성이라고 할 수 있습니다.

상인의 철학

유교를 농부의 철학에 비유할 수 있다면, 서구 사상의 주류(헬레니즘)는 상인의 철학에 비유할 수 있습니다. 동양이 쌀농사를 기반으로 하는 사회라면, 서양은 상업을 기반으로 하는 사회였습니다. 동양과 서양의 철학은 각각 이러한 사회적 기반에서 나왔다고 볼 수 있습니다. 서구 사상을 탄생시킨 그리스 철학이 태동한 배경을 잠시만 생각해 보면, 서구의 사상을 상인의 철학에 비유한 것을 쉽게 이해할 수 있습니다.[5]

서구 사상의 모판은 그리스 철학입니다. 그런데 그리스는 바다와 산으로 분할되어 고립된 지역이 매우 많은 나라입니다. 그래서 세계사 시간에 배운 폴리스(polis)라는 소규모의 독립된 도시 국가들이 형성될 수밖에 없는 환경이었습니다. 이러한 폴리스를 형성해서 살게 된 것은 주전 800년 무렵의 일입니다. 당시 가장 대표적인 폴리스로는 제일 큰 영토를 가진 스파르타(3천 평방킬로미터 이상)와 아테네(1천6십 평방킬로미터), 그리고 테베, 코린토스, 밀레토스 등이 있습니다. 흔히 상고시대라 불리는 주전 800년에서 500년까지는 펠로폰네소스 반도의 코린토스와 아르고스가 문학과 예술의 발전을 주도했습니다.

그런데 인구가 많아지면서 농토가 부족해지고 국내 분쟁이 빈번하자 그리스인들은 인구가 희소하고 본국과 비슷한 기후와 토양을 가진 여러 지역들을 식민지화하기 시작합니다. 그리고 이 팽창 운동에 가장 적극적이었던 도시가 바로 밀레토스였는데, 이 도시는 막대한 부를 누렸으며, 이 도시에서 그리스 최초의 철학자들이 일어나게 됩니다. 탈레스, 아낙시만드로스, 아낙세메네스 등이 그들입니다. 밀레토스와 코린토스 등의 도시가 당시에 개척한 식민지는 주로 소아시아 해안과 에게 해의 섬들에 위치했던 도시들이었는데, 이렇게 개척한 도시들 중에는 타라스, 엘레아(역시 고대철학의 발생지로서, 크세노파네스, 파르메니데스, 제논 등이 활동함)도 있었습니다.

해상국 그리스는 평야 지대에서 쌀농사를 위주로 살아가던 중국과는 매우 다른 환경에 있었음을 알 수 있습니다. 지형이 농사에 적합하지 못하고, 인구가 많아지면서 자급자족이 어려워지자 무역과 해로를 통한 식민지 개척으로 생활하게 됩니다. 해양을 통한 상업과 무역이 활발하였고, 이 해로를 통해 식민지를 개척해서 생활하던 배경에서 그리스 철학이 태동했던 것입니다. 공자가 살던 춘추전국시대부터 19세기 말까지 파도치는 바닷가에서 모험을 해 본 경험이 전혀 없었던 중국의 사상가와 해양국에 살면서 이 섬 저 섬을 편력했던 그리스의 소크라테스·플라톤·아리스토

텔레스를 비교해 본다면, 서로 다른 동양과 서양의 사상이 그 탄생 환경부터 얼마나 달랐는지를 가늠해 볼 수 있습니다.

초기 그리스에서는 식민지 개척을 위해 항해를 해야 했는데, 항해의 필수 요건은 바다와 자연을 정복하고 통제하는 능력입니다. 동양의 자연이 조화와 포용, 인간과 자연의 합일을 강조했다면, 서양의 자연은 투쟁과 통제의 대상이었습니다. 그래서 그리스인들은 폭풍을 피하기 위해서 일찍부터 천문학과 기하학을 발전시켰습니다. 또 설령 폭풍우를 만나더라도 그것을 견딜 수 있는 견고한 배를 만들어야 했습니다. 물론, 중국에서도 농사를 보다 효율적으로 짓기 위해 천문학을 발달시켰지만, 전반적으로 볼 때 과학적 발견을 통해서 자연을 효율적으로 통제하기 위한 실용적 기술이 서양에서 더 활발하게 발달했던 것은 분명한 사실입니다.

농부의 철학 대 상인의 철학

동아시아의 쌀농사에서는 협동이 중요한 요소입니다. 서양의 유목과는 달리 한곳에 정착하여 대대로 농촌 공동체를 형성하여 살면서, 가뭄과 홍수 등 자연 재해에 처했을 때에는 공동체 전체가 협동하지 않을 수 없는 운명입니다. 누구는 흉년이고 누구는 풍년일 수 없는, 삶의 거의 모든 것을 함께하는 공동 운명체인 것입니다.

그러나 상인은 이와는 다릅니다. 파는 사람이 이윤을 더 많이 남긴다는 것은 사는 사람이 그만큼 손해를 본다는 것입니다. 아주 싸게 물건을 구입한다는 것은 반대로 파는 사람이 손해를 본다는 것이지요. 즉, 농사는 철저하게 공동체적 운명인데 반해서, 무역이나 장사는 철저하게 개인주의적입니다. 상대방과 나는 동업자가 아니라 경쟁자입니다. 나의 이익이 상대방의 손해이고, 상대방의 이익이 나의 손해입니다. "이렇게 팔면 남는 게 없다"는 상인과 "좀더 깎아 달라"는 고객 사이에 윈윈이란 거의 불가능합니다.

그리스가 식민지를 개척한 것도 농경문화에서는 찾아보기 힘든 요소입니다. 식민지에서는 지배층과 피지배층이 명확하게 구분되어 있습니다. 식민지의 개척이란 소유 관계의 변화를 뜻합니다. 토착민은 더 이상 소유자로서의 권한을 가질 수가 없고, 지배-피지배의 관계가 성립하게 됩니다. 물론 동양의 경우에도 사농공상의 계층구조가 존재했으나, 농토의 소유자인 사대부와 농토의 경작자인 농부는 서로 공생 관계입니다. 사(대부)-농(부)의 관계는 전쟁으로 소유권을 뺏고 빼앗긴 관계가 아닙니다. 사대부는 토지 소유자로서 경작권을 농부에게 부여하고 그 농부를 통해서 자신의 경제 활동을 영위하고, 농부는 경작을 통해서 생활을 영위하면서 경작을 허락한 사대부를 돕게 됩니다.

이런 이유로 상인의 철학이 주도하는 문화권에서는 '인'이라는 정서는 찾아보기가 힘듭니다. 남을 나처럼 사랑하는 인의 정서로는 장사나 무역으로 과도한 이익을 낼 수 없고 또 식민지를 개척할 수도 없습니다[6] 그러나 합리적 판단과 가격 형성을 위한 이성적 활동은 매우 강조됩니다. 그래서 서양 철학사에서는 많은 사상가들이 철학자이면서 과학자이고 또한 수학자입니다. 상인의 문화권에서는 사는 자와 파는 자 사이에 합리적인 가격이 책정되지 않으면 계속해서 거래를 할 수 없기 때문입니다.

서로의 이해관계가 다른 상태에서 공감할 수 있는 결론을 도출하기 위해서는 합리적인 판단이 가장 중요합니다. 그래서 서양 철학사에서 가장 중요한 키워드는 '이성'이고, 이 이성은 객관적이고 보편적인 특성을 갖게 되는 것입니다. 또한 서양에서는 예의 있는 태도를 무척 중요하게 생각합니다. 계속해서 무역을 하거나 관계를 유지하기 위해서는 상대방에 대해 존중하는 태도가 필수적이기 때문이지요. 또한 가격 책정 및 흥정을 위한 명확한 논리와 설득력이 필요합니다. 그래서 서구에서는 초기부터 동양에 비해 상대적으로 논리학과 변론술, 수사학 등이 발전했습니다.

서구의 경우, 그리스인들은 대체로 농업보다는 무역을 통해서 부를 획득하였습니다. 무역을 하려면 합리적인 계산과 나와 남을 구분하는 개체주의적 사고가 발달하게 됩니다. 중국의 농경문화에서는 인의 정신이 남들과 하나가 되는 것을 강조한 데 비해서, 그리스인들은 나와 남을 구분하여 경쟁하는 데 강한 민족이었다고 볼 수 있습니다.

지금까지 논했던 동양 철학과 서양 철학의 차이를 간략하게 도표로 정리하면 다음과 같습니다.

지역	특성	주요개념	개인과 공동체	학문적 강조점
중국	농부의 문화	인, 예[7]	공동체성 발달	수양, 천인합일 강조
그리스	상인의 문화	예의, 법	개체주의적 사고	수학, 과학, 논리학 발전

표2-1. 동양 철학과 서양 철학의 차이

2부
중국 유교의 역사

3. 공자와 선진시대의 유학
4. 한당시대의 유학
5. 송명시대와 그 이후의 유학

중국 유교의 역사는 공자부터 현대까지만 어림잡아도 2천6백 년이 훨씬 넘습니다. 이렇게 방대한 역사를 대부분 학자들은 선진유학, 한당유학, 송명유학으로 크게 나눕니다. 우선 선진유학의 시대는 춘추전국시대의 혼란을 통일한 진나라 이전의 시대, 즉 공자, 맹자, 순자 등의 사상을 포함하는 시기입니다. 춘추전국시대의 혼란과 난세를 구하려던 사상가들의 주장을 살펴보려면 공자 이전의 중국 사상과 역사도 살펴봐야 하기 때문에, 이 장에서는 중국 상고시대의 역사에서 공자, 맹자, 순자를 거쳐 진나라 통일의 사상적 기반이 된 법가 사상까지 살펴보겠습니다.

한당유학의 시기는 대부분 중국 철학사에서 간략하게 다룹니다. 우선 한나라 때에는 중국 역사에서 유교가 중국의 사상, 교육, 정치의 중심으로 설 수 있도록 기반이 다져졌지만 사상적으로는 발전했다고 보기 어렵습니다. 유교의 핵심 개념이 민간신앙, 도교, 불교 등의 영향을 받아 변질 또는 왜곡되었기 때문입니다. 그러다 여러 왕조를 지나며 융성하던 불교가 당나라 때에 타락하면서, 불교를 배척하고 유교부흥운동이 일어났습니다.

송명시대의 유학은 이 유교부흥운동이 점차 확대되어, 불교를 배척하고 공맹의 유학을 다시 부흥시킨 시기의 유학입니다. 이 시기의 유학을 기존 공맹 사상과 구분하기 위해 신유학(新儒學)이라 부르며, 이를 완성한 사람들은 송나라 때의 주자와 명나라 때의 왕양명입니다. 주자학은 불교라는 거대하고 깊이 있는 종교 전통을 능가할 만한 심오한 논리를 갖춰야 했기 때문에 그 체계가 매우 복잡하고 이론적입니다. 명대에 성행한 양명학은 주자학이 이론에 지나치게 치우친다는 점을 비판하면서 좀더 간명한 유학을 주장했습니다. 2부에서는 청대 이후에 주류를 이룬 고증학에 대해서도 간략하게 다룰 것이며, 현대 중국 유교의 현황은 11장을 참고하시기 바랍니다.

3. 공자와 선진시대의 유학

시대적 배경: 중국 상고사와 춘추전국시대

중국은 광대한 영토만큼이나 장구한 역사를 자랑하고 있습니다. 중국인들은 다들 자신들의 자랑스러운 문명이 삼황오제(三皇五帝)[1]와 하(夏)나라, 상(商)나라, 주(周)나라의 훌륭한 성왕들과 어진 신하들에 의해서 이뤄진 것이라 믿고 있습니다. 그런데 과연 이러한 믿음이 역사적으로 실체가 있는지, 전설로 전해진 실체 없는 신화인지에 대해서는 다양한 의견이 존재했습니다.

그런데 중국 하남성 안양현에서 상나라의 유물들이 대거 발굴되면서 상 왕조가 실존했음이 드러났으며, 이 중 많은 수가 청동기 시대의 것으로 밝혀지면서 왕조의 존재 연대 또한 측정할 수 있게 됐습니다. 자연스럽게 상 왕조 이전의 하 왕조 역시 실존했는지, 그 주축은 어떤 집단이었는지 등에 대해 학자들이 관심을 가지기 시작했습니다. 지금까지의 고고학 발굴 결과, 학자들은 중국 상고시대의 역사를 대략 다음과 같이 나누고 있습니다.

왕조	주축세력	연대
하 왕조	화하족(華夏族)	주전 2300-1700년 사이 (하남성 중·서부 중심)
은 왕조[3]	이족(夷族)	주전 1700년 어간-주전 1122년 멸망까지
주 왕조	화하족(華夏族)	주전 1122년 건국

표3-1. 삼대(三代) 시대[2]

중국의 상고사는 아직 학계에서 공식적으로 통일된 입장을 가지지 못했기 때문에 이 책에서 제시하는 중국 고대의 각 왕조의 연대와 중심 지역, 범위 등에 대해서는 다양한 견해가 존재합니다.

왕조	연대

주(周) 왕조	주전 1122-249년경
	춘추시대: 주전 722-481년
	전국시대: 주전 403-221년
	철학자의 시대
	  공자: 주전 551-479년
	  묵자: 주전 468-376년
	  노자: 생졸연대 미상
	  맹자: 주전 371-289년
	  장자: 주전 369-286년
	  순자: 주전 298-238년
	  한비자: 주전 ?-233년

진(秦) 왕조	주전 221-207년 [분서갱유(焚書坑儒): 주전 213년]
한(漢) 왕조	주전 207-주후 220년 동중서(董仲舒): 주전 179?-104년?
삼국시대	220-280년
진(晉) 왕조	280-420년, 신(新)도교와 불교

표3-2. 주 왕조와 춘추전국시대 이후의 시대

위 연표에서 하-은-주를 잘 보면 한 가지 주목할 점이 있습니다. 위 표에서 하나라와 주나라는 화하족이, 은나라는 이족이 주축이 되어 세운 나라였습니다.[4]

우리나라 사람들을 과거 중국에서 동이족(東夷族)이라고 불렀던 것을 국사시간에 배웠던 기억이 나실 겁니다. 그 이족이 바로 은나라의 주축세력입니다. 물론 은나라의 주축세력이었던 이족과 은나라 사람들을 뜻하는 말인 은족(殷族)이 같은 부족이었는지에 대해서는 지금도 다양한 견해가 존재하지만, 이족과 은족은 동방계, 화하족은 서방계 부족이라는 사실은 분명합니다. 이족과 화하족은 아주 다른 특성을 지녔고, 공자 이전의 요순시대부터 하-은-주 삼대를 내려오면서 형성된 두 이질적인 문화 갈등을 조화롭게 해결하려는 중용적인 철학을 공자의 사상에 담아냈다는 사실을 먼저 기억하시기 바랍니다. 이에 대한 내용은 매우 복잡하고 어려울 뿐 아니라 상고사에 속하여 여러 가지 다양한 학설이 존재하기에 간략히 정리했습니다.

연표에서 보듯 공자의 활동 시기는 춘추전국시대입니다. 춘추전국시대는 삼대의 마지막인 주나라가 쇠락해 가면서 혼란해진 시기였습니다. 이제부터 공자가 살았던 춘추전국시대의 혼란과 공자 사상의 핵심을 중심으로 살펴보겠습니다.

주 왕실의 붕괴와 춘추전국시대: 제자백가의 출현

공자가 활동한 주전 6-5세기는 춘추시대로서 주나라 말엽에 해당되는데, 좀더 구체적으로 이 시기를 '주 왕실의 붕괴와 춘추시대의 혼란'이라고 정리할 수 있습니다. 봉건제도와 종법제도를 근간으로 했던 주나라는 서주(西周) 말기에 이르러 점점 제후국에 대한 권위와 통제력을 상실하기 시작했습니다. 철제 농기구 보급으로 농업 생산력이 급속도로 향상되어 신분 이동이 활발하게 이루어지면서, 신분과 상관없이 경제적 실권을 가진 자들이 힘을 갖는 현상이 생겼습니다. 그리고 이러한 급격한 신분 질서의 변화는 기존 권위를 붕괴시켰고, 신하가 군주를 시해하거나 자식이 아버지를 살해하는 일, 종법제도가 와해되는 일도 빈번하게 일어났습니다. 민생은 파탄이 나고 곳곳에 투쟁과 전쟁이 일어나는 혼란기가 된 것입니다.

여러 제후들은 동맹과 침범을 통해 자신들의 세력을 확장하려는 노력을 계속했습니다. 유능한 학자를 모셔서 그들의 지혜를 얻음으로써 부국강병을 꾀했습니다. 이러한 혼란기를 구하기 위해 나타난 각 현자들의 학파(家)를 역사에서는 제자백가(諸子百家)라고 부릅니다. 제자백가의 종류는 문헌에 따라 다르지만 자세히 분류하면 음양가(陰陽家), 유가(儒家), 묵가(墨家), 명가(名家), 법가(法家), 도가(道家), 종횡가(縱橫家), 농가(農家), 잡가(雜家), 소설가(小說家) 등이 있습니다.

공자의 생애[5]

공자(孔子)는 주전 551년 노(魯)나라 창평향 추읍(현재 산동성 곡부의 남동쪽)에서 태어났습니다. 전국시대가 시작되는 시기가 주전 403년이므로 공자는 제자백가들 중 비교적 이른 시기에 활동한 사상가입니다. 공은 성씨이고 자는 훌륭한 인물을 높여 부르는 존칭 접미사이며, 원래 이름은 구(丘), 자(字)[6]는 중니(仲尼)입니다.

공자의 가문은 앞서 언급한 삼대 중의 은나라와 줄이 닿아 있습니다. 은나라가 망한 뒤 주나라를 세운 문왕(文王)의 아들 주공(周公)은 은나라 최후의 임금인 주왕(紂王)의 배다른 형인 미자계(微子啓)로 하여금 송(宋)나라를 다스리게 했습니다. 미자계는 어질기로 소문이 난 은나라의 삼인(三仁) 중 한 사람이었습니다. 그런데 미자계의 가문이 세월이 흐르면서 왕위를 빼앗기고 정치적 싸움에 휘말리게 되자 송나라를 떠나 노나라에 살게 됩니다. 그러면서 성도 공 씨로 바꿨는데, 이 가문의 몇 대를 거친 후손이 바로 공자입니다.

공자의 아버지는 숙량흘(叔梁紇, 주전 ?-548)이라는 사람인데, 전쟁에 나가서 공을 세우기도 한 키가 아주 큰 사람이었다고 합니다.[7]

숙량흘은 부인 시(施) 씨와의 사이에 딸만 아홉을 두었습니다. 그런데 조상의 제사를 받들려면 아들이 있어야 했기에, 숙량흘은 부인을 하나 더 얻어 원하던 아들을 낳게 됩니다. 그런데 이 아들은 몸이 건강하지 못했습니다. 건강한 사내아이를 원하던 숙량흘이 곡부에 살던 안징재(顔徵

在)라는 여인과 결혼을 했고, 이 두 사람 사이에 공자가 태어나게 됩니다. 앞서 공자의 자가 중니라고 말씀드렸는데, 중(仲)이라는 글자는 두 번째를 뜻합니다. 앞에서 언급한 대로 공자에게 형이 하나 있었기에 공자가 둘째 아들이라는 뜻에서 중을 쓴 것이지요. 중니의 '니'와 공자의 이름 '구'는 안징재가 남편 숙량흘이 건강한 사내아이를 원하는 것을 알고 사내아이를 얻게 해 달라고 기도했던 산 이름이 니구산(尼丘山)이었던 데서 유래했습니다. 「사기」에는 공자가 나면서부터 머리 꼭대기 가운데가 움푹 들어가 언덕처럼 생겼다고 해서 이름을 구라고 했다는 기록도 있습니다.

    공자의 어린 시절을 주목해 봅시다. 공자는 세 살 되던 해에 아버지를 여의었습니다. 아버지도 계시지 않은 데다 배다른 형제가 많아 늘 외롭고 미움받던 존재였던 공자의 어린 시절이 얼마나 불우하고 힘들었을지는 쉽게 짐작할 수 있습니다. 더구나 공자가 열여섯 살이 됐을 때 자신을 낳아 주신 어머니마저 여의고,[8] 아버지 묘에 합장하려 했으나 아버지의 묘소가 어딘지 몰라 그러지 못했다는 말이 있습니다. 이 사실로 미루어, 공자는 큰댁 사람들에게 아버지 묘에 찾아가는 것조차 허락받지 못했던, 미움받은 사람이었다는 것을 알 수 있습니다.

    「논어」의 「자한편」에서 공자는 자신의 어릴 적 시절을 회상하면서 "나는 어려서 빈천했기 때문에 천한 일도 많이 할 줄 알게 되었다"라고 말하고 있습니다. 앞에서 언급했듯 아버지는 공자가 세 살 때 돌아가셨고, 어머니도 세 번째 부인이었기에 공자의 어린 시절은 너무나도 가난하고 불우했습니다. 그런데 「사기」의 「공자세가」에 "공자는 아이 때 언제나 제기를 펼쳐 놓고 예를 갖추는 소꿉놀이로 장난을 했다"고 되어 있는 것으로 보아, 어머니가 돌아가시기 전까지 공자는 홀어머니 밑에서 비록 가난했지만 바르고 엄격한 가정교육을 받은 것으로 추정할 수 있습니다. 그리고 공자는 학문적으로 자신에게 직접적인 영향을 준 스승 없이, 혼자 공부하고 고민한 것이 대부분이었다고 합니다. 그 근거는 「논어」의 「팔일편」에 보면 "공자는 태묘(太廟)에 들어가서 매사에 대해서 물으셨다"라는 기록이나, 공자의 제자 자공(子貢)의 언급, 공자의 생애에 대한 문헌들을 통해 알수 있습니다.

공자는 18세 때(주전 533년) 노나라의 위리(委吏)라는 창고의 출납을 관리하는 작은 벼슬을 했습니다. 그리고 그해에 계관 씨 집안의 딸과 결혼해 다음 해에 아들 리(鯉)를 낳았습니다. 그 후 공자는 잠시 동안 가축을 기르는 직책인 사직(司職)이라는 벼슬을 했습니다.

공자의 학문이 더욱 영글어 가고, 시대적 혼란이 더 극에 달하게 되면서 스승을 찾아 나선 많은 젊은이들이 공자의 문하로 들어오기 시작했습니다. 공자 스스로도 어지러운 민심을 바로잡고 세상을 구원하고자 하는 일로 관심이 옮겨 가기 시작했습니다. 이때가 공자의 삼십 대입니다. 당시 노나라는 왕마저도 안중에 두지 않는 계(季) 씨 일파들을 비롯한 삼환(三桓) 씨가 전횡을 일삼고 있었습니다. 이들은 노나라의 군대를 사병화했으며 자신들의 땅을 넓히고 많은 가신들을 두면서 나라를 멋대로 휘두르기 시작했습니다. 극심한 혼란과 시대의 어려움을 만나 공자는 제나라로 가서 가르침을 펴기 시작하였고, 다시 노나라로 돌아와서도 시대를 구하기를 바랐으나 시대는 이미 심각한 혼란의 소용돌이 속에서 더욱 어려워져만 갔습니다.

공자가 사십 대가 되었을 때, 더 많은 제자들이 공자에게 가르침을 받기 위해 각지에서 모여들었고, 공자는 제자들의 교육에 큰 힘을 쏟았습니다. 이러면서도 또한 공자는 46세 되던 해에 노나라에서 중도재(中都宰)라는 벼슬에 올라 중도라는 지역을 다스렸는데, 다스린 지 1년 만에 중도는 다른 모든 고을들이 본받을 정도로 질서가 잡혔다고 합니다. 정공 10년(주전 500년, 공자 51세 때)에 공자는 정공을 도와서 예를 돌보는 관리로 그를 수행했고, 이후 국토를 관장하는 사공(司空), 다음 해에는 법을 맡아보는 사구(司寇)의 벼슬을 받았습니다. 훌륭하게 일을 잘 처리해 그다음 해에는 사구와 재상(宰相)을 겸직했습니다.

이렇게 공자의 명성이 노나라를 넘어 다른 나라에까지 퍼지자 공자를 경계하는 세력이 나타나기 시작했습니다. 특히 이웃 제나라는 계략을 꾸며 노나라의 임금이 정사를 제대로 돌보지 않게 만들었고, 이를 말리던 공자는 결국 벼슬을 그만두고 맙니다.

여러 가지 벼슬을 통해 개혁과 혁신을 시도했지만 노나라에서 그의 뜻을 이룰 수 없으리라 판단한 공자는 54세 때(주전 497년) 자신의 이상을 실현할 나라와 왕을 찾아 망명길에 오릅니다. 공자는 왕들을 만나 자신의 도덕정치와 정치철학을 설명하고 그 내용을 정치에 적용함으로써 혼란 종식에 도움을 주려고 힘썼습니다. 그러나 이 과정에서 공자는 도리어 여러 사람들에게 위협을 받고, 동원된 군대가 가는 길을 막아 위험에 처하기도 했고, 심지어 사마환퇴라는 사람에게 목숨을 빼앗길 뻔합니다. 공자의 주유열국(周遊列國: 여러 나라를 찾아다니며 가르침을 설파하는 일)은 주전 481년 공자가 70세가 될 때까지 계속됐습니다. 겉으로는 공자의 사상을 받아들여 자신의 나라를 굳건히 세운 왕이 없어 그의 노력이 수포로 돌아간 듯 보이지만, 이 기간에 공자는 수많은 제자들을 얻었고, 가는 곳마다 극진한 대우를 받았습니다. 공자는 마지막으로 진(陳)나라를 방문한 후, 위나라를 거쳐 다시 자신의 고향인 노나라로 돌아왔습니다.

노나라로 돌아온 공자는 국로(國老)의 대우를 받으며 국정의 자문에 응하기도 했지만, 무엇보다 전적(典籍) 편찬과 제자 교육에 심혈을 기울였습니다. 당시 공자의 제자들 중에는 염유(冉有)를 비롯해 자공, 자로(子路), 자유(子游), 자하(子夏), 재여(宰予) 등이 중요한 벼슬을 하고 있었습니다. 이는 비록 당시 정치인들이 공자의 사상을 받아들여 정치를 혁신하지는 않았지만, 공자의 사상이 정치인들에게 상당한 공감을 얻었다는 것을 보여줍니다.

공자가 말년에 고국으로 돌아와 전적을 편찬하고 많은 제자들을 양육

한 이유는 시대에 대한 좌절감과 포기 때문이 아니라, 자신의 사상을 통해 그 당시가 아니더라도 후대를 통해 실현하려는 노력으로 이해할 수 있습니다. 공자는 먼저 육경(六經)을 정리해 편찬했습니다. 육경은 「시경」(詩經), 「서경」(書經), 「역경」(易經), 「예기」(禮記), 「악경」(樂經), 「춘추」(春秋)로 이루어진 여섯 가지 유가의 기본 경전을 말합니다. 그러나 「악경」이 현재 전해지지 않아 보통 오경(五經)이라고 합니다. 육경은 앞서 간 사람들의 정치·사회·문화·사상·생활 등에 관한 여러 가지 지식과 교훈을 주는 한편, 사람의 본성과 감정을 순화시켜 인격을 수양하는 데 도움을 줬습니다. "공자의 제자가 삼천 명이나 됐다"고 알려진 시기가 바로 이때입니다. 그 삼천 명의 제자들 중에서 육예(六藝)에 두루 통달한 제자가 72명이었다고 합니다.[9] 그래서인지, 이때 공자의 제자들은 뛰어난 이들이 많아 노나라뿐 아니라 그 밖의 여러 나라에서 높은 명성과 대우를 받았습니다. 그런데 공자가 69세가 되던 해에 개인적으로 불행한 일이 일어났습니다. 공자의 외아들인 리(鯉)가 먼저 세상을 떠난 것입니다. 그리고 얼마 안 있어 공자가 생전에 가장 사랑하고 기대를 걸었던 안연(安淵)이 세상을 떠났습니다. 공자가 71세 되던 해에는 오랫동안 공자의 제자였던 자로도 위나라에서 벼슬을 하던 중에 내란에 휩쓸려 그만 세상을 뜨고 맙니다. 잇따른 불행을 겪은 공자는 주전 479년 노나라 애공 17년에 72세의 나이로 일생을 마쳤습니다.

생각해보기

공자는 답답한 윤리 선생님?

'공자' 하면 가장 먼저 어떤 모습이 떠오르십니까? 전통만 고집하면서 상투를 틀고 근엄하게 앉아 있는 고리타분한 조선시대 선비? 아니면 고지식한 윤리 선생님? 사람들은 흔히 조용하고 법 없이도 살 수 있을 것 같은 도덕적인 사람을 보고 '공자 같다'고 말하곤 합니다. 실제로 공자는 어떤 사람이었을까요?

사실 공자는 매우 섬세하고 감성이 풍부해서 예술에도 조예가 깊었습니다. 「논어」에는 공자의 이런 모습을 잘 보여 주는 구절들이 있는데, 대표적인 몇 구절만 소개해 보겠습니다.

> 興於詩 立於禮 成於樂.
> 시를 통해서 마음을 흥기시키며, 예에 서며, 음악을 통해 완성시킨다.

이 말은 공자가 윤리나 도덕만을 강조한 것이 아니라 음악과 시 등의 감수성이 매우 풍부한 인물이며, 또 예술과 풍류를 좋아한 인물임을 보여줍니다.

> 子曰 志於道, 據於德, 依於仁, 游於藝.
> 공자께서 말씀하시기를, 도에 뜻을 두며 덕을 굳게 지키고 인을 (항상) 따르며 예에 노닐어야 한다.

위의 문장에서도 공자는 예술의 세계를 도, 덕, 인 등의 유학의 가장 중요한 단어들과 대등하게 연결함으로써 예술의 중요성을 이야기하고 있습니다. 공자는 이렇듯 정서를 순화시키고 그 사람의 인격과 풍모를 드러내는 풍류로서 예술(음악, 미술 등)을 매우 중요하게 여겼다는 것을 알 수 있습니다.

> 子在齊聞韶, 三月不知肉味.
> 공자께서는 제나라에 계실 때에 순임금의 음악인 소(韶)를 들으시고는 삼 개월 동안 고기 맛을 모르셨다.

이 문장이야말로 공자가 단지 고루하고 답답한 교과서 같은 인물이 아니라 얼마나 예술을 사랑하고 가까이 한 인물인지를 잘 보여 줍니다. 이때 공자는 대략 35세 전후였을 것으로 추정합니다. 고기맛을 몰랐다는 것은 그만큼 음악에 심취해서 그것을 배우는 데 열중했다는 뜻입니다. 비단 음악만이 아니라 시를 공부하는 것도 좋아해서, 제자들에게 다음과 같이 이야기하기도 했습니다.

> 子曰小子 何莫學夫詩, 詩 可以興, 可以觀, 可以群, 可以怨. 邇之事父 遠之事君 多識於鳥

獸草木之名.

공자께서 말씀하셨다. 너희들은 어째서 시를 공부하지 않느냐? 시는 사람의 감흥을 돋우고, 모든 사물을 제대로 살피게 하며, 많은 사람과 더불어 어울려 화합하게 하고, 또한 은근히 세태를 비판할 수 있게 한다. 시를 통해 가깝게는 부모 섬기는 도리를, 멀리는 임금을 섬기는 도리를 배울 수 있으며, 시로써 많은 새와 풀과 나무의 이름을 배울 수도 있다.

이렇듯 공자는 시를 공부하는 것도 중요하게 생각해, 아들에게도 시 공부를 권했습니다. 공자는 여러분이 흔히 떠올리는 고리타분한 윤리 도덕 선생님이 아니라, 시와 음악을 좋아하고 풍류를 아는 멋진 사람이었습니다. 이 글을 읽으시는 여러분들도 이렇게 덕을 쌓고 배움과 예술을 깊이 함으로써 운치 있고 넉넉한 삶을 살아가시길 바랍니다.

참고: 「논어」, 「태백편」 제8장, 「술이편」 제6장, 「양화편」 10장.

공자의 근본 사상

공자의 핵심 사상: 인과 예의 중용적 사상

앞서 말씀드린 대로 공자의 사상은 하-은-주의 삼대를 계승해 중용적으로 조화시켰습니다. 공자가 춘추시대의 혼란을 막기 위해 고민한 중용적 사상의 핵심은 바로 인(仁)과 예(禮)입니다. 그래서 「논어」에 인은 백 회 이상, 예는 칠십 회 이상 등장합니다.

우선 공자는 예를 강조했습니다. 쉽게 풀이하면 예란 더불어 사는 사회에서 서로를 존중하는 마음으로 대하는 외적 태도를 말합니다. 예라는 글자는 「설문해자」(說文解字)를 근거로 풀이하면 신(神)을 뜻하는 시(示)와 풍요로움을 뜻하는 풍(豊)의 두 글자가 합해진 모습입니다. '시'는 '신'자를 줄여서 표현한 것이고, '풍'은 그릇에 제물을 담은 모습을 뜻하는 '곡'(曲)과 제사 지낼 때 쓰는 그릇을 뜻하는 '두'(豆)가 합해져 만들어진 글자입니다. 그래서 원래 '예'는 제사 그릇에 제물을 담아 신(神)에게 올리는 공경

심을 표현한 글자입니다.[10]

예에 대해 정확히 이해하기 위해서는 우선 주공(周公, 주전 ?-1104)이라는 인물을 알아 둘 필요가 있습니다. 주공은 이름이 단(旦)이고, 문왕의 아들이면서, 은나라를 멸망시킨 주 무왕의 아우입니다. 주공은 예(禮), 악(樂), 형(刑), 정(政)을 정비하고 토지 제도, 병역 제도, 행정 체계, 화폐 제도 등을 정리하고 시초를 닦았습니다. 주나라 통치의 근간이었던 종법제도나 봉건제도 등도 모두 주공이 정비했습니다. 이를 고맙게 여긴 성왕이 주공의 공덕을 기려 그를 천자(天子)의 예로 대했습니다. 주공은 섭정이 끝난 후 노(魯)에 봉해졌는데, 그 이후로 노나라는 주나라의 문화적 중심지가 되었고, 공자도 바로 이 노나라에서 태어납니다.

은나라를 패망시킨 후 주나라의 모든 제도를 정비해 혼란을 재빨리 수습하고 안정기에 접어들게 한 가장 중요한 인물이 주공이었기에, 공자는 당시 춘추시대의 혼란을 수습하고 안정기를 구축하기 위해 자신보다 앞서 이런 일을 한 주공을 기리고 공경하며, 주공이 토대를 구축했던 '예'의 회복을 우선순위로 삼았습니다.

공자가 우선 '예'에 관심을 갖고 살펴본 이유는 모든 문물과 제도를 안정시킨 주공 이후 주나라 역사의 어디서부터, 어떤 문제가, 어떻게 잘못됐는지 정확하게 파악함으로써 현실이 왜곡되고 뒤틀린 이유를 알아내야 했기 때문입니다. 시대를 구하고 혼란을 종식시키기 위한 공자의 학문관을 여기서 주목할 필요가 있습니다. 공자의 배움은 단지 출세와 이기적 욕심을 채우기 위한 학문(爲人之學)이 아니라, 결과에 관계없이 바른 수양적 태도를 가지고 자신과 사회를 변화시키려는 수양적 목적을 가진 학문(爲己之學)이었기 때문입니다.

공자는 자기 학문의 바른 이정표를 세우고 혼란기 이전의 요순시대부터 주나라까지의 역사 속에서 바른 가르침을 얻으려고 노력했습니다. 그 속에서 당시 종법질서의 붕괴가 정치적인 면에서 가장 중요한 혼란의 근원임을 깨닫게 된 것입니다. 그리고 그러한 종법질서의 붕괴는 단지 정치제도상의 문제가 아니라 인간으로서 가져야 할 도덕적 가치관의 붕괴와 욕심이라는 내면적 요인이 근본 원인이라는 점을 파악한 것입니다.

공자는 당시의 혼란이 종식되기 위해서는 우선 정치 체제를 바로잡아야 하고, 그 핵심이 바로 예에 대한 문제라고 판단했습니다. 그래서 공자는 「논어」에서 임금은 임금다워야 하고, 신하는 신하다워야 하며 어버이는 어버이다워야 하고 자녀는 자녀다워야 한다는 점(君君臣臣父父子子)을 강조합니다. 공자 자신이 28세가 되었을 때, 노나라에 잠시 다니러 온 담자(郯子)를 찾아가서 옛날의 관제에 대해서 물었다는 것이 좋은 예라 할 수 있습니다.[11] 그리고 공자가 자신 이전에 평화로운 시대의 예를 구체적으로 연구해 당시의 혼란을 극복하려 했다는 것을 잘 알려주는 내용이 「논어」에 나옵니다.

子張問 十世 可知也.
(공자의 제자인) 자장이 "열 왕조 후의 일을 미리 알 수 있습니까?"라고 물었다.

子曰 殷因於夏禮 所損益 可知也, 周因於殷禮 所損益 可知也, 其或繼周者 雖百世 可知也.[12]
공자께서 대답하시기를 "은나라는 하나라의 예를 인습하였으니 그 손익을 알 수 있으며, 주나라는 은나라의 예를 인습하였으니 손익한 것을 알 수 있다. 혹시라도 주나라를 계승하는 나라가 있다면 비록 백세 뒤의 일이라도 알 수 있을 것이다."

위의 인용문에서 보듯 공자는 시대의 혼란을 바로잡기 위해 과거의 왕조의 역사를 살펴 '예'의 전승 과정과 발전, 그리고 왜곡된 역사에 대해 분석하는 것이 가장 중요하다고 판단했습니다.

예에는 두 가지 차원이 있습니다. 첫째는 개인이 생활에서 구체적으로 지켜야 할 제도와 항목으로서의 예입니다. 아침에 눈을 떠부터 잠들 때까지 가져야 할 구체적이고 바른 몸가짐과 마음가짐, 제사 각 순서에 대한 숙지, 책 읽는 바른 태도 등에 대한 구체적인 내용이 모두 예입니다. 둘째는 사회적 제도로서의 예입니다. 예는 단순히 나의 일상적인 반듯한 태도를 말하기도 하지만, 사실 나와 남의 관계에서 지켜야 하는 것입니다. 이런 면에서 예에는 사회적인 차원이 반드시 전제됩니다. 그래서 '관계 속에서 예를 다한다'는 것은 남과의 조화를 위한 것입니다. 「논어」에서도 "유자가 말했다. 예의 쓰임은 조화로움이 중요한 것이니, 선왕의 도는 이 조화를 아름답게 여겼다. 그래서 작고 큰 일 모두에 이 조화로움을 추구한다."(有子曰 禮之用 和爲貴 先王之道 斯爲美 小大由之)[13]라고 말하고 있습니다. 즉 예야 말로 이른바 사회의 안정과 조화를 위한 가장 중요한 기틀이 된다는 것이 공자의 이해였던 것입니다.

사실 예는 그 시대의 도덕적 삶이 겉으로 드러나는 것인데, 도덕이나 규범의 형식은 시대와 상황에 따라 변하는 특성이 있어, 예의 형식과 내용도 상황에 맞게 바뀔 수밖에 없습니다. 과거에 자동차가 없던 시절에는 운전 예절이 필요 없었지만, 지금은 다들 운전을 하는 시대이기에 운전자의 예절이 얼마나 중요한가를 생각해 보면 쉽게 알 수 있습니다. 또한 예는 구체적인 상황마다 다릅니다. "안녕하세요!"라는 인사도 친구에게 할 때와 부모님께 할 때가 다르고, 아침에 일어나서 할 때와 조문할 때가 다릅니다. 그렇다고 구체적인 상황에 맞게 조목조목 나눈다면, 사람들이 답답하게 여길 것이 분명합니다. 그리고 예의로운 행동에 대해 사람마다 생각이 다르다면, 그에 따라 발생하는 보편적인 질서와 사회 구조의 불안정성은 어떻게 해결할 수 있을까요?

사실 예의 핵심은 상대방에 대한 존중과 배려이기에, 형식에만 얽매이는 것은 참 불편합니다. 그래서 예의 형식이 '인간의 삶에 가장 자연스럽고 조화로운 삶의 본질을 드러낸다'는 점을 기억해야 합니다. 그래서 이 문제를 제대로 해결하기 위해서는 예의 도덕적 기반에 대한 고찰이 필요합니다. 공자가 바라보기에 이 예의 내면적 기반이 되는 것이 바로 인(仁)입니다. 그래서 공자는 「논어」 「팔일편」에서 "사람으로서 인하지 않으면 예를 어떻게 하겠는가"(人而不仁 如禮何)라고 이야기합니다.

인은 남을 나처럼 사랑하는 마음입니다. 예를 강조하는 데 논리적 근거가 필요해서 인을 끌어낸 것이 아니라, 모든 사람의 내면에 공유하는 본질적인 속성이기 때문에 인의 정서에 바탕을 둔 행동이 바른 행동이요, 예에 맞는 행동이라 말할 수 있습니다.

예를 들어 나이 드신 분이 무거운 물건을 들고 걸어가는데 젊은 사람이 "제가 들어드리겠습니다"라고 정중하게 말한 후 그 짐을 들어드리면, 우리는 이를 '예의 바르다'고 말합니다. 왜 그럴까요? 공자에 의하면 내 속에 있는 남을 나처럼 사랑하는 마음은 남(상대방)이 힘들어할 때 그를 도울 생각을 갖게 하기 때문입니다. 물론, 그 짐은 내게도 무거울 테니 못 본 체하자는 생각도 할 수 있습니다. 그것은 인의 마음이 겉으로 드러나는 과정에서 이기적인 생각이 끼어들면서 왜곡되기 때문입니다.

공자는 인은 남을 사랑하는 것이라 말합니다.[14] 시대가 변하고 상황이 달라도 남을 사랑하고 배려하는 마음인 인을 따라 행동하면 바른 삶을 살 수 있습니다.

이런 의미에서 인은 예의 철학적 기반이 되고, 예는 인의 실천적 의미를 지닙니다. 인의 마음은 모든 사람이 보편적으로 가지고 있기 때문에 모든 사람들이 인의 마음을 겉으로 드러낸다면 예의 바른 태도와 행동으로 나타날 수밖에 없으며, 이렇게 될 때 춘추시대의 혼란은 종식될 수 있다는 것이 공자의 기본적인 생각이었습니다. 인에 대한 공자의 생각은 송명유학이나 조선 주자학에서도 매우 중요하기 때문에 몇 가지 항목으로 나누어 살펴봅시다.

「논어」에 나타난 인

인은 남을 나처럼 사랑하는 마음이기에, 공자는 인의 마음으로 살아가는 것이 당시의 혼란을 잠재울 근원적 처방이며, 제후들이 이런 사상으로 정치를 하기 바랐습니다. 공자는 인에 대해 정의하기 보다는 인에 대해 묻는 제자에게 그 제자가 인을 실천하기에 부족한 부분을 일깨워주는 방식을 선택했습니다. 그래서 인은 문맥에 따라 공손함, 관대함, 신실함, 민첩함, 자애로움, 지혜로움, 용기, 충서(忠恕), 효도하는 마음 등을 포함합니다. 대표적으로 논어의 몇 구절을 인용해 보겠습니다.

> 夫仁者 己欲立而立人 己欲達而達人.[15]
> 무릇 인한 사람은 자신이 서고자 하면 남도 서게 하며, 자신이 통달하고자 하면 남도 통달하게 하는 것이다. (남에 대한 사랑과 배려)
>
> 顏淵問仁 子曰 克己復禮爲仁.[16]
> 안연이 인을 묻자 공자께서 말씀하셨다. 자기의 사사로운 욕심을 이겨서 예로 돌아가는 것이 인을 하는 것이다. (극기복례)
>
> 仲弓問仁 子曰 出門如見大賓 使民如承大祭 己所不欲 勿施於人 在邦無怨 在家無怨.[17]
> 중궁(仲弓)이 인을 묻자 공자께서 말씀하셨다. 문을 나갔을 때에는 큰 손님을 뵈온 듯이 하고, 백성에게 일을 시킬 때에는 큰 제사를 받들듯이 공손히 하고, 자기가 하고자 하지 않는 것을 남에게 베풀지 말아야 하며, 나라에 있어서도 원망함이 없으며 집에 있어서도 원망함이 없어야 한다. (공손한 태도)
>
> 斯謂之仁矣乎 子曰 爲之難 言之得無訒乎.[18]
> "말하는 것을 조심하면 곧 인이라고 할 수 있습니까?" 공자께서 말씀하셨다. "그렇게 하는 것이 어려우니 말하는 데 있어서 조심성이 없어서 되겠는가?" (조심스럽게 말하기)
>
> 樊遲問仁 子曰 居處恭 執事敬 與人忠.[19]
> 번지가 인에 대해서 묻자 공자께서 대답하셨다. 일상생활에 공손하고, 일을 처

리할 때에는 공경스럽고, 사람들과 어울릴 때에는 진심으로 하는 것이다. (공손, 공경, 진심으로 대하는 것)

子曰 剛毅木訥 近仁.[20]
공자께서 말씀하셨다. 강직하고 꿋꿋하고 질박하고 어눌함이 인에 가깝다. (강직하며 신중함)

인, 효, 삼강오륜

그러나 남을 나처럼 사랑하기가 얼마나 어려운지 공자도 잘 알고 있었습니다. 그래서 유교에서는 효를 강조합니다. 나를 제외한 이 세상의 모든 남들 중에서 나와 가장 가까운 분은 나를 낳아주신 부모님이기 때문입니다. 부모님을 나 자신처럼 사랑하는 사랑을 토대로 모든 사람에게 키워나가야 하기에 공자는 「논어」에서 "부모님께 대한 효와 형제자매에 대한 사랑이 인을 행하는 근본이다"(孝弟也者 其爲仁之本與)라고 말합니다. 유교에서 그 무엇보다 효를 강조하는 이유가 바로 여기에 있습니다.

그런데 모든 사람들의 마음속에 있는 인을 사회에 적용하려면 사회관계의 기본이 되는 핵심 사회질서에 대한 기본적인 바른 태도를 가르쳐주는 지침이 필요합니다. 그것이 바로 삼강오륜입니다. 삼강오륜(三綱五倫)이란 유교의 도덕사상에서 기본이 되는 세 가지의 강령(綱領)과 다섯 가지의 인륜(人倫)을 말합니다. 삼강오륜은 사실 공자가 주창한 것은 아닙니다. 삼강은 동양 고대사회의 가장 기본적인 인간관계라고 할 수 있는 임금과 신하, 부모와 자녀, 부부의 관계를 도덕적으로 확정하기 위해서 제시된 유교의 전통적인 질서 의식으로, 이에 해당하는 내용은 이미 선진시대의 유학에서도 사용되고 있었으나,[21] 정확하게 '삼강'이라는 용어를 처음 사용한 사람은 한나라 때 유학을 정치 질서로 재편하는 데 큰 공을 세운 동중서(董仲舒, 주전 170?-120?년)입니다.

삼강은 군위신강(君爲臣綱)—임금은 신하의 벼리가 되며, 부위자강(父

爲子綱)—어버이는 자녀의 벼리가 되며, 부위부강(夫爲婦綱)—남편은 아내의 벼리가 된다는 세 가지를 뜻합니다. 벼리(綱)라는 글자는 그물의 근본이 되는 굵은 줄을 뜻합니다. 모든 그물이 다 이 벼리에 달려 있어서 그물질을 할 때 벼리를 당기면 그물이 따라옵니다. 그래서 임금과 신하, 스승과 제자, 부부의 관계는 마치 벼리와 그물눈의 관계와 같아서 그 인간관계를 '강'으로 표현한 것이지요. 벼리가 된다는 표현은 '중심이 되는 사람'이란 뜻으로 쓰입니다. 신하에게는 임금이, 자녀에게는 어버이가, 아내에게는 남편이 가장 잘 섬겨야 할 중요한 대상이라는 것으로 풀이할 수 있습니다. 이 의미가 상호관계보다는 다소간에 지위와 신분질서를 강화하려는 듯 보일 수도 있지만, 삼강의 윤리가 중국 고대에 형성됐다는 점을 고려할 필요가 있습니다.

오륜은 「맹자」에 나오는 용어인데, 군신유의(君臣有義)—임금과 신하 사이에는 의가 있어야 하고, 부자유친(父子有親)—아버지와 자식 사이에는 친함이 있어야 하고, 부부유별(夫婦有別)—부부 사이에는 분별이 있어야 하고, 장유유서(長幼有序)—어른과 아이 사이에는 차례가 있어야 하고, 붕우유신(朋友有信)—친구 사이에는 믿음이 있어야 한다는 다섯 가지를 뜻합니다. 앞서 말씀드린 대로 삼강오륜의 근본적인 관계는 유교의 기본 사회집단인 가정에서 출발합니다. 가정의 확대된 형태가 국가이므로, 가정에서 효를 실천하는 것이야말로 사회질서를 잘 확립하는 근본이 됩니다. 그래서 유교에서는 이를 '강조하며 마땅히 지켜야 할 바'라는 뜻에서 효 뒤에 '도'(道)를 붙여 효도라고 합니다. 그리고 앞서 살펴봤듯 효는 모든 사람의 마음속에 있는 어진 마음씨(인) 때문에 가능합니다. 그래서 효와 삼강오륜은 인이 가정과 사회 속에서 구체적으로 나타난 바른 태도라고 할 수 있습니다.

생각해보기

예와 인, 율법과 복음

예가 구체적인 상황에서 바른 예절로 드러나기 위해서는 반드시 인에 근거해야 합니다. 그 이유는 앞서 말씀드린 대로 구체적인 상황에 따라 적절한 예의 지침이 다 다르기 때문입니다. 구체적인 상황에 취해야 할 세부적인 예의 행동 지침들이 '예절'입니다. 예절은 반드시 인에 근거해야 하는데, 어진 마음씨 없이 바른 행동의 형식만 강조하고, 사랑과 존중의 마음 없이 예를 행하는 것은 바람직하지 않습니다.

이런 의미에서 예는 율법과 비슷합니다. 구약성경에서는 이스라엘 백성들이 율법을 지킴으로 하나님을 사랑하는 것이 어떤 것인지 알 수 있었습니다. 하나님께서는 백성들에게 큰 복을 주기 원하시고, 그 복을 주시는 이가 자신임을 기억하며 살아가라는 취지에서 십계명을 주셨습니다. '하나님은 십계명을 지키면 복을 주고, 십계명을 지키지 않으면 벌을 주시겠다는 식으로 복과 벌을 같은 비중으로 두신' 것이 아니었습니다. 율법은 이스라엘 공동체가 바르고 행복한 공동체가 되게 하는 하나님의 배려였습니다. 또한 각각의 율법 조목을 지키는 그 자체보다, 율법을 지킴으로 하나님을 사랑하는 자세와 모범이 삶에 체득될 수 있기에 율법은 의미가 있는 것입니다.

그러나 아무리 백성들이 율법을 지킨다 해도 마음속에 그 의미인 '하나님을 향한 사랑'이 없다면 율법은 단지 껍데기가 되며, 이는 하나님이 기뻐하시는 태도가 아닙니다. 하지만 타락한 이스라엘 백성들은 형식적으로만 율법을 따랐습니다. 바리새인을 비롯한 종교지도자들은, 하루 세 끼 밥걱정 때문에 율법의 세세한 조항을 지키지 못하는 가난하고 소외된 사람들을 경멸하면서 자신들의 권위를 더욱 강화해서 약자를 억압하는 수단으로 율법 조항을 악용했습니다. 이렇게 잘못된 태도를 정면에서 반박하고 깨뜨리신 분이 바로 예수 그리스도였습니다. 하나님을 사랑하고, 하나님께서 주신 공동체를 사랑하는 율법의 본래 정신을 잃어버린다면, 제대로 율법을 지키는 것이 아니라는 뜻이었습니다.

이런 경우를 기독교 신학에서는 '율법주의'라고 합니다. 이는 율법의 본정신을 잃어버리고 형식적인 조항만 지키는 잘못된 태도입니다.

하나님 사랑을 잃은 율법이 율법주의로 전락하듯, 인이 없는 예는 형식주의가 됩니다. 유교의 타락도 바로 이런 데서 시작됨을 역사 속에서 잘 찾아볼 수 있습니다. 이런 면에서 인과 사랑, 예와 율법은 비슷한 구조적 특성을 가지고 있습니다.

요즘 교회와 그리스도인 사이에 본질을 벗어난 형식주의가 만연하지는 않았는지 생각해 봅니다. 교회의 중직자가 되고 교계의 어른이 되면서 다들 목에 힘이 들어가고, 좀 안다는 사람들이 더 교만하고, 배웠다는 사람들이 마음 씀씀이가 더 좁은 것은 바람직한 모습이 아닙니다. 그러한 태도는 본질을 잃어버린 잘못된 태도입니다. "임금은 임금다워야 하고, 신하는 신하다워야 하고, 부모는 부모다워야 하며, 자녀는 자녀다워야 한다"는 공자의 교훈을 교회와 나를 돌아보는 거울삼아, 앞으로 본질을 잃지 않고 바르게 살아갈 수 있길 기대합니다.

경전

유교에서 경전은 매우 중요합니다. 단순히 지식만을 추구하지 않고 배운 만큼 덕을 쌓아 가는 공부(成德之學)를 하는 데 가장 중요한 도구가 바로 경전이기 때문입니다. 단지 과거시험에 합격하거나 교양을 쌓기 위해 경전을 공부하는 것은 잘못된 태도입니다. 경전을 읽은 만큼 내 삶의 태도가 더 진실해지고, 내가 더 도덕적으로 변화되는 것이 경전 공부의 목적입니다. 공자도 「논어」에서 이렇게 말합니다.

> 知之者不如好之者, 好之者不如樂之者.[22]
> (무언가에 대해) 지식적으로 알기만 하는 것은 (그것을) 좋아하는 것만 같지 못하고, (그것을) 좋아하는 것은 즐기는 것만 같지 못하다.

위의 문장의 지(之)는 영어의 it에 해당합니다. 그래서 위의 문장을 경전 읽기에 대입해 보아도 좋습니다. 이 경우 경전에 대해 지식적으로 이해하고 아는 것보다는 경전 읽기를 좋아하는 것이 낫고, 경전 읽기를 좋아하는 것보다는 경전을 즐거워하는 것이 좋다는 해석이 됩니다. 경전을 즐기는 것(樂)은 경전의 가르침을 늘 음미하고 즐거워해서 그 가르침을 일상의 삶에 적용해서 내 삶이 경전의 가르침을 그대로 실천하고 체득하게 되는 경지를 말합니다. 좋아하는 단계에서는 경전과 내가 분리돼 있다면, 즐기는 단계에서는 경전의 가르침과 나의 일상이 하나가 됩니다. 이러한 공부의 태도가 배운 만큼 내 삶이 도덕적으로 성숙해가는 유교가 지향하는 공부법입니다.

주자학의 가장 중요한 이론적 토대를 구축한 학자 중 한 사람인 송나라의 정이천은 「논어」를 읽는 것에 대해 이렇게 이야기합니다.

> 程子曰 讀論語 有讀了全然無事者 有讀了後其中得一兩句喜者 有讀了後知好之者 有讀了後直有不知手之舞之足之蹈之者.
> 정자가 말했다. 「논어」를 읽는데, 다 읽은 뒤에 전혀 아무런 일(변화)이 없는 사람도 있고, 다 읽은 뒤에 한두 구절을 터득하고 즐거워하는 사람도 있으며, 다 읽고 난 뒤에 「논어」를 좋아하는 사람도 있으며, 다 읽은 뒤에 자기도 모르는 사이에 손과 발이 춤추도록 기뻐하는 사람도 있다.

> 程子曰 今人不會讀書 如讀論語 未讀時是此等人 讀了後又只是此等人 便是不曾讀.[23]
> 정자가 말했다. 지금 사람들은 책을 읽을 줄을 모른다. 예를 들면 「논어」를 읽었을 때에 읽기 전에도 그 사람이요, 다 읽은 다음에도 같은 사람이라면 그것은 곧 읽지 않은 것과 같다.

이러한 자세를 기억하면서 유교의 가장 대표적 경전인 사서오경(四書五經)과, 이들이 가진 수양적 의미와 그 필요성에 대해 간략하게 정리해 보겠습니다. 시대적으로 사서보다 오경이 앞서기 때문에 오경을 먼저 살펴봅시다.

오경

시경

「시경」(詩經)은 중국 각 지방에서 유행하던 3천여 편의 노래 중에서 공자가 중복된 것이나 내용상 합당하지 않은 것을 제외하고 남은 305편을 엮어 낸 시집입니다. 「논어」「위정편」에는 「시경」을 "생각함에 간사함이 없다"(思無邪)고 표현합니다. 「시경」은 인간 정서를 순화시켜 인간 본래의 맑은 마음을 잘 간직하는 데 매우 효과적이라 할 수 있습니다.

「시경」의 시는 형태상 세 가지로 분류할 수 있습니다.[24] 오늘날 민요에 해당하는 풍(風), 조정의 공식 행사에 사용하는 아(雅), 왕실에서 조상에 제사를 지내면서 조상의 공덕을 찬양하는 송(頌)입니다. 내용상으로는 시인의 심정을 직설적으로 표현하는 부(賦), 다른 사물에 빗대어 표현하는 비(比), 다른 사물을 보고 일어난 느낌을 표현하는 흥(興)으로 나눌 수 있습니다. 참고로 형식적으로는 풍(風)이 가장 많고, 내용상으로는 흥(興)이 가장 많습니다.

서경

「서경」(書經)은 상고시대의 요순으로부터 주나라에 이르는 여러 역대 왕들의 발언과 행적들을 모아 놓은 책입니다. 「서경」은 우서(虞書), 하서(夏書), 상서(商書), 주서(周書) 등 당우(唐虞) 3대에 걸친 중국 고대의 기록인데, 한나라 이후로는 「상서」(尙書)라고도 불렀습니다. 그 뜻은 상고(上古)의 책으로 숭상해야 한다는 뜻인데, 당시의 사관, 사신이 기록한 것을 공자가 편찬한 것입니다. 그리고 「서경」은 「시경」과 더불어 가장 일찍 유교의 경전으로 정착됐습니다. 「논어」의 「술이편」에 보면 "공자께서는 평소에 말씀하실 때 시와 서와 예를 지키는 것이었으니, 이것을 늘 평소에 말씀하셨다"(子所雅言 詩書執禮 皆雅言也)라는 언급이 있습니다. 이 말은 공자가 평상시 주로 「시경」, 「서경」, 「예기」에 관해 이야기했다는 점을 우리에게 알려줍니다.

「서경」을 공부하면 역대 제왕들의 모습에서 얻을 수 있는 역사적 교훈을 나의 시대 및 상황과 연계시켜 구체적인 상황에서 어떻게 행하는 것이 도(道)에 맞는 것인지 배울 수 있습니다. 「서경」에서 다루는 역대 성왕이나 어진 재상은 하늘의 뜻을 대행해 혼란한 세상을 다스린 분들이며, 이들의 말과 행동을 잘 음미하고 그 속에서 교훈을 얻으면 나의 일상에서 하늘의 뜻을 실천하는 데 큰 도움을 얻을 수 있기 때문입니다.

예기

앞서 언급한 대로 「예기」(禮記) 또한 공자가 평소에 자주 이야기하던 중요한 경전입니다. 49편으로 이루어졌으며, 「예경」(禮經)이 아닌 「예기」라 하는 것은 예에 관한 기록 또는 주석이기 때문입니다. 현존하는 「예기」는 공자의 삶의 방식을 중심으로 후대에 기록해 놓은 것입니다. 그래서 사실 공자가 공부했던 내용은 아닙니다. 그래서 공자가 공부했던 예의 내용을 파악하기 위해서는 「주례」(周禮), 「의례」(儀禮)도 함께 공부해야 하는데, 이 두 권과 「예기」를 함께 「삼례」(三禮)라고 합니다.

예는 남을 배려하고 사랑하는 인의 마음이 자연스럽게 드러난 형식이라고 했습니다. 성인들이 구체적인 상황에서 어떤 마음가짐으로 어떻게 예를 표현했는지 살펴봄으로써 구체적인 상황에서 어떻게 말하고 행동해야 하는가에 대한 구체적인 근거를 제공받을 수 있습니다. 그러므로 「예기」라는 경전 자체만을 공부해서 예의 내용과 형식만 이해하지 말고 그 안에 예의 바탕이 되는 인의 마음을 기르는 데 힘써야 합니다.

역경

「역경」(易經)은 다른 말로 「주역」(周易)이라고 합니다. 앞에서 「예기」를 통해 어떤 상황에서 어떻게 행동하는 것이 바른 마음가짐(인)에서 나오는 바른 행동인지 알 수 있다고 설명했습니다. 그런데 가만히 생각해 보면, 어떻게 인사를 하고 어떻게 윗사람께 말씀을 드릴 것인가 등의 구체적이고 눈에 보이는 상황은 「예기」를 참조하면 되지만 그렇지 않은 경우도 많이 있습니다. 예를 들어 이 직장에 지원서를 쓸지 말지, 이사를 갈지 말지 등은 객관적이기보다는 주관적이고 개인적인 문제이며, 겉으로 드러나는 행동지침이기보다는 내면적인 판단에 속한, 즉 눈에 보이지 않는 문제입니다. 어느 한쪽은 하늘의 뜻이고, 다른 한쪽은 내 욕심일 텐데 그것을 판단하기는 쉽지 않습니다. 이런 경우에 참고하는 경전이 바로 「주역」입니다.

「주역」은 널리 알려진 대로 점을 칠 때 사용되는 책입니다. 선비들이 점을 칠 때, 보통 점괘를 하나 뽑아서 읽는 데 2-3시간이 걸립니다. 이 시간 동안 점괘 하나를 얻기 위해 몸과 마음을 차분히 하고, 자신이 바른 판단을 하기 원하는 내용을 조용히 말한 다음 점괘를 뽑습니다. 점괘를 뽑는 과정은 바로, 내 마음속에 하늘의 마음을 온전히 따르는, 다른 말로는 내 마음속에 생기는 이기적인 욕심을 다 벗겨 내는 과정입니다. 성경으로 표현하자면 마치 '내 뜻대로 마옵시고 아버지의 뜻대로' 되기를 바라는 마음으로 행하는 것이 점입니다. 그렇게 나온 점괘를 따라 행동하면 이기적인 욕심을 벗겨 낼 수 있다는 것이 선비들의 점에 대한 기본적인 철학입니다. 이런 의미에서 유교에서 치는 점은 요즘 우리들이 주위에서 보는 그런 점(占)과는 차원이 다른 것입니다. 우리들 주위에 보이는 점집에서 점을 쳐 주는 사람들은 기본적으로 돈벌이를 위한 이기적인 목적이 있는 것이고, 또 점을 치러 가는 사람들도 수양과 관계없는 목적으로 가는 것이기에, 점집에 가서 점을 치면 일정부분 '통계'로는 맞을지 모르나 개인의 수양과는 아무런 관계가 없기 때문입니다.

수양을 하는 선비들은 다들 공자가 말했던 "내 마음 먹은 대로 다 했는데 법도에 어그러짐이 없었다"(從心所欲不踰矩)는 단계를 목표로 합니다. 바로 점을 칠 필요가 없는 단계입니다. 어떠한 경우에도 선택의 갈등 없이 하늘의 뜻을 온전히 파악하게 된 단계이기 때문입니다. 그러나 그에 이르기까지는 많은 시행착오가 필요합니다. 그러한 시행착오를 줄이고 온전히 하늘의 뜻대로 살아가기 위해서 점을 쳐서 그 점괘가 설명된 「주역」의 안내를 따르다 보면 점이라는 수단이 없이도 하늘의 뜻을 알아 갈 수 있게 됩니다.

「주역」은 경문에 해당하는 괘사(卦辭)인 단사(彖辭)를 문왕(文王)이, 효사(爻辭)를 주공(周公)이 지었다고 전해집니다. 그리고 주역의 경문 이외에 주역의 뜻을 해석하고 주역의 이치를 설명한 해설에 해당하는 십익(十翼)이 있습니다. 새가 날기 위해서는 날개가 필요한 것처럼 「주역」을 제대로 이해하기 위해서 십익(十翼)이 꼭 필요하다고 해서 후한 이후에 붙여진 이름입니다. 전통적으로 공자가 지은 것으로 이해하고 있지만 저자에 대해서 다양한 의견이 존재합니다.

춘추

「춘추」(春秋)는 중국 최초의 편년체(編年體: 역사적 사실을 년, 월, 일의 순서대로 기록하는 역사 서술 방식) 역사책으로서, 춘추시대 노나라의 은공에서부터 애공에 이르는 242년간의 역사를 담고 있는 역사책입니다. 춘추라는 용어는 춘하추동의 춘추, 즉 일 년간이라는 뜻으로서 연대기를 의미합니다. 이 책은 원래 노나라의 사관이 기록한 궁중연대기를 공자가 나름의 역사관과 가치관을 가지고 필삭한 것이어서, 공자의 역사관을 잘 보여 줍니다. 「맹자」의 「등문공장구」하편에는 공자가 「춘추」를 편찬한 이유를 "세상이 쇠퇴해져서 도(道)가 없어지자 사설(邪說)과 폭행이 잇달아 일어났다. 또한 신하가 임금을 시해하고 자식이 어버이를 죽이는 일도 생겼다. 공자는 이를 두려워하고 근심하여 「춘추」를 지었다"라고 기록돼 있습니다.

공자는 위와 같은 동기를 가지고 주로 제왕들과 고관들의 언행에 대해 조목조목 평가하고 비판하고 있습니다. 「서경」이 가장 위대한 역대 성왕들과 현명한 재상들의 발언과 행위를 다룬 데 비해, 「춘추」에서 다루고 있는 인물들은 사실 요순 등의 현군과는 달리 말과 행동이 잘못된 인물도 많이 다루고 있습니다. 그들의 잘못된 점을 비판함으로써 이 책을 읽는 독자들이 그런 과오를 범하지 않게 했습니다. 하늘의 뜻대로 행한 경우를 예(禮), 그렇지 않은 경우를 비례(非禮)로 규정해 「춘추」를 통해 하늘의 뜻을 따라 살아가는 구체적인 예를 공부함으로써 수양에 도움을 주었습니다.

지금까지 우리는 오경을 살펴봤습니다. 삼경이라고 하면 「시경」, 「서경」, 「역경」을 뜻하며, 여기에 「춘추」, 「예기」를 덧붙여 오경이라고 합니다. 그런데 삼경이나 오경은 난해하고 어려울 뿐 아니라 주로 공자 이전시대의 내용을 공자가 편찬한 내용으로 알려져 있습니다. 이에 비해서 사서는 비교적 좀더 친근한 내용입니다. 이제 사서에 대해 알아봅시다.

사서

사서(四書)는 「논어」, 「맹자」, 「대학」, 「중용」으로 이루어져 있습니다. 유교를 이해하는 데 가장 중요한 경전이 바로 사서입니다. 하나씩 간략히 정리해 봅시다.

논어

「논어」(論語)는 앞서 공자의 사상에서 살펴본 대로 공자의 언행을 제자들이 편찬한 것입니다. 유교의 경전 중에서 가장 널리 알려진 책이고, 또 가장 유명한 책입니다. 다른 책들과 마찬가지로 각 장 첫 구절의 첫 글자가 그 편의 이름이 됩니다. 예를 들어 「논어」의 첫 구절이 "학이시습지"로 시작되기에 첫 편은 「학이편」이 됩니다. 이렇게 총 20편으로 이뤄져 있습니다.

맹자

「맹자」(孟子)는 맹자의 언행을 기록한 책입니다. 맹자는 공자의 제자임을 곳곳에서 스스로 인정하고 있는데, 공자의 사상을 좀더 깊이 있고 구체적으로 다뤘습니다. 「맹자」는 본래 7편으로 되어 있었는데 후한 말엽에 장(章)과 구(句)를 만들고 또 각 편을 상·하로 나누어서 14편이 되었고, 지금까지 이 전통이 그대로 내려오고 있습니다. 맹자는 무엇보다 논변술이 아주 뛰어난 학자였으며, 그 내용이 「맹자」 전체에 흐르고 있습니다. 주요 내용은 공자가 했던 것처럼 전국시대에 자신의 제자들과 함께 여러 나라들을 찾아다니면서 도덕을 바탕으로 한 왕도정치를 주장했던 내용입니다.

대학

「대학」(大學)은 여러분들이 이미 잘 아시는 "수신제가치국평천하"가 등장하는 경전입니다. 분량도 짧을 뿐 아니라, 유교 공부의 가장 기초가 되는 경전입니다. 원래 「예기」의 한 편이었다가 주자에 의해 사서로 표장되었습니다. 흔히들 사서 중에서 「논어」부터 읽는 분들이 많은데, 먼저 「대학」을 읽어 유교의 기초를 쌓고 그 후에 「논어」, 「맹자」, 「중용」의 순서로 읽어야 유교 사상을 제대로 이해할 수 있습니다. 「대학」의 저자는 여러 가지 설이 많으나 전통적으로는 「경일장」(經一章)은 공자의 말을 증자(曾子)가 기록한 것이고, 「전십장」(傳十章)은 증자의 의견을 그의 문인들이 기록한 것으로 보고 있습니다.

중용

「중용」(中庸)도 「대학」과 마찬가지로 「예기」의 한 편이었다가 사서로 표장되었습니다. 「중용」은 분량은 짧지만 사상은 대단히 깊습니다. 그래서 사서 중에 「대학」, 「논어」, 「맹자」를 다 읽은 후 「중용」을 읽어야만 「중용」을 잘 이해할 수 있습니다.

사마천(司馬遷)의 「사기」(史記)에 의하면 「중용」은 전통적으로 공자의 손자인 자사(子思)가 쓴 것으로 알려져 있습니다. 우리나라에서도 「중용」은 성리학 전래 후에 학자들 사이에서 반드시 읽어야 하는 도서로 정해져 있었습니다. 특히 유교의 심오하고 형이상학적인 면을 이해하기 위해서는 반드시 숙지해야 할 대표적인 책입니다. 특히 주자학을 공부하고 싶으신 분들은 꼭 「중용」을 읽고 숙지하셔야 주자학을 이해할 수 있음을 기억하시기 바랍니다. 참고로 시중에는 보통 「대학」과 「중용」이 한 권으로 묶여 나와 있습니다. 그러나 이것은 분량이 적어서 두 권을 합친 것이지, 「대학」과 「중용」이 같은 깊이의 책이라는 의미는 아닙니다.

공자 이후의 제자백가

앞서 설명한 대로 공자의 사상은 매우 깊이 있었고 또 춘추시대의 혼란에 대한 근본적인 처방을 제시했지만, 당시의 혼란기에 적용되어 구체적으로 실현되지는 못했습니다. 당시에는 부국강병을 위한 현실적인 사상을 요구했기 때문입니다.

공자의 시대는 춘추시대였고, 이어 더 혼란한 전국시대가 나타납니다. 춘추시대 초기에는 2백여 나라가 있었는데, 이 나라들이 일곱 개의 큰 나라들(戰國七雄)과 몇 개의 작은 나라들로 나누어진 때가 전국시대입니다. 주나라 위열왕 23년인 주전 403년 한(韓), 위(魏), 조(趙) 세 나라가 진(晋)을 분할한 시기부터 시작해 진(秦)나라가 중국을 통일한 주전 221년까지 183년 동안을 전국시대라고 말합니다. 이 시대에는 왕의 권위가 무너지고 군웅들이 땅을 차지했습니다. 시대는 혼란했지만 동시에 국력을 강화하기 위해 각국이 인재를 적극적으로 초빙했으며, 종법질서가 더 혼란해져 격심한 신분 변동도 일어났습니다. 공자 이후의 제자백가들이 주로 활동하던 시기도 바로 이 전국시대입니다. 이 시기에 주로 활동한 제자백가들은 다음과 같습니다.

묵자(墨子)	주전 468-376 (일부 책에는 주전 490-403)
노자(老子)	연도 미상
맹자(孟子)	주전 371-289 (일부 책에는 주전 372-289)
장자(莊子)	주전 369-286
순자(荀子)	주전 298-238 (일부 책에는 주전 313-238)
한비자(韓非子)	주전 ?-233 (일부 책에는 주전 280-233)

표3-3 전국시대 제자백가의 생졸연대[25]

묵자와 그의 사상[26]

묵자(墨子)는 묵가학파의 창시자인데, 성은 묵이고 이름은 적(翟)입니다.[27] 태어난 나라도 불분명하고 생졸연대도 분명하지 않습니다만 학자들은 공자보다 약간 후대이고 맹자보다는 조금 앞설 것이라고 추정합니다. 묵자는 사실 공자 이후 가장 큰 세력을 형성하게 되는데, 묵자는 피지배 계층이고 그를 따르던 무리들도 대부분 하층 무사 집단이나 기술자 집단이었을 것으로 추정합니다. 묵자와 그의 학파는 특히 하층민들에게 많은 호응을 받았습니다.

묵자는 '어떻게 하면 춘추전국시대의 전쟁을 그치게 할 수 있을까'를 고민하면서 겸애설(兼愛說)을 주장합니다. 겸애는 겸하여 사랑한다는 뜻으로, 겸애설은 모든 사람들을 똑같이 사랑하자는 주장입니다. 구분하지 말고 똑같이 사랑하면 전쟁이 그치리라는 것이 묵자의 기본적인 생각이었습니다. 묵자는 다음과 같이 주장합니다.

當察亂何自起? 起不相愛…若使天下兼相愛 國與國不相攻 家與家不相亂 盜賊無有 君臣父子皆能孝慈 若此 則天下治.[28]
일찍이 혼란이 어디로부터 생겨나고 있는가를 살펴보았는데, 그것은 서로 사랑하지 않는데서 생겨나고 있었다…만약 온 천하 사람들로 하여금 모두가 서로 사랑하게 한다면, 나라와 나라가 서로 공격하지 않고, 집안과 집안이 서로 어지럽

히지 않게 되고, 도적들이 없어지고, 임금과 신하와 아버지와 자식은 모두 효도를 하고 자애롭게 될 것이다. 이와 같이 된다면 곧 천하는 잘 다스려질 것이다.

묵자는 전쟁을 그칠 두 번째 방안으로 절약할 것을 매우 강조했습니다. 그래서 묵자를 따르는 무리들은 대부분 집단으로 생활했습니다. 이들은 비좁은 방에서 살았고, 화려한 것을 싫어하였으며 음식은 흙으로 빚은 그릇에 담긴 옥수수나 조밥, 그리고 국 하나뿐이었다고 합니다. 노래나 오락도 철저하게 금지했고 장례도 얇은 관 하나만 가지고 검소하게 치렀습니다. 그들은 이런 금욕적인 규율을 철저히 지켜야 했고, 규율을 어겼을 때 엄한 벌을 받았을 뿐 아니라, 때로 벼슬을 할 경우에도 봉록의 일부를 조직에 바쳐야 했다고 합니다. 그래서 묵자와 그의 무리들은 유가에 대해서는 번잡한 예의나 말하면서 귀족들에게 기생하는 존재라고 비판했습니다.

이렇게 묵자는 자기를 위하듯 남을 위하고, 자기 나라를 위하듯이 남의 나라를 위한다면 전쟁이 사라질 것이라고 생각했습니다. 그래서 이들은 하급 무사라고는 하지만 보통 군사들과는 달랐습니다. 보통 군사들은 어떤 종류의 전쟁이든 나가서 싸우지만 묵가 집단은 오직 강자의 횡포로부터 약자를 지키는 방어적인 전쟁만 의미가 있고, 이런 전쟁관을 실현하기 위해서는 무엇보다 강력한 군주가 필요하다고 여겼습니다. 모두가 다 이해관계가 달라 혼란스러울 때 무리 중에 가장 현명한 사람을 나라의 우두머리로 삼으면 이해관계의 충돌과 이로 인한 혼란을 종식시킬 수 있다고 보았기 때문입니다. 앞서 묵가집단이 자신들의 집단 내에서 철저히 복종을 요구한 것도 다 이런 맥락이었습니다. 전쟁의 혼란한 상황을 타개하기 위해서는 윗사람의 뜻에 복종하는 것이 절대적으로 필요하다고 봤기 때문이었습니다.

그러나 묵자의 사상은 당시 크게 유행하였음에도 불구하고 역사적으로 오래가지는 못했습니다. 묵자 사상이 가지고 있었던 자기모순 때문입니다. 묵자는 평화를 이루기 위해 힘을 합쳐서 강자에 맞서 싸웠습니다. 겸애를 이루기 위해 강자에 맞서 싸운다는 논리 자체는 그 집단 내에 있던 사람들에게는 의로운 전쟁 같지만, 평화를 이루기 위해 '전쟁'을 해야 한다는 자기모순에서 벗어나기 어렵기 때문입니다.

절약을 강조하면서 모든 사람을 사랑하라는 것은 그 자체로는 그럴듯해 보이지만, 보통 사람들의 정서에는 선뜻 용납하기가 어려운 문제점을 지니고 있었습니다. 예를 들어, 묵가는 사람이 죽었을 경우 물자를 절약하기 위해 판자로 덮어 제사 지낼 것을 주장했습니다. 그런데 자신의 부모가 돌아가셨는데 물자절약이라는 명분으로 판자만 덮어 제사를 지내는 것은 선뜻 따르기 어려운 규율이었습니다. 이에 대해 맹자는 내 부모를 남의 부모와 똑같이 사랑하라는 것은 결국 자신의 부모를 사랑하지 않는 결과가 생기는 무례한 행동이라고 묵가를 비판하기도 했습니다.

이후 춘추전국시대를 진나라가 통일하고 그 뒤를 이어 한나라가 들어서면서 유교를 국가의 가장 중요한 사상으로 채택하자 묵가는 더 이상 발붙일 수 없게 됐고, 결국 역사의 뒤안길로 사라졌습니다.

묵자 이후에 공자의 사상을 체계적으로 정리한 위대한 두 명의 유학자가 등장합니다. 바로 맹자와 순자입니다.

두 학자는 공자의 사상을 계승했지만 여러 면에서 대조적입니다. 앞서 말씀드린 대로 공자 사상의 핵심은 인과 예입니다. 이 중 공자의 인을 더 종교적, 형이상학적으로 심화시킨 학자가 바로 맹자입니다. 그리고 맹자의 사상은 조선 주자학에도 지대한 영향을 끼쳐서 지금도 우리는 '유학'하면 공자맹자를 떠올리게 됩니다.

이와 달리 순자는 공자의 예 사상을 계승하여 한층 더 발전시켰습니다. 성선설을 주장하는 맹자와 달리 순자는 성악설을 주장합니다. 그리고 이러한 순자의 사상은 일본 주자학의 사유구조의 특성과 밀접하게 연결됩니다. 이렇게 대략 구도를 잡고 맹자부터 다뤄 봅시다.

맹자와 그의 사상

맹자(孟子)의 성은 맹이고 이름은 가(軻), 이름은 자여(子輿) 또는 자거(子車)입니다. 지금의 산동성인 추(鄒)에서 태어났으며, 어려서 아버지를 여의고 어머니 급(伋) 씨로부터 교육을 받았습니다.[29] 자신의 이름을 따라 「맹자」라는 책을 썼는데, 공자의 사상이 집약된 「논어」를 계승하면서도 공자의 사상 중에서 인간의 본성과 관련된 철학적 논의를 아주 깊이 심화시킨 책입니다. 맹자가 공자의 사상을 계승했다고 보는 가장 대표적인 이유는, 공자의 가르침은 공자의 수제자인 증자와 공자의 손자인 자사(子思)로 계승되는데, 맹자가 자사의 문하생 중 하나이기 때문입니다. 또한 공자의 어록인 「논어」, 증자의 「대학」, 자사의 「중용」, 그리고 맹자의 「맹자」가 신유학의 가장 중요한 경전인 사서가 된 것을 보면 맹자가 유학에서 얼마나 중요한 인물인지 알 수 있습니다. 무엇보다도 자신의 책에서 "이에 (내가) 원하는 것은 공자를 배우는 것이다"(乃所願則學孔子也)라고 하면서 공자의 사상을 계승하려는 뜻을 분명히 했습니다.[30]

그러면 맹자의 사상을 인성론과 수양론을 중심으로 간략하게 살펴보겠습니다.

맹자의 인성론

맹자의 인성론은 한마디로 성선설(性善說)로 정리할 수 있습니다. 성선설에 대해 많은 분들이 오해하고 있습니다. 인간은 날 때부터 선하다는 의미는 성선설의 본질이 아닙니다. 성선설의 본질은, 모든 만물이 조화롭고 평화롭게 살아가는 하늘의 뜻이 내 속에도 있다는 전제에서 출발합니다. 사실 선악의 개념은 인간의 가치 판단을 기준으로 한 것인데, 유교에서는 우리의 가치판단 이전에 이미 하늘과 인간의 존재론적 연관성을 표현합니다. 마치 성경에서 인간은 하나님의 형상으로 창조됐다는 것과 비슷한 표현입니다. 하나님은 우리 인간이 선하다 악하다로 표현할 수 없는 분이지만 가치문제를 다룰 때에는 하나님은 선하시다고 표현합니다. 그래서 하나님의 형상은 가치론적으로는 선한 것입니다. 이와 마찬가지로 유교에서 하늘과 인간의 존재론적 연관성을 언급할 때 그것은 사실 선악 개념으로 표현할 수 없는 것인데, 그래도 그것을 굳이 선악 개념으로 표현했을 때 선하다는 뜻입니다. 그러므로 '성선'의 선은 악의 반대가 아니라, 선악을 구별하기 이전의 자연 상태를 의미한 것입니다. 맹자는 다음과 같이 말합니다.

> 孟子曰 盡其心者 知其性也 知其性則知天矣 存其心 養其性 所以事天也.[31]
> 맹자께서 말씀하셨다. 그 마음을 다하는 자는 그 본성을 아나니, 그 본성을 알면 하늘을 알게 되며, 그 마음을 보존하여 그 본성을 기르는 것이 하늘을 섬기는 것이다.

위의 문장에서 보듯이 맹자는 마음(心)-본성(性)-하늘(天)을 존재론적으로 연결시키고 있습니다. 그것은 앞서 언급한 대로 만물을 살리는 작용인 하늘의 작용이 내 속에도 있는데, 그것이 있는 자리가 마음이며, 그 마음속에 본성이 들어 있기 때문입니다. 그래서 본성은 곧 선한 것입니다.

요한복음 14장에 보면 예수님의 제자 빌립이 예수님께 아버지(하나님)를 자기들에게 보여 달라고 합니다. 그때 예수님께서는 "나를 본 자는 아버지를 보았거늘"이라고 대답하십니다. 눈으로 빌립에게 보이는 분은 분명히 예수님이시지만, 예수님이 하나님과 온전히 하나이신 분이라 예수님의 말씀처럼 "나를 본 자는 아버지를 보았거늘"이라는 말이 논리적으로 성립합니다. "내가 너희에게 이르는 말은 스스로 하는 것이 아니라 아버지께서 내 안에 계셔서 그의 일을 하시는 것"이기 때문입니다. 그래서 예수님은 "내가 아버지 안에 거하고 아버지께서 내 안에 계심을 믿으라"고 말씀하십니다. 이 말씀을 기억하면서 다음 구절을 보겠습니다.

孟子曰 萬物皆備於我矣.[32]
맹자께서 말씀하셨다. 만물이 모두 나에게 갖추어져있다.

맹자는 한 개인에 불과한데, 어떻게 만물이 자신에게 갖추어져 있다고 했을까요? 그것은 하늘의 뜻이 자신의 본성인데, 자신의 본성이 온전히 하늘의 뜻과 부합되게 행동하면 '내'가 행동하는 것이 곧 '하늘'이 하는 것과 같기 때문입니다. 하늘에 둥그렇게 떠 있는 보름달이 맑고 잔잔한 호숫가에 비칠 때, 물 위에 비친 달과 하늘에 떠 있는 달은 같습니다. 하늘에 보름달이 떠 있는데, 호수에 초승달이 떠 있을 수는 없습니다. 수원지의 맑은 물이 깨끗한 수도관을 통해서 맑은 물로 나온다면, 그것은 수원지의 물과 수돗물로 구분해서 말할 수는 있으나, 수도에서 나오는 물은 수원지의 물과 같습니다. 이런 논리가 바로 진기심(盡其心)-지기성(知其性)-지천(知天), 존기심(存其心)-양기성(養其性)-사천(事天)으로 통하는 논리와 같은 것입니다.

이 내용이 「중용」에서는 더 정확히 표현돼 있습니다. 「중용」의 첫 구절은 다음과 같이 시작합니다.

天命之謂性 率性之謂道 修道之謂敎.[33]
하늘이 명한 것을 일컬어서 (인간의) 본성이라 하고, 그 본성을 따르는 것을 도라고 하며, 도를 닦는 것을 가르침이라 한다.

이 구절에도 천명과 인간의 본성이 존재론적으로 연결된 것을 볼 수 있습니다. 그래서 하늘의 마음, 즉 인간의 본성을 따르는 것이 바로 도입니다. 이것은 인간의 마음속에 내재한 것이니 정확하게 말하면 인도(人道)

입니다. 그래서 하늘이 인간에게 준 마음을 수양하고 닦는 것이 바로 가르침(敎)입니다. 유교가 가르치는 본질이 바로 이것입니다. 단지 이치를 이성적으로 탐구하여 그 원리를 이해하는 데서 그치지 않고 깨달은 원리를 삶 속에서 실천하는 사람이 바로 선비이고, 군자입니다.

그러면 우리 속에 있는 하늘의 작용인 본성의 핵심은 무엇일까요? 그것이 바로 공자가 말한 인(仁)입니다. 하늘은 만물을 조화롭게 이루어가는 작용이므로, 인간의 삶에 적용하자면 모든 이웃과 모든 자연만물을 사랑하는 마음이 바로 하늘의 마음입니다. 그래서 우리의 본성은 인이므로, 이 본성을 가치론적으로 말할 때 선하다고 할 수 있는 것입니다.

그런데, 우리의 본성이 선하다는 것을 어떻게 알 수 있을까요? 성선설을 설명하기 위해 맹자는 다음과 같은 예를 들고 있습니다.

所以謂人皆有不忍人之心者 今人乍見孺子將入於井 皆有怵惕惻隱之心 非所以內交於孺子之父母也 非所以要譽於鄕黨朋友也 非惡其聲而然也.
이른바 사람이 모두 차마 해치지 못하는 마음을 가지고 있다고 말하는 근거가 되는 것은, 지금 사람들이 갑자기 어떤 어린아이가 우물에 빠져 들어 가는 것을 본다면 누구나 깜짝 놀라면서 불쌍하게 생각하는 마음이 생길 것이다. 이것은 그 어린아이의 부모와 친해 보려고 해서 그런 것도 아니고, 마을 사람이나 친구들에게 칭찬을 받기 위해서 그러는 것도 아니고, 또 구해 주지 않는 데 대한 비난의 소리를 듣기 싫어서 그렇게 하는 것도 아니다.

由是觀之 無惻隱之心 非人也 無羞惡之心 非人也 無辭讓之心 非人也 無是非之心 非人也.
이렇게 볼 때 측은하게 여기는 마음이 없는 자는 사람이 아니요, 악을 부끄럽게 여기고 미워하는 마음이 없는 자는 사람이 아니요, 사양하는 마음이 없는 자는 사람이 아니요, 시비를 가리는 마음이 없는 자는 사람이 아니다.

惻隱之心 仁之端也 羞惡之心 義之端也 辭讓之心 禮之端也 是非之心 智之端也.[34]
측은하게 여기는 마음은 인의 단서요, 악을 부끄럽게 여기고 미워하는 마음은 의의 단서요, 사양하는 마음은 예의 단서이며, 시비를 가리는 마음은 지의 단서이다.

맹자는 '차마 해치지 못하는 마음'(不忍人之心)으로 표현된 인의 마음을 누구나 가지고 있다고 봤습니다. 그리고 인 외에도 의(義), 예(禮), 지(智) 등으로 표현돼 있는데, 이것은 네 종류의 다른 마음이 아니라 하나의 마음입니다. 하나의 마음을 한 단어로 표현하면 인이고, 인의 마음이 나타나는 양상에 따라 각각 의, 예, 지로 다르게 표현한 것임을 기억하셔야 합니다. 남을 나처럼 사랑하는 인의 마음이 누군가를 측은하게 바라보는 마음으로 드러나기도 하고, 때로는 악을 부끄럽게 여기고 미워하는 마음으로 나타나기도 합니다. 겸손하게 남을 높이고 공경하는 마음으로 나타나기도 하고, 약한 사람을 괴롭히는 광경을 보면 시비를 정확히 가리는 분노와 미움으로 나타나기도 하는 것입니다.

그리고 위의 문장에서 단(端)이라는 단어는 단서 또는 실마리라는 뜻입니다. 우리의 마음속에는 누군가 힘들고 괴로워할 때 그 사람을 측은히 여기는 마음이 듭니다. 이 측은히 여기는 마음을 통해서 우리가 인의 본성을 가진 것을 알게 된다는 뜻입니다. 예를 들어 고구마를 캘 때, 고구마 줄기를 더듬어 가면 고구마 줄기가 지면과 맞닿는 부분이 나옵니다. 그 부분을 살짝 당겨보면 덮인 흙 사이로 고구마의 머리 부분이 살짝 보입니다. 우리는 고구마 줄기를 통해서 머리만 살짝 보이는 고구마가 흙 아래 있다는 것을 알게 됩니다. 이때 고구마 줄기가 바로 단(端)입니다. 그것을 보면 완전히 캐서 보기 전에도 고구마가 흙 아래 있다는 것을 알게 되는 것처럼, 측은히게 여기는 마음(고구마 머리)을 통해 내 본성 속에 인(고구마)이라는 본성이 있다는 것을 알게 된다는 뜻입니다. 마음은 본성과 감정으로 구성되어 있는데, 「맹자」 본문에서 언급한 측은지심(인의 단서), 수오지심(의의 단서), 사양지심(예의 단서), 시비지심(지의 단서)의 사단(四端)은 인간의 감정(情)에 속하고, 인의예지는 본성(性)에 속합니다. 비유하자면, 성, 정, 심의 관계는 각각 지하수, 샘, 샘물로 비유할 수 있습니다.35)

이런 마음은 모든 사람이 다 가지고 있습니다. 지식으로 배워서 아는 것이 아니라 모든 사람이 원래부터 하늘과 존재론적으로 연결되어 있는 자연의 일부이기 때문입니다. 후천적으로 배워서 아는 것이 아니므로 이런 선천적 지혜와 능력을 맹자는 양지(良知)와 양능(良能)이라 불렀습니다. 남을 나처럼 사랑하는 마음이 양지, 양능이기에, 아이가 부모를 공경하는 것, 아이가 형제자매와 우애 있게 지내는 것 등은 바로 양지와 양능에 속합니다. 그래서 맹자는 다음과 같이 주장합니다.

> 孟子曰人之所不學而能者 其良能也 所不慮而知者 其良知也.
> 맹자께서 말씀하셨다. 사람이 배우지 않고도 능히 하는 것이 양능이요, 생각하지 않고도 아는 것이 양지이다.

> 孩提之童 無不知愛其親也 及其長也 無不知敬其兄也.
> 어려서 손을 잡고 가는 아이는 그 부모님을 사랑할 줄 모르는 이가 없으며, 자라서는 그 형을 공경할 줄 모르는 이가 없다.

> 親親仁也 敬長義也 無他 達之天下也.36)
> 부모님을 친애하는 것은 인이요, 어른을 공경하는 것이 의니, 이는 다름이 아니라 온 천하에 공통되기 때문이다.

그런데, 왜 우리들은 때로 부모님께 불효를 저지르고, 형제자매들끼리 다툴까요? 또한 맹자 당시 전국시대의 혼란은 양지양능설이나 성선설에 의해 어떻게 설명할 수 있을까요?

맹자의 수양론
모든 사람들은 본질적으로 본성이 선하지만, 실제 현실적인 삶 속에는 수

많은 거짓과 악이 존재합니다. 그리고 실제 맹자가 살았던 전국시대는 그 혼란이 심각했습니다. 그렇다면 현실 속에서 왜 수많은 악이 존재할까요? 인의예지가 밖으로부터 내게 들어 온 것이 아니라 내가 본래 가진 것(仁義禮智非由外鑠我也 我固有之也)[37]이라면 왜 우리는 악을 저지를까요? 맹자에 따르면 현실에서 벌어지는 악한 생각과 행동들은 인간의 본질적인 모습이 아니라, 욕심에 가려져서 악을 행하는 것이라고 합니다.

> 孟子曰 牛山之木 嘗美矣 以其郊於大國也 斧斤伐之 可以爲美乎…
> 맹자께서 말씀하셨다. 우산의 나무가 일찍이 아름다웠는데, 그것이 큰 나라의 교외에 있기 때문에 도끼로 베어 가니 아름답게 될 수 있겠는가.…
>
> 牛羊又從而牧之 是以 若彼濯濯也 人見其濯濯也 以爲未嘗有材焉 此豈山之性也哉
> 소와 양을 또 (도끼로 베는 것에) 이어서 방목하므로 그 때문에 저와 같이 반질반질한 것이니, 사람들이 그 반질반질한 것을 보고서 일찍이 재목이 있지 아니하였다고 생각하는 것이니, 이것이 어찌 산의 본래 모습이겠는가?
>
> 雖存乎人者 其無仁義之心哉 其所以放其良心者 亦猶斧斤之於木也 旦旦而伐之 可以爲美乎[38]
> 비록 사람에게 있는 것인들 어찌 어질고 의로운 마음이 없겠는가마는 그 양심을 놓아 버리는 것이 또한 도끼로 나무를 아침마다 베어 가는 것과 같으니, 그러고서도 아름답게 될 수 있겠는가?

위의 인용문에서도 맹자는 지금 보기에 우산(牛山)이 민둥산처럼 보인다고 해서 그것이 원래 민둥산이 아닌 것처럼, 모든 사람이 투쟁과 욕심에 가려 온갖 나쁜 짓을 하는 것처럼 보이지만, 원래 인간의 본성은 선하다는 입장입니다. 우산(牛山)에 원래 나무가 있었던 것처럼, 사람에게는 본래 어질고 의로운 마음이 있어서 아름답지만, 도끼로 나무를 베듯 욕심이 본마음을 해치면 추악하게 된다고 맹자는 본 것입니다. 또한 사람마다 선하고 악한 행동을 하는 것은 어떻게 설명할 수 있을까요?

公都子 問曰 "鈞是人也 或爲大人 或爲小人 何也."
공도자가 물었다. "똑같은 사람인데, 어떤 사람은 대인이 되고 어떤 사람은 소인이 되는 것은 무엇 때문입니까?"

孟子曰 從其大體 爲大人 從其小體 爲小人曰 鈞是人也 或從其大體 或從其小體 何也? 曰 耳目之官 不思而蔽於物 物交物則引之而已矣 心之官則思 思則得之 不思則不得也.
맹자께서 말씀하셨다. "큰 것을 따르는 사람은 대인이 되고, 작은 것을 따르는 사람은 소인이 된다." 묻기를, "다 똑같은 사람인데 어떤 사람은 큰 것을 따르고 어떤 사람은 작은 것을 따르는 것은 왜 그렇습니까?" 대답하기를, "귀와 눈 등의 감각기관은 생각하지 않으면 물욕에 가리어지는 것이니, 물욕과 물욕이 교차하면 거기에 이끌려 버릴 뿐이다. 마음의 기능은 생각 하는 것이니, 생각하면 큰 것을 얻고, 생각하지 않으면 그것을 얻지 못한다.

此天之所與我者 先立乎其大者 則其小者弗能奪也 此爲大人而已矣.[39]
이것은 하늘이 우리들에게 부여해 준 것이다. 먼저 그 큰 것을 세워 놓으면, 작은 것이 빼앗지 못할 것이다. 이렇게 하는 것이 대인이 되는 것일 따름이다.

위의 글에서 맹자는 다 똑같은 사람이지만 양심을 밝혀 실천하면(從其大體) 군자가 되고, 물욕에 빠져서 육체적인 욕구를 충족하는 데 따르면(從其小體) 소인이 된다고 설명하고 있습니다. 그래서 인간이 선하게 살지 못하는 것은 전적으로 물욕에 빠져서 이기적인 욕심만을 추구하기 때문이라고 맹자는 대답합니다. 그래서 맹자는 욕심 줄이기(寡欲, 과욕), 사단(四端) 확충하기, 호연지기(浩然之氣) 기르기 등의 본성대로 살아가는 여러 가지 방법을 제시합니다.

호연지기의 '기'는 우리의 몸을 유기적으로 유지하는 작용력을 말합니다. 호흡하고 심장이 뛰고, 소화를 시키는 것 등이 바로 기의 작용입니다. 이 기가 호연해야만 늠름하고 건강한 기상과 인격으로 실현될 수 있습니다. 이 호연지기를 기르기 위해 맹자가 제시하는 방법은 집의(集義)입니다. 말 그대로 '의로움을 모으는 것'인데, 시험에 비유하면 평소에 열심히 공부해서 도무지 나쁜 생각이 들지 않는 의로운 의지가 충만한 상태, 즉 신체적으로나 정신적으로 건강한 최적의 늠름한 상태가 되게 하는 것입니다. 물론, 그렇게 되려면 당연히 욕심을 줄여야 합니다. 그리고 내 마음에 늘 충만한 인의 상태를 유지해야 합니다(사단확충). 그래야 어떠한 부정행위나 꼼수의 유혹에 끌리지 않는 '흔들림 없는 평안한 마음'(不動心)을 이룰 수 있습니다.

평소에 열심히 공부해서(본성을 정확히 알기 위해서 사단을 확충하고 잘못된 욕심을 줄여서) 늘 의로움의 상태에 거해야(부정직한 생각이 끼어들 여지가 없이 늘 반듯한 자세로 '집의'를 해야) 당당하고 편안하고 여유 있는 자세를 가질 수 있으며(호연지기를 기를 수 있으며), 이것이 바로 군자의 모습인 것입니다.

순자와 그의 사상

공자 후대의 학자 중에서 맹자와 더불어 또 한 명의 유력한 유학자로 순자(荀子, 주전 298-238)를 들 수가 있습니다. 순자의 이름은 황(況)이며, 조나라 출신입니다. 순자는 맹자의 성선설에 대비되는 성악설(性惡說)을 주장한 학자로 특히 잘 알려져 있습니다.

순자의 성악설을 맹자의 성선설과 비교할 때 가장 먼저 기억할 사항은, 순자와 맹자의 성(性)에 대한 이해가 서로 다르다는 점입니다. 그의 책 「순자」를 통해 순자가 주장하는 내용에 대해 살펴봅시다.[40]

> 人之性惡 其善者僞也 今人之性 生而有好利焉…生而有疾惡焉 順是 故殘賊生 忠信亡焉…從人之性 順人之情 必出於爭奪 合於犯分 亂理歸於暴…故必將有 師法之化 禮義之道 然後出於辭讓 合於文理 而歸於治 用此觀之 然則 人之性 惡 明矣 其善者僞也.[41]
> 사람은 본성이 악한 것(性惡)이며, 그 선한 것은 인위적인 것(僞)이다. 지금의 사

람의 본성은 태어나면서부터 이익을 좋아함이 있다…태어나면서부터 미워하고 싫어함이 있다. 이에 따라 해치고 상하게 하는 일이 생겨나고 신의나 충신은 없어진다…인간의 본성을 좇아 인간의 감정에 따라가면 반드시 서로 싸우고 다툼이 생겨나 사회질서를 깨뜨리고 이치를 어지럽혀 난폭하게 될 것이다.…그러므로 반드시 스승의 모범적 교화와 예의의 도가 있은 뒤에라야 남에게 사양할 줄도 알게 되고 문리에 합치되어 질서로 돌아간다. 이것으로 본다면 사람의 성품은 악한 것이 분명하고 그 선한 것은 인위적인 것이다.

그런데 사람의 본성이 자연 상태에서 악하다면, 인간이 선을 추구하는 이유는 무엇이며 그 근거는 어디에 있는지에 대한 논리적인 설명이 필요합니다. 순자는 이에 대해서 다음과 같이 설명합니다.

凡人之欲爲善者 爲性惡也 夫薄願厚 惡願美 狹願廣 貧願富 賤願貴 苟無之中者 必求於外…人之欲爲善者 爲性惡也.[42]
인간이 선을 하려는 것은 본성이 악하기 때문이니 얇음은 두터움을 바라고 추악함은 아름다움을 바라며 좁음은 넓음을 바라고 가난함은 부유함을 바라며 천함은 귀함을 바라니, 자기 속에 없는 것은 바깥에서 구하는 것이다…인간이 선을 하려는 것은 본성이 악하기 때문이다.

위의 인용문은 순자의 성악설을 잘 보여 주는 대표적인 내용입니다. 우선 순자는 왜 성악설을 주장했을까요? 왜 맹자와 이렇게 큰 차이를 드러냈을까요? 그 이유는 순자와 맹자가 시대를 바라보는 관점이 서로 달랐기 때문입니다. 두 학자 모두 사회의 혼란이 극에 달했던 전국시대에 살았지만, 순자는 참담한 현실을 직시하고 이에 염증을 느껴, 인간의 사회가 하늘의 의지에 의해서 움직인다는, 이전 여러 학자들이 주장한 천사상(天思想)은 더 이상 설득력이 없다고 생각했습니다. 하늘이 인간의 사회를 움직이고, 또 하늘에게 부여받은 인간의 본성이 선하다면 이런 끔찍한 투쟁이 계속될 수는 없다고 비판했습니다. 그래서 순자는 문제의 근원을 인과 의를 통해 해결하려던 맹자와는 달리 매우 경험적이고 현실적인 안목을 가지고 성악설을 주장하게 된 것입니다.[43] 즉 맹자는 시대의 문제를 해결하는 방법을 자기 자신의 내면으로 침잠해 들어가 마음 깊숙한 곳에 존재하는 하늘이 부여한 성선을 인식하는 데서 찾았다면, 순자는 인간들이 서로 투쟁하고 있는 사회를 분석함으로써 사회 안에서 투쟁의 원인을 찾아 극복하려 했습니다. 그래서 순자의 사상은 개인의 수양보다 사회의 예와 사회질서 유지와 구축에 더 큰 관심을 가지고 있습니다.[44] 순자는 현실 속에서 투쟁하는 인간의 모습에 주목했기에 순자가 말하는 '성'은 맹자와는 달리 보고, 듣고, 말하는 등 감각적 본능으로서의 성을 의미합니다.[45] 그런데 사람들이 이렇게 감각적 본능에만 충실히 살아가다 보면 사회는 혼란해질 수밖에 없습니다. 좀더 정확히 말하면, 순자는 인간의 본성을 감각적 본능으로 이해했기 때문에 감각에 의해 나와 남을 구분하고, 자신의 이익만을 위하기 때문에 성이 악한 것이고, 그 결과 자연히 혼란한 사회상을 초래한다고 했습니다. 이렇게 사람의 본성은 악으로 흘러가기 때문에 '성'은 '악'하다고 본 것입니다.[46] 그렇다고 인간이 그렇게 투쟁만 하지는 않습니다. 나름대로 예의를 지키고 착한 행위도 하면서 살아갑니다. 여기서 교화 또는 개조가 필수적으로 뒤따라야 되는데, 이를 위해서 예의를 제정하고 교화를 담당하는 인물이 바로 성인(聖人)입니다. 사람들이 성인이 제정한 예의와 교화를 따르며 착한 행위를 하는 것은 역설적으로 사람이 악하기 때문(凡人之欲爲善者 爲性惡也)[47]이라고 순자는 주장합니다. 그래서 "사람의 본성이 악한 것이며 그 선한 것은 인위적"이라고 주장하면서 선한 행위를 후천적인 인간의 노력으로 설명하고 있습니다. 즉 순자에서의 '위'(僞)는 '성'(性)과 대비되는 것임을 알 수 있습니다.

이렇게 보면, 순자는 당시의 혼란한 사회를 바라보면서 맹자와는 달리 혼란의 원인을 인간의 무한한 욕구에 있다고 보았고 교화를 통해 이를 조절하려 노력한 인물입니다. 맹자는 성선설을 통해서 본질적 차원에서 인간이 선을 타고났음을 강조했고, 순자는 경험적이고 현실적인 차원에서 악의 천부성을 강조하고 이러한 경험적 현상을 성악설을 통해서 접근했다는 차이가 있습니다. 그러나 이러한 두 학자의 차이에도 불구하고 두 학설 모두가 올바른 인간과 올바른 사회를 만들려는 이론의 전개과정이었다는 면에서는 공통점을 지닌다고 평가할 수 있습니다.

법가: 순자의 후계자들-한비자와 이사

지금까지 말씀드린 공자, 맹자, 순자는 인과 더불어 예를 강조하는 유가학파입니다. 공자나 맹자가 말한 예는 인의 마음이 자연스럽게 드러난 행동양식을 말합니다. 그런데 예는 자율적이라는 특징이 있습니다. 예의 없는 사람을 도덕적으로 비난할 수는 있지만 예의에 강제성을 부여하거나 지키지 않는다고 해서 처벌할 수는 없습니다. 그래서 사회가 혼란스럽고 질서가 문란할수록 사람들은 누군가 강제적인 방법을 써서라도 제압해 주기를 바라기도 합니다. 수백 년간 계속된 춘추전국시대를 지나며 사람들은 누군가 강한 힘으로 혼란을 수습해 주길 바랐습니다.

이 과정에서 강력한 군주의 힘과, 군주의 권위를 상징하는 법을 강조함으로써 법률과 형법에 의한 통치와 부국강병을 외친 무리들이 바로 법가(法家)입니다. 법가의 사상은 춘추시대의 관중(管仲, 주전 ?-645), 자산(子産, 주전 ?-522)에서 태동했고, 전국시대의 대표적인 사상가로는 한비자(韓非子, 주전 280-233), 이사(李斯, 주전 ?-208) 등이 있습니다. 한비자와 이사는 순자에게서 유학을 배웠기 때문에 공자와 맹자 계열보다는 순자와 같이 매우 현실적이고 경험적인 사상을 지녔으며, 당시의 혼란을 수습하기 위해 강제력이 없는 예보다 엄격한 법과 형벌을 강조했습니다. 법가 사상에서 법은 왕의 권력을 뒷받침하는 수단으로, 왕은 법을 이용해 자신의 권위에 도전하는 자를 강하게 처벌하고, 백성들을 강제적으로 통치할 수 있었습니다.

그래서 법가는 왕에게 덕치를 강조하지 않습니다. 법가에서는 모든 인간을 도덕적인 존재가 아닌 이기적인 존재로 보기 때문에, 왕은 도덕적 권위가 아닌 정치적인 지위를 이용해서 강력하게 백성들의 이기심을 통제하는 자가 되어야 한다고 봤습니다. 또한 백성들도 자신들이 가진 인의 마음에 의해서 자발적으로 왕에게 복종하는 것이 아니라 왕이 가진 힘에 의해 어쩔 수 없이 따른다고 봤습니다. 법가의 사상가들이 기본적으로 인간을 어떤 식으로 이해하고 왜 법을 강조하는지 한비자의 글을 통해 살펴봅시다.

今有不才之子 父母怒之弗爲改 鄕人譙之弗爲動 師長敎之弗爲變 夫以父母之愛 鄕人之行 師長之智 三美加焉而終不動 其脛毛不改.
지금 한 불량한 자식이 있었는데, 부모가 화를 내어도 그 행동을 고치지 않고, 마을 어른들이 꾸짖어도 꿈쩍도 하지 않고, 스승과 윗사람이 가르쳐도 변하지 아니했다. 부모의 사랑과 마을 어른들의 덕행과 스승과 윗사람의 지혜, 이 세 가지의 미덕이 모두 가해졌으나 끝내 움직이지 않았고, 털끝만큼도 고치지 아니했다.

州部之吏 操官兵 推公法 而求索姦人 然後恐懼 變其節 易其行矣 故父母之愛 不足以敎子 必待州部之嚴刑者 民固驕於愛 聽於威矣.[48]
그러나 고을의 관리가 관병(官兵)을 거느리고, 공법을 시행하려고 간악한 사람을 수색하여 찾게 되었다. 그런 연후에 그는 두려워하고 겁내서, 자기의 버릇을 고치고 그 행동을 바꾸게 되었다. 그러므로 부모의 사랑을 가지고는 자식을 가르치기에 부족하여, 반드시 지방 관청의 엄중한 형벌에 의지해야만 하는 것이다.

위의 예에서 보듯, 한비자를 비롯한 법가의 사상가들은 인간을 매우 이기적이라 여겼고, 반드시 법으로 통제해야 하는 존재라고 주장했습니다. 법가의 이러한 사상은 군주의 통치수단인 술(術)에 대한 강조와 더불어 군주의 강력한 통치를 강화했습니다.

한비자의 주장은 진시황에게도 큰 영향을 줍니다. 진시황은 「한비자」의 「고분」(孤憤)과 「오두」(五蠹) 두 편을 우연히 읽고 "이것이야말로 내가 기다리던 사상이다. 내가 이 사람을 만나 같이 일할 수 있다면 죽어도 한이 없겠다"라고 말한 것으로 전해집니다.[49] 그러나 결국 한비자는 이사 등의 획책으로 감옥에서 사약을 받고, 이사가 진시황의 신하가 되어 섬겼다고 합니다.

지금까지 다소 장황하게 공자 이전부터 공자, 묵자, 맹자, 순자, 한비자가 펼쳤던 여러 사상을 훑어보았습니다. 이 중 춘추전국시대의 혼란을 잠재우고 중국 최초로 통일 왕국을 이룬 진시황이 택한 사상은 법가였습니다. 왜 진나라는 긴 시간을 이어져 온 유가가 아닌 법가를 핵심 사상으로 선택했을까요?

춘추전국시대 말엽은 그야말로 혼돈의 소용돌이였습니다. 비유를 들어, 자율학습 시간에 감독하시는 선생님이 없어 정신없이 떠드는 통제 불능 상태라고 해봅시다. 처음 며칠은 좋았지만 선생님이 안 계시는 상황이 몇 달째 지속되다 보니 공부하려는 학생들도 공부를 제대로 못 하고, 잠을 자려는 학생들도 잠을 못 자고, 떠드는 아이들도 실내에서만 떠들려니 서로 눈치 보이고 해서 다들 힘들어하는 상황입니다. 누구라도 나서서 이 정신없는 상황을 해결해 주었으면 하고 바라고 있습니다. 그런데 그때 어떤 힘센 아이가 일어나서 교탁 앞으로 나서 몽둥이를 내리치면서 "조용히 해! 지금부터 입만 열어도 무조건 처벌이다!"라고 외친다면 내부적인 반발은 있겠으나 일시적인 효과는 있을 것입니다. 오랫동안 계속된 무질서와 혼란의 상태가 단번에 조용해질 수 있기 때문입니다. 그리고 심지어는 차라리 이게 좋다는 생각을 합니다. 이 분위기가 바로 법가가 진나라를 세우는 상황입니다. 모든 것을 법이라는 이름하에 통제하고, 이를 따르지 않으면 가차 없이 끔찍한 형벌을 내렸습니다.

주전 221년에 중국 최초의 통일왕국이 된 진나라는 15년을 채 버티지 못했습니다. 혼란이 수습되었는데도 여전히 몽둥이를 들고 큰 소리를 지르며 무섭게 함으로써 도리어 역효과가 났습니다. 정리가 됐으면 차분히 모두가 동의할 유연한 질서를 만들고 싶은 욕구가 모두에게 생기기 때문입니다. 법가 사상의 한계가 바로 이것입니다. 시대가 평정을 되찾은 후에도 무조건 군주의 권한만 강조하고 백성들을 법과 형벌과 술수로 통제하려고만 해서는 안 됩니다.

진나라가 망한 후, 국가의 틀을 재정비하고 정치·교육·경제·문화·사상의 모든 것을 갖춘 안정기에 접어드는 나라가 바로 한나라입니다. 한나라 이후에는 중국의 교육·정치·문화·제도 등의 핵심적인 기초에 유교를 받아들입니다. 그러면 이제부터 한나라에서 당나라로 이어지는 한당유학의 역사를 살펴보겠습니다.

 생각해보기

공자는 실패한 개혁자였는가?

혼란했던 춘추전국시대를 수습하고 진나라가 들어서면서 그 사상적 통치 이념으로 표방한 것은 공자의 유가(儒家)가 아니라 한비자와 이사의 법가(法家)였습니다. 그렇다면 결국 공자는 실패한 개혁자일까요?

42.195킬로미터를 달리는 마라톤에서 초반 1-2킬로미터를 선두로 달리는 것은 전혀 중요하지 않습니다. 야구에서 1회에 선취점을 뽑았다고 해서 그날 경기에서 승리를 장담할 수도 없습니다. 공자는 자신이 살았던 시대를 철저히 변화시키지는 못했지만 그의 사상은 사후에 면면히 이어져 유교가 전해진 나라마다 엄청난 영향력을 끼치고 있음을 역사를 통해서 잘 볼 수 있습니다. 이런 점을 고려했을 때, 공자를 실패한 개혁자로 보는 것은 현재까지 끼치는 공자의 위대한 영향력을 과소평가하는 것입니다. 공자의 사상은 비록 당시 사회

를 변화시키지는 못했지만, 한대 이후 중국의 정치, 교육, 문화 등 많은 범위에서 주도적인 위치를 차지해 왔습니다. 또한 최근에는 공자복고운동이 아주 활발하게 일어나고 있습니다. 그 의도와 배경에 대한 여러 가지 해석이 있지만, 공자의 사상이 얼마나 대단한가를 볼 수가 있습니다.

성균관대학교에서 유교 철학을 공부할 때 저를 지도하신 이기동 교수는 공자의 사상을 가끔씩 '밥'에 비유하셨습니다. 한국인들은 평생 밥을 먹습니다. 김치, 나물, 국과 몇 가지 반찬을 바꿔 가면서 우리는 늘 밥을 먹고 살아갑니다. 물론 가끔씩 외식도 합니다. 우리의 기억 속에는 평상시 먹었던 밥보다는 멋진 곳에 가서 먹었던 외식의 메뉴가 더 기억에 오래 남습니다. 그러나 가만히 생각해 보면, 그것은 가끔 먹는 것이기에 의미가 있습니다. 우리의 주식은 여전히 밥입니다. 물이 맛이 없기 때문에 평생 질리지 않고 마실 수 있는 것처럼, 우리가 늘 호흡하고 있기에 그 중요성과 소중함을 깨닫지 못하는 공기처럼 밥도 그러한 존재입니다. 인과 예, 효도와 어른 섬김, 삼강오륜 등은 사실 아주 화려하고 특별한 윤리사상이 아닙니다. 누구나 공감할 수 있는 쉬운 내용입니다. 늘 먹는 밥과 같습니다.

춘추전국시대는 비유하자면 중병에 걸린 환자였습니다. 이런 때에는 환자식을 먹어야지 평소에 먹는 밥을 먹기가 힘듭니다. 공자의 사상이 당시 춘추전국시대에 적용되지 못한 이유를 같은 맥락에서 찾아볼 수 있습니다.

결국 춘추전국시대의 혼란은 법가로 통일됩니다. 법가는 깊이 있는 사상이라기보다는 '법'이라는 이름으로 서슬 퍼런 임금의 권위를 앞장세우며 그에 복종하기만을 강요하는 무서운 사상이었습니다. 환자식은 위급한 상황에서는 도움이 되지만 우리의 주식이 될 수는 없습니다. 심각한 중병에서 어느 정도 회복되고 나면 그때에는 다시 밥이 그립듯, 법가를 받아들여 혼란이 진정된 후 사람들에게는 질서에 대한 갈망이 생겨났습니다. 진나라의 통치가 15년 만에 끝나고 한나라가 들어서서 안정을 찾게 되자, 공자의 사상은 전면에 등장해, 줄곧 중국의 역사를 지배하게 됩니다. 종종 고비도 찾아왔지만 유교의 힘은 역사의 전 과정에 걸쳐 계속됩니다. 중환자실에서 나온 환자가 다시 밥을 주식으로 먹듯이 말입니다.

"공자의 사상은 밥과 같다!" 이 문장을 숙지하시면 앞으로 다룰 내용을 이해하기 쉬울 것입니다. 저도 넓고 깊은 유학 사상의 역사로 계속해서 여러분을 잘 안내하겠습니다.

4. 한당시대의 유학

앞서 살펴본 선진유학은 중국 전체를 최초로 통일한 진(秦)나라 이전(先)의 역사이기에 이런 명칭이 생겼습니다. 한당유학은 진시황의 분서갱유(焚書坑儒) 이후 경전에 대한 연구가 주로 이뤄지던 시대부터 시작됩니다. 그리고 한대에는 동중서의 건의로 유교를 국교로 만들어 앞으로 중국 역사에 유교의 중요성을 굳건히 하는 결정적인 계기가 됩니다. 한나라 이후에는 위, 촉, 오의 삼국시대, 진(晉) 왕조, 남북조 시대를 거쳐서 도교와 불교가 유행하고, 수나라를 거쳐 당나라 때 국제적인 교류가 활발해지면서 중국 전역에 불교가 가장 부흥하던 시기를 맞이합니다. 먼저 한당유학과 관련된 주요 왕조의 역사를 연표로 살펴보겠습니다.[1]

왕조	연대
진(秦) 왕조	주전 221-207년, 제국시대(분서갱유: 주전 213년)
한(漢) 왕조	주전 207-주후 220년(불교의 전래) 동중서(董仲舒): 주전 179?-104년? 왕충(王充): 주후 27-100년
삼국시대	주후 220-280년
진(晉) 왕조	주후 280-420년, 신(新)도교와 불교
남북조시대	주후 421-589년
수(隋) 왕조	주후 589-618년
당(唐) 왕조	주후 618-906년, 불교의 번영과 쇠퇴

표4-1. 한당시대 주요 왕조의 역사

한당유학 다음인 송명유학은 당나라 말기 불교의 타락으로 중국의 지식인들이 다시 중국적인 사상의 부흥의 단초를 공맹의 유학에서 찾으면서 생겨났습니다. 선진시대와 송명시대의 유학이 사상적으로 중요하다면, 그 사이의 한당시대에는 기존의 유학과 도교(도가) 사상, 불교의 교섭이 일어나면서 중국적인 불교가 부흥했습니다. 그러면 한당시기의 유학을 사상적 측면에서 자세히 살펴봅시다.

분서갱유와 금고문경학

한나라 유학의 역사를 살펴보기 위해서는 우선 분서갱유(焚書坑儒) 사건부터 살펴보아야 합니다.[2] 분서갱유란 진나라 시황제가 사상을 탄압한 사건으로, 분서란 책을 불사른다는 뜻이고 갱유란 유학자들을 구덩이에 파묻는다는 뜻입니다. 즉 분서갱유란 진시황이 황제의 권력을 강화하면서 사상을 탄압하기 위해 책을 불태우고 학자들을 생매장한 끔찍한 사건을 뜻합니다.

분서갱유의 배경은 이렇습니다. 진나라 초기에 박사인 제(齊)나라의 순우월(淳于越) 등이 진시황의 군현제를 반대하면서 주대의 봉건제의 회복을 주장합니다. 사실 주나라의 봉건제와 진나라의 군현제를 비교해 보면, 진시황이 실시한 군현제가 더욱 중앙집권적 조직이라는 차이가 있습니다. 진시황은 자신의 권력을 무소불위로 만들어 사용하려고 했던 왕입니다. 왕이 아닌 황제라는 명칭을 최초로 쓴 사람도 바로 진시황입니다. 진시황은 자신의 권력을 강화하기 위해 그야말로 물불을 가리지 않았습니다. 이러한 진시황의 의중을 잘 알던 핵심 참모였던 이사는 순우월 등의 건의를 빌미 삼아 유생들이 정부의 방침에 이의를 제기하는 것을 못마땅하게 여기면서 유교의 경전을 포함한 민간의 서적들을 태워 버릴 것을 진시황에게 건의하게 됩니다. 이에 진시황은 명령을 내려 의약, 복서(卜筮, 점치는 책), 종수(種樹, 농사를 위한 곡식에 관한 책) 관련 도서와 진나라의 역사 서적을 제외하고는 모든 책을 30일 안에 다 불태울 것을 명령합니다. 이것이 바로 분서 사건입니다. 그래서 이후에는 정부를 제외하고는 어떤 사람도 금지된 서적을 소장하거나 연구할 수가 없게 됐습니다.

그리고 분서 다음 해에 시황제는 갱유 사건을 일으킵니다. 잘 아시는 대로 진시황은 불로장생하기 위해 점을 치거나 불로장생에 관한 것을 추구하는 사람들(方士)을 시켜 불사약(不死藥)을 구해 오도록 명령합니다. 진시황의 탐욕스러운 행동에 대한 비판이 일자, 이것을 계기로 방사와 유생들을 생매장하는 끔찍한 갱유 사건을 일으키게 됩니다. 이렇게 일어난 진시황의 분서갱유로 인해 유교의 경전은 거의 소실됐고, 학문적 분위기도 크게 위축됐음은 말할 필요도 없습니다.

그러나 진시황의 통일정치는 너무나 급격했고, 요역과 토목공사에 대한 농민들의 부담이 지나치게 커서 상하 모두의 반감을 사게 됐습니다. 게다가 그를 이어 호해(胡亥)가 2세 황제가 되면서 농민에 대한 착취가 더 심해지게 되는데, 이를 견디다 못한 농민들이 끊임없이 반란을 일으켰습니다. 진시황의 사후, 항우(項羽, 주전 232-202)와 유방(劉邦, 주전 247?-195)으로 대표되는 반란군이 진나라의 수도 함양(咸陽)에 진격하여 결국 진은 멸망하게 됩니다(주전 206).

물론, 분서갱유가 있던 때에도 진나라 궁정에 소장된 도서들은 그대로 있었습니다. 그러나 이 당시 진나라 수도 함양이 초토화되면서 소장된 서적마저 남김없이 사라져 버렸습니다. 그러다 보니 새 왕조인 한나라의 문제(文帝), 경제(景帝), 무제(武帝) 등의 황제들은 모두 경전류를 새롭게 정리하려 했습니다. 그리하여 한나라 초기에는 민간에 남아있는 책을 찾아서 헌납하고 경서를 해석하는 것이 크게 유행했습니다. 그래서 정부에서는 책을 보관하는 대책을 세우고, 또 책을 필사하는 관리를 따로 두어 제자백가의 전기와 학설에 이르기까지 모든 내용을 정리하려고 시도했습니다. 또한 각 경전의 전문가를 두어 연구하는 오경박사(五經博士)제도와 관학제도(官學制度)를 설치하기도 했습니다.

이러한 배경에서 한대에는 난해한 용어를 당시의 쉬운 용어로 풀어서 해석하는 훈고학(訓詁學)이 발달하기 시작했습니다. 보통 송나라·명나라의 유학을 이학(理學)이라 부르고, 한나라부터 당나라의 유학을 크게 훈고학이라고 부릅니다.

금문경학 대 고문경학

한나라 초기에는 잃어버린 경전을 찾는 과정에서 진시황이 실시했던 민간인의 장서를 금지한 법률(挾書律)을 폐지합니다. 그 결과 진시황 이래 사라졌던 경전과 서적들을 다시 복원하고 정리할 필요가 생겼으며, 각 지역에서 구전으로 전해지던 것을 수집해 정리하고자 애를 씁니다. 이 당시 수집된 다양한 경전들이 당시 통용문자인 예서(隷書)로 기록되어 조정에 보고되기 시작하는데, 이것을 '당시 통용되던 글자로 쓰인 경전'이라 해서 금문경전(今文經典)이라 하고, 이를 중심으로 한 학문을 금문경학(今文經學)이라고 불렀습니다.

그런데 각 지역에서 나이 많은 유생들이 기억을 더듬어 구술(口述)한 다양한 경전 중에서 어느 것이 원래의 것인가를 정리할 필요가 생겼습니다. 그래서 예를 들어 「시경」의 경우에는 도처에서 발견된 「시경」 중에 노(魯)의 신배공(申培公), 제(齊)의 원고생(轅固生), 연(燕)의 한태전(韓太傳)의 것을 채택했고, 「주역」을 전수한 자는 노(魯)의 고당생(高堂生), 「춘추」를 전수한 자는 호무생(胡毋生) 등과 같이 정리하여 경전들의 전수관계에 대한 공식적인 입장을 채택하고 그들로 하여금 경전에 대해 논의하고 제자를 양성하게 하였습니다. 그리고 한 무제는 오경에 통달한 사람에게 주는 관직인 오경박사(五經博士)를 두어 금문경학을 장려하고 제자를 양성했습니다.

이에 비해 고문경학은 진(秦)나라 이전, 춘추전국시대에 쓰던 문자, 즉 전서(篆書)로 기록된 경전을 말합니다. 한나라 경제(景帝) 때 공자의 옛 집에서 경전이 발견되는데, 이것이 바로 고문입니다. 그러다 보니 한나라 초기에 확립된 금문경전과 이때 공자의 옛집에서 나온 고문경전 중에 서로 다른 부분이 많았기 때문에 어떤 것이 맞느냐에 대한 논쟁이 생겨나기 시작했습니다. 또한 금문학파와 고문학파는 경전의 내용뿐만 아니라 학문 방법론도 달랐습니다. 다른 점을 몇 가지 다뤄 보겠습니다.

첫째, 공자에 대한 이해가 달랐습니다. 고문학자들은 공자를 사학가(史學家)로 규정하고 옛것을 좋아했으며 저작을 남기지는 않았다고 이해합니다. 다시 말해 공자를 고대로부터 내려오던 것에 쓸데없는 자구나 문장을 삭제하고 정리해서 전수한 인물로 이해합니다. 그런 의미에서 분서갱유 이후에 구전으로 내려오던 것을 정리한 금문경학의 경전을 불완전하다고 비판합니다. 이에 비해 금문학자들은 공자를 교육자, 철학자, 정치가라고 간주합니다. 그래서 육경을 고대의 역사자료로 인정하면서도 육경의 저자가 바로 공자이며, 공자가 이 육경을 옛것에 의탁하여 오늘날의 제도를 개혁하기 위한 도구로 삼았다는 점을 강조합니다. 그래서 경전의 역사적 사실보다는 그 이면에 담긴 공자의 깊은 뜻에 더 주안점을 두었습니다.

둘째, 학문의 경향이 서로 달랐습니다. 고문학자들은 구전으로 내려온 금문경전에 대해서 불완전하다고 비판하면서, 경전 자체에 대한 객관적이고 훈고학적인 면을 강조했습니다. 그러나 이에 비해서 전국시대 말엽부터 유행한 음양오행설 등의 영향을 받은 금문학자들은 경전을 음양오행설과 연관해서 풀이하는 경향이 강했습니다.

역사적으로 보면, 우선 한나라 초기에는 금문학이 성행하여 무제(武帝) 때에는 동중서와 공손홍의 건의를 받아들여 경학박사를 설치했을 때, 모두 금문경전으로 경전을 채택했습니다. 그러다가 왕망(王莽, 주전 45-주후 23)이 반란을 일으켜 한나라를 무너뜨리고 신(新)나라(8-22년)를 세우면서 그 정당성을 입증하기 위해서 새로운 이론이 필요했기에 왕망은 전한의 금문학을 물리치고 고문학과 결합합니다. 그리고 이 왕망 정권의 국사(國師)

로서 주역을 감당한 자가 고문학자 유흠(劉歆)이었습니다. 한나라는 주후 23년에 재건되는데, 멸망 전후를 구분하기 위해 장안을 수도로 했던 한을 전한(前漢, 또는 西漢), 낙양에 새로 세워진 한을 후한(後漢, 또는 東漢, 23-220)이라 부릅니다.

왕망이 망하고 후한이 일어서자 전한의 부흥을 다시 일으키고자 하던 광무제(光武帝)는 다시 금문학을 채용합니다. 그러나 시간이 흐르면서 훈고에 계속 집중해서 학문적으로 성과가 많았던 고문학이 다시 서서히 부흥하게 됩니다. 그리고 또 중국 유학에서 경학의 집대성자로 불리는 후한의 정현(鄭玄, 127-200)이 고문을 존중하게 됨에 따라 금문학이 쇠퇴하게 됩니다. 그래서 동진(東晉)의 원제(元帝) 때는 금문경학이 없어지고 고문학만이 성행했습니다.[3]

한대유학의 특징

한대유학은 시대적으로는 춘추전국시대의 공자-맹자-순자의 사상을 계승하였지만 금문-고문 논쟁과 훈고학에 치중한 나머지 철학적인 발전은 매우 더딘 시기였습니다. 그러나 한대유학이 선진유학과 연관해서 어떻게 변화됐는지 다루는 것은 중국 유학사 전체에서 매우 중요하기 때문에 그 특성을 몇 가지로 나눠 좀더 자세히 보겠습니다.

심성론의 변화: 천인감응설의 유행

선진유가의 철학적 내용의 핵심인 인간의 천인감응설을 주장한 동중서(董仲舒, 주전 179-104)는 유교를 중심으로 한대의 사상과 문화를 통일해, 이후 중국 역사에서 유교가 중요한 영향력을 행사하도록 기초를 놓은 인물입니다. 또한 과거제도를 실시해 유교 경전을 시험 과목으로 삼았습니다. 천인감응설은 다른 표현으로는 천인상관설(天人相關說)이라고도 하는데,

말 그대로 자연계와 인간 사회가 밀접하게 내적으로 연관을 가지고 있다는 학설입니다. 원래 맹자의 심성론은 하늘의 근본적인 덕성이 인간의 심성 속에 내재한다는 전제에서, 인간이 도덕적으로 이것을 깨닫고 수양을 통해서 하늘과 같은 삶을 살아가려는 도덕적 특성을 강조했습니다. 그러나 천인감응설은 하늘과 인간이 본질적인 측면에서 서로 유사하다고 보는 입장입니다. 동중서는 "유(類)로써 합하였으니 하늘과 인간은 하나"라고 했는데,[4] '유로써 합하였다'는 말은 예를 들어 사람의 귀와 눈은 각각 하늘의 해와 달에 대비되는 같은 종류이고, 오장(五臟)은 오행(五行), 인의(仁義)는 하늘의 음양(陰陽)에 해당하는 종류로 이해했습니다. 그리고 사계절을 본떠 국가 조직에 네 등급을 두고, 계절마다 세 달이 있는 것을 본떠 각 관직 아래 세 명의 보좌관을 두어야 한다고 주장했습니다. 그리고 왕이 정치를 잘못하면 하늘이 분노해 지진, 일식, 월식 등의 자연현상이 생긴다고 해석했습니다. 물론, 이런 설은 왕이 그만큼 정치를 잘해야 한다는 의미를 부여해 왕권을 견제하려는 의도도 있었지만, 한편으로는 현존하는 왕의 통치 질서가 하늘로부터 온 것이라고 정당화하는 논리가 더 강조됐습니다.

한 가지 기억할 것은 이전의 유가가 사람에게 '인의예지'의 사덕(四德)이 있다고 했는데 하늘의 오행은 '수화목금토'로 다섯 개입니다. 동중서는 숫자를 맞추기 위해 위의 네 가지 덕에 '신'(信)을 추가해 오상(五常)을 재정립했습니다. 「맹자」에는 분명히 인의예지가 나오지만 우리가 유교하면 오덕(五德), 즉 인의예지신으로 알고 있는 것은 바로 동중서의 사상에서 나온 것입니다.

한대에 유행한 또 다른 이론은 음양오행설(陰陽五行說)입니다. 음양이란 용어는 원래 「주역」에 등장하지만, 「논어」나 「맹자」에서는 음양의 일을 논한 적이 없습니다. 음양을 중요한 원리로 삼아 학문적으로 정립한 최초의 인물은 전국시대의 추연(鄒衍, 주전 305-240?)이라는 사람입니다. 추연은 세상의 모든 일들이 토, 목, 금, 화, 수의 오행 상승(相勝) 원리에 의해 일어난 다고 보았습니다. 그리고 양은 높고 선한 것이고 음은 낮고 악한 것이라고 이해해서 음양 사상에 가치를 결부해 이해했습니다. 또한 음양오행설을 중국 국가의 흥망성쇠와 연결해 논하기도 하고, 자신만의 논리로 중국을 천하의 팔십분의 일이라고 이해하기도 했습니다. 음양오행설은 사실 공맹의 유학사상과 별 관계가 없지만, 동중서와 한대유학에 큰 영향을 미치게 됩니다.

한대의 유학을 평가하자면, 유교를 국교화하기는 했으나 위와 같이 사상적인 면에서는 쇠퇴기라고 할 수 있습니다. 마치 소크라테스-플라톤-아리스토텔레스로 이어지는 고대 서양 철학사의 황금기가 로마의 세계통일 이후에 오히려 더 이상 철학적 발전을 이루지 못한 것과 같다고나 할까요. 그래서 저명한 중국 철학자인 노사광(勞思光)은 "한대의 유학은 일어난 것 같지만 사실은 망하였던 것"이라고 평가하기도 합니다.[5]

도가사상의 변질

도가(道家)는 중국에서 발생한 철학사상 중에서 유학과 더불어 쌍벽을 이루는 사상적 전통입니다.[6] 한나라에서 당나라로 이어지는 시기를 개략적으로 보면, 한나라 초기에는 유교가 국교화됐고, 당나라 때에는 불교가 매우 성행했습니다. 그 사이의 시대, 그러니까 한나라 초기에서 당나라까지 이어지는 시대의 다른 중요한 흐름은 도가사상입니다. 그런데 춘추전국시대에 매우 고상한 정신세계를 보여 주었던 노자와 장자로 대표되는 노장사상(도가사상)은 한나라에서 당나라로 이어지는 시기에 변질됩니다. 그 흐름을 크게 세 가지로 정리할 수 있습니다.

첫째, 도가사상은 음양오행설과 결합되어 통치체계를 합리화하는 수단으로 변질됐습니다. 남자와 여자를 각각 양, 음으로 구분 짓고, 양은 하늘이고 음은 땅이므로 남자가 여자보다 지위가 높은 것은 당연하며, 남자 중의 왕은 하늘과 같은 존재라는 인식을 갖게 했습니다. 둘째, 도가사상이 민중 사이에 유행하면서 왜곡되어, 고귀한 정신적 절대자유가 아닌 육체적인 장생불사를 추구하는 도교가 탄생합니다. 셋째, 세속을 떠나 청정하고 깨끗한 공리공담(空理空談)을 위주로 하는 자연주의적 사상인 청담(淸談)사상으로 변질됩니다. 위진시대에 특히 유행했던 청담사상은 도가와 유가가 결합한 독특한 형태입니다. 후한 말기, 시대는 어지럽고, 유학은 예법이나 경서의 자구 해석에만 매달리는 경향이 강해지자, 양식 있는 사상가들은 혼란한 시대와 정치를 피해 은둔했으며, 이런 사람들을 청담사상가라 불렀습니다. 우리가 많이 들어 본 위진시대의 죽림칠현(竹林七賢)이 대표적인 예입니다.[7]

한대의 기타 사상가들: 회남자, 양웅, 왕충

「회남자」(淮南子)는 전한시대의 유안(劉安, 주전 179?-122)이 저술한 책의 이름입니다. 도가적인 성격을 표방하나, 노장사상의 심오함과는 거리가 멀고 노장의 사상에 음양오행설과 여러 가지를 잡다하게 섞어 놓았습니다. 양웅(揚雄, 주전 53-주후 18) 또한 표면적으로는 유가를 자처했지만 사실 그 사상은 유가와 도가에 음양오행설을 마구 뒤섞었습니다. 왕충(王充, 27-96)은 「논형」(論衡)이라는 책을 썼는데, 유가 사상가였음에도 불구하고 때로 공자와 맹자의 사상을 신랄하게 비판하기도 했고, 천인상감설이나 인과응보설, 그리고 도가나 도교의 신선술을 말하는 자들의 귀신설이나 참위설도 비판했습니다. 그래서 딱히 사상적 계통을 말하기는 힘들지만 당시에 있어서 다소간 혁명적이고 진보적인 사상을 보이고 있어, 딱딱한 현대 사상을 타파하고 자유로운 사고를 추구하는 위진시대의 사조를 만들어낸 선구자로 인정받고 있습니다.

한나라 멸망 이후의 중국의 역사와 사상

한당유학은 한나라부터 당나라까지 여러 왕조가 바뀌는 동안의 역사가 매우 복잡해서 흐름을 이해할 필요가 있습니다. 이 시기에 등장한 여러 국가와 그 역사를 먼저 살펴봅시다.

후한의 멸망

왕망의 반란을 평정하고 새롭게 시작된 후한시대는 호족들이 대토지를 소유하면서 점점 세력이 커져 가고, 정치적 투쟁과 부패가 빈번히 일어나기 시작하던 때였습니다. 후한 말에는 큰 흉년이 들고 소농민에 대한 수탈이 계속되면서 농민들의 대규모 반란인 황건적(黃巾賊)의 난(亂)이 일어나 더 큰 혼란에 처하게 됐습니다. 이후에 지방군사정권이 할거하면서, 힘없이 몰락하던 후한은 결국 멸망을 맞았습니다.

후한을 멸망시킨 사람은 우리가 「삼국지」를 통해 잘 알고 있는 조조(曹操, 155-220)입니다. 조조는 장안을 탈출한 한 왕조의 마지막 황제인 헌제(獻帝)를 낙양으로 맞아들여서 옹립했습니다. 표면적으로는 신하의 예를 다한 것 같았지만, 황제의 권력은 그저 명분뿐이었고 실제로는 조조가 점점 세력을 확대하면서 결국 후한은 몰락하게 됐습니다.

위촉오의 삼국시대

후한이 점점 몰락해 가는 시기, 조조는 유명무실한 황제의 권한을 등에 업고 중원 전역을 차지하면서 그 세력을 점점 더 확장했습니다. 그리고 황건적의 난이 일어나자 이를 수습하려던 장수 유비(劉備, 161-223)가 한나라의 정통을 이어받았다고 자부하며 형주(荊州, 호북성 남부의 도시)를 기반으로 촉(蜀)나라를 세웠습니다. 남쪽의 양쯔강 중·하류지역의 비옥한 땅에는 오(吳)나라의 손권(孫權, 182-252)이 강력한 세력을 형성하고 있었습니다.

이런 과정에서 중국 전역으로 세력을 확장하고자 했던 야망을 가진 조조가 촉나라와 오나라를 정벌하려 하면서 다투는 시기가 바로 삼국시대(220-280)입니다. 그리고 이 삼국시대에 관한 이야기가 우리에게 잘 알려진 「삼국지」 입니다.

위진남북조시대

위촉오 삼국시대의 혼란한 시절은 결국 위나라의 통일로 끝을 맺습니다. 위나라(220-226)는 앞서 말씀드린 삼국시대의 조조가 죽고 그를 이어 조비(曹丕, ?-226)가 후한의 헌제(獻帝)로부터 선양(禪讓, 혈통적인 관계가 없는 사람이 왕위를 이어받는 것)의 형태로 재위를 이어받아 세운 나라입니다. 위나라는 오나라(280)와 촉나라(263)를 흡수하고 유력한 사마(司馬) 씨 가문이 위나라 황제의 선양을 받아 진(晉)을 세우게 됩니다. 사마염(司馬炎, 武帝)이 세운 진나라는 위나라를 바로 이어 국호를 바꾼 것이기 때문에 우리가 위진남북조시대(221-589)라 부르는 앞부분의 '위진'이 되는 것입니다. 진나라는 이후 낙양을 도읍 삼은 서진(西晉, 265-316)과, 오호십육국(五胡十六國)의 난으로 중원(中原)을 잃고 건강(建康, 오나라의 건업, 지금의 난징)에 도읍을 한 동진(東晉, 317-419)으로 나뉩니다.

남북조시대는 진나라가 망한 주후 420년에 시작해 수나라가 다시 중국 전체를 통일하는 589년까지 사이의 기간을 말합니다. 이 기간 동안 중국은 남북으로 분열되어 각각 다양한 왕조가 교체해서 흥망을 되풀이합니다.

먼저 남조는 한족(漢族)이 세운 왕조인 송(宋)의 문제(文帝)에서 시작되어 제(齊), 양(梁), 진(陳)의 네 왕조가 교체해 나라를 세웠다 망했다 하는 역사를 반복합니다. 그러다 결국 589년 남조의 마지막 왕조인 진이 수(隋)의 문제(文帝)에게 멸망을 당하게 됩니다.

북조는 좀더 복잡합니다. 북조의 역사를 알기 위해서는 오호십육국이라는 용어를 알아 둘 필요가 있습니다. 오호십육국이란 중국의 북쪽, 즉 화북지역에서 흥망을 되풀이한 한족이 아닌 다섯 오랑캐가 세운 열여섯 개의 나라를 뜻하며,[8] 304년 유연(劉淵)의 건국에서 439년 북위(北魏)의 통일까지의 기간을 의미합니다. 이 이민족들은 중국 내륙에 이민족으로 거하였지만, 민족의 자주성을 잃고 한족으로부터 여러 가지 압박을 받으며 노예나 농노로 살고 있었습니다. 이러한 압박과 고통은 특히 위진시대에 심했는데, 이 기간 동안 때로는 항거와 반란을 일으키기도 하다가 드디어 304년에 흉노족이 난을 일으켜서 산서성 시방에 흉노 국가를 건설합니다. 이것을 필두로 하여 계속된 것이 바로 오호십육국입니다. 이 시대는 439년까지 계속되다가 결국 북위가 여러 국가를 평정함으로써 마무리됩니다. 그런데 북위도 얼마 지나지 않아 동위(東魏)-서위(西魏)로 분열하고, 또 동위는 북제(北齊)로, 서위는 북주(北周)로 교체됩니다. 또 북주가 북제를 멸망시키고 한때 화북지역을 통일하였으나, 얼마 못 가서 외척 양견(楊堅, 수문제)이 제위를 양위받고 수나라를 건국했으며, 589년 남조 최후의 왕조인 진을 멸망시키고 중국 천하를 통일하게 됩니다.

위와 같은 위진시대의 혼란기에 유행한 사상을 현학(玄學)이라고 부르는데, 주로 위진시대에 유행했다고 해서 위진현학이라고 부르기도 합니다. 현학의 현(玄)은 보통 검다는 뜻으로 해석되지만, 심오하고 어렵다는 뜻을 가지고 있습니다. '현학적'이라는 표현이 이론이 매우 깊고 어려워서 깨닫기가 어렵다는 뜻으로 사용되는 이유입니다. 현학은 위진남북조시대에 유행했던 노장사상이라고 해서 다른 말로는 신도가(新道家)라고 부르기도 하는데, 한 가지 흥미로운 점은 현학이 노장사상을 기반으로 「논어」 등의 유교 경전을 해석했다는 점입니다. 동양학에서 심오해서 그 이치가 깨닫기가 가장 어려운 경전 세 가지를 삼현(三玄)이라 하는데, 바로 노자의 「도덕경」, 장자의 「장자」, 「주역」입니다. '현'이라는 단어도 노자 「도덕경」 제1장에 "심오하고 또 심오하다"(玄之又玄)에서 나온 표현입니다.

위진현학의 기원은 하나의 전승관계를 가진 학파가 아니기에 명확히 말하기는 어렵지만, 한대의 도가사상이 변질되는 과정에서 언급한 세 번째 흐름인 청담사상과 밀접한 관계를 가진 것임은 분명합니다. 위진시대 이전에 이미 있었던 청담사상의 흐름이 위진시대에 이르러 현학으로 연결된다고 보는 것이지요. 즉 위진현학은 한대의 청담사상과 마찬가지로 정치적인 혼란기에 정치에 등을 돌린 선비들 사이에서 일어난 학문의 새로운 풍조입니다. 후한 말기부터 정치적 혼란이 계속되자 기존의 경학 중심의 유학을 대체하려는 사상가들이 노장사상을 배경으로 경학에 대한 새로운 연구의 흐름을 만든 것이 현학입니다. 그래서 일단 현실 정치에 대한 관심을 접고 학문적인 방향을 추구했기 때문에 논의 자체가 매우 사변적이고 형이상학적이라는 특성이 있습니다. 또한 실천적인 면보다는 개인의 깊은 사색과 절대 정신의 자유를 추구해서, 실질적인 현실 개혁을 등한시한 학풍이라고 비판받기도 합니다. 대표적인 학자로는 하안(何晏, 193-249), 왕필(王弼, 226-249), 향수(向秀, 227-272), 곽상(郭象, 252-312) 등이 있습니다.[9]

수나라

위진남북조의 장기간의 혼란과 분열의 시기에 종지부를 찍고 통일을 달성한 수(隋)나라(589-618)는 38년밖에 지속되지 못했습니다. 그 이유는 고구려 정벌이나 대운하 건설 등 각종 대사업에 백성을 과도하게 동원해서 민심을 잃어버렸기 때문입니다. 그러던 과정에서 억압된 인민들이 폭동을 일으킨 613년 이후 수나라는 그 힘을 잃기 시작하다가 결국 618년에 망하게 됩니다.

당나라

수나라를 멸망시키고 천하를 장악한 인물은 이연(李淵, 566-635, 재위기간

618-626)입니다. 이연은 수나라 말기의 반란과 혼란기를 틈타 당(唐)(618-906)을 건국했는데, 당나라는 수나라를 계승하면서도 대외적으로 영토를 확장했으며, 외래문화를 매우 활발하게 도입한 국제적인 성격을 띠고 있습니다. 귀족의 문화도 매우 발달해 이백(李白, 701-762), 백거이(白居易, 772-846) 등을 중심으로 당시(唐詩) 등의 문학적 발전을 이룩했습니다.

유교는 남북조시대의 불교 발전으로 침체되어 있다가 수나라를 거쳐 당나라 시대에 국가의 기본 이념으로서 발전해 나갈 기틀을 다시 마련하게 됩니다. 특히 태종대에 공영달(孔穎達, 574-648)이 「오경정의」(五經正義)를 편찬해 여러 갈래로 나뉘어져 있었던 오경에 대한 종래의 여러 학설을 전체적으로 통일하고, 이 책에 입각한 유교 경전 해석만을 인정하게 됐으며, 또한 과거제에도 이 해석만을 허용했습니다. 8세기 중반이 지나면서 「오경정의」에 의한 고정된 해석보다는 좀더 새로운 측면에서 유학의 사상적 경향을 연구하려는 분위기가 조성됐으며 송대의 성리학은 이러한 새로운 분위기에 큰 영향을 받아 이루어졌습니다.

그렇다고 해서 수당이 유교에만 호의적이었던 것은 결코 아니었습니다. 사실 불교는 남북조에서 발전해서 수와 당을 거치면서 장려됐는데, 특히 천태종, 화엄종, 선종 등의 종파가 비약적인 발전을 이루었습니다.

5. 송명시대와 그 이후의 유학

당말 불교의 폐단과 유교부흥운동

당나라 말기 무종(武宗, 재위기간 840-846) 때 중국 불교의 역사 가운데 가장 큰 폐불(廢佛) 사건인 '회창(會昌)의 폐불'이라는 사건이 일어났습니다. 무종이 도교를 선호한 까닭도 있지만, 불교 교단 내부가 점점 문란해지고 면세 특권을 가진 승려가 점점 늘어남에 따라 나라의 재정이 어려워지고, 민중들이 바친 엄청난 세금이 각종 비리와 부패에 쓰인 데 대해 불교를 배척하는 흐름이 고조된 것이 주된 이유였습니다. 이 사건으로 모두 4천 6백여 곳의 큰 사찰과 4만여 작은 절이 문을 닫고, 26만5백 명의 승려가 환속 조치됐으며, 불교 사원에 소속된 모든 논밭은 몰수되고, 사찰 소속 노비 15만여 명이 해방됐습니다. 이것은 당시 불교 세력이 얼마나 강대했는지를 보여 주는 동시에, 당시 국가의 재정파탄의 주범이자, 민생을 떠나 타락한 불교의 모습을 잘 보여 주는 사건입니다. 이러한 불교에 대한 탄압은 당 이후인 오대십국의 시대에도 계속됐습니다.

오대십국(五代十國)의 시대란, 907년 당나라 멸망 후 960년 송나라 건국 전까지의 기간을 뜻합니다. 화북지방에는 왕조 계열의 다섯 나라가 들어섰고, 화남 및 기타 지방에는 십국이 세워졌습니다. 십국은 지방 정권으로서 지방군 사령관에 해당하는 절도사들이 실권을 잡은 나라들이었습니다. 당나라 말엽부터 오대십국의 기간은 크게 볼 때 혼란기에 해당합니다. 당나라의 황제권이 약화되고 지방의 절도사 세력이 강화되면서 무인(武人)정치가 시행됐기 때문입니다. 전통적인 귀족 사회가 붕괴되면서 무인 세력이 등장했으나 무인들은 통치를 이끌어 갈 만한 사상체계를 제대로 갖추지 못했기 때문에 혼란한 시대를 종식시키기에는 역부족이었습니다. 그래서 이 시기는 송나라 사대부 계층 중심의 사회를 위한 과도기였다는 점도 기억할 필요가 있습니다.

오대의 역대 황제들 중에서 가장 뛰어난 인물로 평가받는 후주의 세종(世宗, 재위기간 954-959)은 국가의 재정난을 막고 승려들의 풍기문란을 바로잡는다는 이유로 불교를 숙청했습니다. 그러나 황제의 자리에 오른 지 불과 육 년 만에 병사하게 됩니다.

송 태조가 나라를 세운 것이 960년이고, 위에서 언급한 세종의 재위 기간이 959년까지였다는 점과, 송 태조의 정책이 거의 세종의 정책에서 비롯됐다는 역사가들의 평가를 고려하면 불교에 대한 배척은 당나라 말엽부터 오대시대를 거쳐 송대 초기까지 계속됐다고 볼 수 있습니다. 이런 분위기를 등에 업고 유학의 부흥을 통해 새로운 사상적 돌파구를 열어 보려는 학자들이 등장했습니다. 바로 주자학의 선구자라 할 수 있는 한유(韓愈, 768-824)와 이고(李翱, 772-841)입니다.

한유

당시의 불교에 대한 반감은 불교 자체에 대한 지식인들의 비판으로 이어졌습니다. 그러나 단순히 불교에 대한 비판만이 아니라 불교를 대체할 만한 깊이 있는 사상을 가진 대안적인 사상 체계가 필요했습니다. 이 과정에서 지식인들이 주목한 것이 바로 유교(유학)였습니다. 이른바 공맹으로 대표되는 유학은 중국에서 태동했을 뿐만 아니라, 심오한 사상체계를 갖췄기 때문이었습니다. 유학은 한대를 지나 당대와 오대를 거쳐 내려오면서 깊은 사상적 진면목을 잘 드러내지는 못했습니다. 그러나 한유와 이고를 통해 유교는 불교에 대항할 수 있는 새로운 시대사조로 자리매김할 수 있게 됐습니다.

한유는 당송팔대가(唐宋八大家, 당나라와 송나라 때의 가장 유명한 여덟 명의 산문 작가) 중의 한 사람, 곧 당나라 시대의 대단한 문학가 겸 사상가였습니다. 그는 위에서 언급한 불교의 폐해를 언급하면서 중국의 전통 사상인 유교를 옹호했습니다. 유교를 다시 회복하자는 주장이 설득력과 공감을 얻으려면 타락한 불교에 대해 분명한 비판이 필요했고, 한유는 불교에 대해서 다음과 같이 비판했습니다.

1) 불교는 오랑캐의 종교이지 중국에서 발생한 종교가 아니다
2) 불교가 중국에 들어오기 전에는 역대 군주가 장수하였고 나라도 평안하였으나, 불교가 들어온 이래 중국에는 혼란이 심해졌다.
3) 불교는 임금과 신하 사이의 예의나 부모 자녀의 정(情)을 알지 못하는 종교이다.[1]

위의 언급은 사실 철학적인 깊이가 있는 논의는 아니었지만, 불교에 대한 반감이 최고조에 달한 시기였으므로 누구나 공감할 만한 주장이었습니다. 게다가 이를 대단한 문학가가 훌륭한 문장으로 썼기 때문에 더 큰 공감대를 형성할 수 있었습니다. 한유는 위와 같은 논리로 불교를 배척하면서, 이렇게 불교가 유행한 이유는 유학의 쇠퇴 때문이므로 유학을 다시 부흥시켜야 한다는 의도를 가지고 다음과 같이 주장합니다.

周道衰 孔子沒 火于秦 黃老于漢 佛于晋宋齊梁魏隨之間.
주나라의 도가 쇠미해지고 공자가 죽은 후에 진나라 때에는 책이 불태워졌으며 (분서갱유 사건을 뜻함-필자 주) 한나라 때에는 황로학이 성행하였으며 진나라 송나라 제나라 양나라 위나라 수나라 사이에는 불교가 성행했다.

其言道德仁義者 則入于墨 不入于老 則入于佛.
도덕과 인의를 말하는 자는 양주파에 속하지 않으면 묵적파에 속하였고, 노자파에 속하지 않으면 불교에 속했다.

噫, 後之人 其欲聞仁義道德之說 孰從而聽之.[2]
아! 후세의 사람들이 인의와 도덕의 이야기를 듣고자 한다 해도 그 누구를 좇아서 듣겠는가.

위의 글에서 보는 바와 같이 한유는 유학의 쇠퇴로부터 불교가 일어났음을 밝히고 유학을 중흥시켜야 할 필요성을 강조해서 이야기했습니다. 한유가 이후 성리학의 발전과 연관해 공헌한 또 하나의 중요한 점은, 그가 유교의 도통설(道統說)을 마련했다는 점입니다. 한유는 유학의 바른 가르침은 요(堯), 순(舜), 우(禹), 탕(湯), 문(文), 무(武), 주공(周公)을 거쳐 공맹(孔孟)으로 이어진다고 주장했습니다.[3]

이는 이후에 주자학이 공맹의 사상과 닿아 있다는 주장의 근거가 됩니다. 물론 한유의 도통설은 당시 이미 유행하였던 중국 불교인 선불교에서 이심전심의 비법이 도통을 통해 전수됐다는 데서 영향을 받아 이루어진 것이기도 합니다.

사실 한유의 유학에 대한 이해는 그리 대단하다고 평가하기는 어렵습니다. 예를 들어 한유는 맹자와 순자의 본성(性)에 대해 충분히 이해하지 못해서 성의 등급을 상중하 셋으로 나누어 성삼품설(性三品說)을 주장하였으나 학자들은 그 내용이 탁월하지는 않다고 평가합니다.

이고

이고 또한 한유와 비슷한 시기에 활동한 학자인데, 한유의 문하생이었으며, 불교를 배척하는 논의보다는 유교 자체가 가진 철학적 깊이에 더 천착한 학자입니다. 이고는 한유의 조카사위로서, 사서 중의 한 권인 「중용」

의 솔성(率性, 성을 따름)의 뜻을 자기 나름으로 해석해서 '복성설'(復性說, 본성 회복에 대한 논의)이라는 독자적인 견해를 세웠습니다.[4] 이고의 대표적인 저술은 「복성서」(復性書)이며, 다음과 같이 시작됩니다.

> 人之所以爲聖人者 性也.
> 사람이 성인이 될 수 있는 것은 본성(性) 때문이다.
>
> 人之所以惑其性者 情也.
> 사람의 본성이 미혹되는 까닭은 정(情) 때문이다.

물론 여기서 정(情)을 본성(性)을 미혹하게 하는 것으로만 이해한 것은 잘못입니다. 사실 정을 구분해 보면 본성이 그대로 발현된 순수한 감정인 순정(純情)도 있고, 본성이 감정으로 드러날 때 우리의 이기적인 욕심과 잘못이 개입해서 드러나는 욕정(欲情)도 있는데, 이고는 단순히 '정'(情)이라는 한 단어로만 정리했기 때문입니다. 이고에 따르면 본성이 제대로 드러나려면 감정을 없애야 하는데(滅情論), 그것은 엄밀하지 못합니다. 욕정은 멸해야 할 대상이지만 순정은 그렇지 않기 때문입니다.

그러나 「복성서」의 첫 문장이 송명유학에 주는 영향은 지대합니다. 당나라 말기, 불교에 대한 반감이 고조될 때 지식인들 사이에서는 불교가 아닌 다른 사상을 기대했고, 공맹의 유학을 중흥시키는 것에서 그 해답을 찾았습니다. 그러나 여기에는 심각한 문제가 있었습니다. 불교가 워낙 철학적으로나 종교적으로 깊이가 있다 보니, 유교가 불교만큼 깊은 사상적 깊이가 있다는 것을 변증할 수 있어야만 진정한 의미에서 유학이 불교를 대체할 수 있다는 것이었습니다. 게다가 공맹이 활동한 춘추전국시대에는 불교가 없었기 때문에 불교 배척의 근거를 공맹에서 찾을 수 없는 어려움도 있었습니다. 물론, 맹자 당시에는 유학의 이단으로 양주나 묵적이 있기는 했지만 불교와는 전혀 다른 특성을 가진 사상이었기에 불교 배척의 논리에 적용할 만한 통찰을 얻기는 어려웠습니다.

그래서 당말 이후의 신진유학자들부터 송대 주자학이 완성될 때까지의 유학부흥운동은 크게 두 가지 핵심 내용을 담아야 했습니다. 첫째는 불교를 비판하는 척불론(斥佛論)이고, 두 번째는 유학이 불교만큼의 깊이와 넓이를 가지고 있다는 것을 철학적으로 설득력 있게 변증하는 일이었습니다. 불교의 핵심 가르침은, 내 속에 있는 불성(佛性, 부처가 될 수 있는, 부처인 마음속의 본성)을 깨달아 이를 깨우쳐 성불(成佛, 부처와 같은 존재가 됨 또는 부처임을 깨달음)한다는 것입니다. 그러므로 불교를 배척하거나 유교가 불교만큼의 깊이를 가진 사상이라는 것을 증명하려면 우선 불교의 핵심인 '불성을 통한 성불'의 논리가 유학에도 이미 있음을 보이는 것이 필요했고, 유사한 논리구조에 더해 유교가 불교에 비해 우위에 있다는 것을 논리적으로 설명해야 했습니다. 물론 그런 설명과 해설을 덧붙이는 과정에서 불교의 영향도 깊이 받았고, 또 한대 이후 면면히 내려온 도교의 영향도 간과할 수 없습니다. 이 내용은 앞으로 주자학의 발전 과정에서 설명하겠습니다.

이고는 불성을 통한 성불의 논리가 유학에도 있음을 논리적으로 가장 명쾌하게 주장했습니다. 그럼 불교의 성불론에 대비되는 유학의 성성론(成聖論, 성인과 같은 존재가 되는 것과 연관된 논의)이라는 관점에서 복성서의 첫 부분을 다시 한 번 인용해 보겠습니다.

> 人之所以爲聖人者 性也.
> 사람이 성인이 될 수 있는 것은 본성(性) 때문이다.

위의 문장이 유교에서 본성 회복을 통한 성인 됨을 주장할 수 있는 가장 핵심적인 논리입니다. 즉 공맹, 특히 맹자가 말한 "하늘이 명한 것을 일컬어 본성이라 한다"(天命之謂性)라고 한 「중용」 첫 구절에서 잘 드러나는 것처럼 사람의 본성은 하늘로부터 부여받은 것이기에 본성대로 살아가기 위한 수양적 노력을 통해서 성인이 되라는 것이 유학의 기본적인 가르침이라고 이고는 파악한 것입니다. 그런데 이 내용은 사실 불교의 성불론과 매우 유사한 구조를 가지고 있습니다. 성불론은 사실 위의 문장에서 성인 대신에 석가모니 또는 부처를, 본성 대신에 불성을 넣으면 정확하게 불교의 성불론과 같은 구조를 지닙니다. 즉 이고의 복성서의 첫 문장인 "人之所以爲聖人者 性也"는 사실 불교의 성불론인 "人之所以爲佛者 佛性也"와 같은 구조를 지닌 문장입니다. 그래서 이고는 주자학의 태동기에 활동한 학자로 인정받으면서도 동시에 불교적인 색채가 강하다는 비판을 늘 받습니다. 그러나 그렇다고 해서 이고의 공헌을 무시해서는 안 됩니다. 적어도 주자학이 불교를 배척하면서 어떤 논리적인 구조를 가지고 공맹의 유학정신을 새로운 시대환경에서 부흥시킬 수 있을지를 정확하게 짚어 낸 탁월한 안목을 보여준 학자이기 때문입니다.

이고는 「중용」을 주요 근거로 하여 유학을 이해했습니다. 앞서 유교의 경전을 설명하던 부분에서 「중용」이 「예기」의 한 편에 불과했다가 「논어」, 「맹자」, 「대학」과 더불어 사서의 하나로 표장됐다고 설명했는데, 이를 가능하게 한 가장 중요한 인물이 바로 이고였습니다. 그리고 이고를 계승한 여러 학자들은 유교가 불교에 비해 우위에 있다는 논의를 점점 더 세밀하게 다듬어 갔습니다. 그러한 논리의 발전과정이 사실 송대 주자학의 발전과정인데, 그 흐름은 한유-이고-주돈이-소옹-장재-정호-정이를 거쳐 주자에게서 완성됩니다. 복잡한 주자학을 설명하기 전에 대략적인 큰 흐름을 기억해 두시면 주자학을 좀더 쉽게 이해하실 수 있을 것입니다.

지금까지 저는 한유와 이고를 중심으로 시작된 유교부흥운동이 두 가지 핵심, 즉 척불론과 공맹의 사상으로의 복귀라는 관점에서 시작된 것으로 서술했습니다. 이 두 가지 핵심을 기억하면서 이제는 주자학의 가장 위대한 다섯 학자, 북송오자(北宋五子)를 살펴보겠습니다.

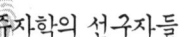 주자학의 선구자들

송의 건국과 정치적 배경

송나라(960-1279)를 건국한 태조 조광윤(趙匡胤, 927-976)은 후주(後周)의 절도사였다가 재위(재위기간 960-976)에 오른 인물입니다. 이것은 단적으로 당시 절도사들의 권력이 얼마나 강했는지를 보여 주는 사건이라고 할 수 있습니다.

송나라는 그 이전의 오대십국의 혼란기와는 달리 문치주의(文治主義)를 강하게 주장했습니다. 그것은 군벌 세력의 횡포를 막고 중앙집권을 강화하면서 군주 독재체제를 이룬 것과 밀접한 연관이 있습니다. 송나라는 무엇보다 천자(군주)의 권한을 강화하고 귀족들의 세력을 크게 약화시켰으며, 무엇보다 군대가 백성으로부터 분리되고 군주에 직속되어 군주가 군의 통수권자가 되었습니다. 군주의 권한을 강화시키고 귀족 세력을 약화시킬 수 있었던 가장 중요한 사건은 과거제도입니다. 과거제도는 그 이전부터 시작됐지만 그것은 사실상 서민들의 관계 진출을 제한하면서 귀족들 위주로 선발한 제도였습니다. 그러나 송대의 과거제도는 가문과 상관없이 철저히 실력 위주로 선발했습니다. 과거제도는 시문(詩文)을 주로 보는 진사과(進士科), 유교 경전을 보는 명경과(明經科), 그리고 기술과가 있었는데 과거에 합격한 문신관료들은 평생 동안 천자의 문생으로서 그 은혜를 잊지 못하였으니 천자 중심의 체제가 더욱 굳건히 설 수 있었던 것입니다. 사대부 계층 성립, 과거제 확충 등은 송대의 경제적 발달, 도시 번영, 인쇄술 보급과 더불어 문화적 성장을 크게 이룬 핵심 요소였습니다.

그러나 송나라는 군사력이 약했습니다. 그래서 외침에 자주 시달리다가 결국 여진족이 세운 금(金)나라에 쫓겨, 강남으로 달아나 남송(南宋, 1127-1279)을 세웁니다. 자연스럽게 그 이전을 북송(北宋)이라 부릅니다. 그러다가 칭기즈칸이 1206년에 나라를 세워서 1234년에는 금나라를, 1279년에는 남송을 멸망시킵니다. 중국 역사상 처음으로 중국 전 영토가 북방민족의 지배 아래에 들어가게 됐습니다.

군사력이 약하다는 것은 사상적 측면과 별로 연관이 없어 보이지만, 이 역시 매우 중요합니다. 송나라가 끊임없이 외족의 압력에 시달렸다는 사실이 그 시대의 지식인들로 하여금 일종의 우환의식을 가지게 했기 때문입니다. 송대의 지식인들은 위진시대의 지식인들이 했던 행태, 즉 시대와 정치를 떠나 한가롭게 초월적 경지를 이야기하기만 하고 시대에 무관심한 점을 신랄하게 비판했습니다. 송대의 지식인들에게는 시대적 상황 속에서 도덕적 실천의 책임을 가지고 모든 일에 사회개혁과 변혁을 향한 열망이 늘 있었다는 뜻입니다. 이런 의식이 강할수록 바르고(正) 그름(邪)을 명확히 구분하고, 바른 것을 지켜 내려는 투철한 사명을 갖게 됩니다. 송대 유학자들이 유학을 바른 것으로 세우고 불교를 그른 것으로 평가한 것이나, 도통론을 통해 선대부터 내려오는 유학의 흐름을 굳건히 세우려는 것도 다 이런 시대적 상황과 연관되는 것입니다. 이런 기본적인 이해를 바탕으로 지금부터 송대 주자학의 대표적인 학자들을 한 사람씩 살펴보겠습니다.

송명 유학 개관

보통 학계에서는 선진시대 공맹의 유학과 구분하기 위해 송명유학을 신유학(新儒學)이라고 부릅니다. 그러면 기존의 공맹유학에 비해 새로워진(新) 내용은 무엇일까요? 바로 불교와 도교의 영향입니다. 앞서 설명한 것처럼 수나라와 당나라를 거치며 불교가 지배적인 사상이었기 때문에 당나라 말엽부터 새롭게 싹튼 유교부흥운동은 불교의 영향을 받지 않을 수 없었습니다. 그리고 민간에는 도교 신앙이 팽배했으므로 도교의 영향이나 도교에 대한 비판도 나름대로 중요한 요소였습니다. 그래서 이런 과정에서 선진유학에서는 비교적 생소한 이기론(理氣論), 무극(無極), 태극(太極) 등의 복잡한 용어들과 기존에 존재했던 본성, 감정 등의 용어들에 대한 더 깊은 연구가 진행됐습니다. 이러한 신유학의 핵심 용어를 통해 유학이 불교나 도교와 어떻게 다른지, 또 유학이 불교나 도교를 어떻게 비판할 수 있을지에 대한 이론이 점점 완성되는 과정이 바로 송명유학의 발달 과정이라고 이해할 수 있습니다.

송명유학은 송대의 주자학과 명대의 양명학 양대 흐름으로 나눌 수 있습니다. 주자학의 선구자로는 당말의 한유와 이고, 이어서 주돈이, 소옹, 장재, 정호, 정이를 거쳐 주자에 이르러 주자학의 체계가 완성됩니다. 그러므로 주자학은 주자 한 사람이 완성한 것이 아니라 위의 학자들을 거치면서 불교를 배척하는 논의(排佛論)와 유학부흥운동이 이론적으로 완성되어 가다가 마침내 주자에 이르러 그 체계가 완성된 것입니다. 이런 면에서 주자는 송대 성리학을 집대성한 위대한 학자입니다.

주자는 12세기 송나라의 학자인데 비해 양명학을 주창한 왕수인은 15세기 명나라 때의 학자입니다. 주자학은 거대한 불교의 흐름을 비판하면서 유학적 체계를 완성하다 보니 그 논리가 매우 복잡하고 또 어려웠습니다. 그러나 왕양명의 시대에는 주자학이 완성된 지가 3백여 년 정도 지나다 보니, 불교의 위협도 거의 사라지고 또 주자학 자체에 대한 이해가 전반적으로 깊어졌기 때문에 체계가 좀더 간단하면서도 실천적인 것을 요구하게 됐습니다. 이러한 학문적 경향을 반영해 유학을 간명하고 실천적으로 완성한 것이 바로 양명학입니다. 이처럼 신유학은 송대의 주자학과 명대의 양명학의 두 가지 흐름으로 크게 나눌 수 있습니다.

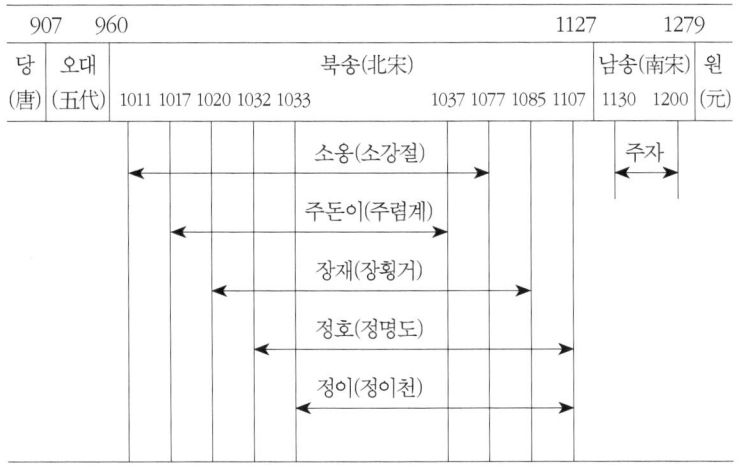

표 5-1. 송대 주자학자들의 연대표

주돈이

주돈이(周敦頤, 렴계濂溪, 1017-1073)는 주자학에 가장 큰 영향을 끼친 정명도(程明道), 정이천(程伊川) 형제를 가르칠 정도로 대단한 학자였으며, 대표적인 저작으로는 「태극도설」(太極圖說)과 「통서」(通書)가 있습니다. 주렴계 하면 「태극도설」이 떠오를 정도로 주자학에서 「태극도설」은 중요한 위치를 차지합니다. 우선 「태극도설」은 말 그대로 「태극도」라는 그림에 주렴계가 설명을 덧붙인 것입니다. 그런데 태극이라는 용어는 사실 사서(四書) 어디에도 나오지 않습니다. 즉, 태극이라는 단어는 애초에 유교에서 사용되던 단어가 아니며, 도교에서 나왔습니다. 그리고 「태극도설」은 송대 초기 도교의 수행자인 진단(陳摶)의 무극도(無極圖)나 선천도(先天圖) 등이 전승되는 과정에서 주렴계가 통찰을 얻어 그린 것으로 학자들은 추정하고 있습니다.

그렇다면 주렴계는 왜 「태극도설」을 도교에서 끌어와서 재해석했을까요? 그 이유는 인간 존재가 하늘과 연관되어 있다는 존재론적 근거를 확보하기 위해서였습니다. 앞서 「중용」을 인용하면서 설명했듯, 모든 인간

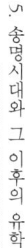

이 가진 본성은 하늘의 뜻이 우리 마음속에 들어와 있다고 했습니다. 이것을 「중용」 제1장에서 "하늘이 명한 것을 일컬어서 본성이라 한다"(天命之謂性)라고 표현합니다. 즉 '나'라는 존재는 하늘과 존재론적으로 연관돼 있다는 것이지요. 그래서 내가 수양을 통해 하늘 같은 존재인 성인이 되는 것이 유학의 목표입니다. 그리고 이런 주렴계의 사상은 이고와 밀접하게 연관돼 있습니다. 이고의 「복성서」는 "사람이 성인이 될 수 있는 근거는 본성 때문이다"라는 문구로 시작하는데, 이고의 논리에 의하면 수양을 통해 하늘이 본래 우리에게 준 마음인 본성을 따른 삶을 온전히 구현한다면 이런 경지에 이른 사람이 곧 성인이라는 것입니다. 이고의 사상은 주렴계의 사상에서 그대로 찾아볼 수 있습니다. 주렴계는 그의 대표적 저서인 「통서」(通書)에 다음과 같이 쓰고 있습니다.

性焉安焉之謂聖.
본성대로 살고 거기에 편안히 하는 사람을 일러서 성인이라고 한다.

그러므로 주렴계는 이고가 가지고 있던 유학에 대한 견해를 받아들이고 있음을 살펴볼 수 있습니다.[5]

그렇다면 나와 이웃, 그리고 모든 자연만물은 하늘과 어떤 관계일까요? 주렴계는 이 문제를 명확하게 해명할 필요성을 느꼈습니다. 주렴계는 이 문제를 본성에 대한 논의에서 시작합니다. 즉 이 본성이 천지만물의 근원(태극)과 어떤 관계인지, 나와 남이 어떻게 존재론적으로 연결되는지, 인간과 만물이 어떻게 존재론적으로 연결되는지를 이론적으로 설명할 필요를 느낀 것이지요. 그래서 이에 대한 설명을 위해 주렴계는 도교 계통에서 당시 유행했던 그림 중에서 일부를 수정해 「태극도」를 그리고, 또 거기다 자신의 설명을 덧붙여 「태극도설」로 구성한 것입니다. 그러면, 「태극도설」의 그림과 원문을 살펴보겠습니다.

그림 5-1. 태극도

無極而太極 太極動而生陽 動極而靜 靜而生陰 靜極復動 一動一靜 互爲其根 分陰分陽 兩儀立焉 陽變陰合 而生水火木金土.

무극이면서 태극이다. 태극이 움직여 양을 낳고, 움직임이 극에 이르면 고요해지고 고요해지면 음을 낳는다. 고요함이 극에 이르면 움직임으로 되돌아간다. 한 번 움직이고 한 번 고요함이 서로 그 뿌리가 되어서 음으로 나뉘고 양으로 나뉘니 곧 양의(兩儀, 두 성질)가 성립하게 된다. 양이 변하고 음이 합하여 수, 화, 목, 금, 토가 생겨난다.

五氣順布 四時行焉 五行一陰陽也 陰陽一太極也 太極 本無極也 五行之生也 各一其性 無極之眞 二五之精 妙合而凝 乾道成男 坤道成女 二氣交感 化生萬物 萬物生生而變化無窮焉.

오기(五氣)가 순조롭게 퍼져서 사계절이 운행한다. 오행은 하나의 음양이요, 음양은 하나의 태극이며, 태극은 본래 무극이다. 오행이 생성되면 각각 그 독특한 본성을 가지게 된다. 무극의 참된 본체와 음양오행의 정수가 묘하게 뭉치고 흩어져서 건도(乾道)는 남자가 되고 곤도(坤道)는 여자가 되며, 이기(二氣)가 서로 감응하여 만물이 화생한다. 만물은 생생하여 변화가 끝이 없다.

惟人也得其秀而最靈 形旣生矣 神發知矣 五性感動 而善惡分 萬事出矣 聖人定之以中正仁義而主靜 立人極焉 故聖人與天地合其德 日月合其明 四時合其序 鬼神合其吉凶 君子修之吉 小人悖之凶 故曰 立天之道曰 陰與陽 立地之道曰 柔與剛 立人之道曰 仁與義 又曰 原始反終 故知死生之說 大哉 易也 斯其至矣.
오직 사람만이 빼어남을 얻어 가장 신령하다. 인간의 형체가 이미 생겨나고 정신이 지각을 계발시킨다. 오성이 감응하여 선악의 분별이 생기고 모든 일이 생겨난다. 성인은 중정과 인의로써 고요함을 위주로 하여 인극을 세운다. 그러므로 성인은 천지와 그 덕이 합치되고, 해와 달과 그 밝음이 합치되고, 사계절과 그 순서가 합치되며, 귀신과 그 길흉이 합치된다. 군자는 그것을 닦아서 길하고, 소인은 그것을 거슬러서 흉하다. 그러므로 하늘이 세운 길을 일러 음과 양이라 하고, 땅이 세운 길을 열어 부드러움과 굳셈이라 하며, 사람이 세운 길을 일러 인과 의라 한다. 또 말하기를 시초를 캐어 들어가 살펴보고 끝마침을 돌아본다. 그러므로 삶과 죽음의 설을 알게 된다. 위대하도다, 주역이여! 이것이 그 지극함이로다.

그러면 위의 「태극도설」을 중심으로 주렴계의 사상적 특성을 몇 가지로 분석해 보겠습니다. 첫째, 주렴계는 '불성(佛性)을 가짐→성불(成佛)을 함'의 불교의 근본적 특성이 유교의 '본성론→성인 됨의 수양적 노력'이라는 이고의 사유방식의 구조를 그대로 가지고 있음을 볼 수 있습니다. 그런 성인의 경지를 위의 「태극도설」에서 잘 표현하고 있으며, 유학이 이른바 성인이 되는 것에 뜻을 두는 학문(聖人之學)임을 잘 보여 주고 있습니다.

둘째, 주렴계는 공맹의 유학의 기본취지를 계승하면서도 그 지평을 우주론적으로 확장하고 있습니다. 공맹의 사상 체계 속에는 무극, 태극 등의 용어가 없었지만 주렴계는 「주역」을 근거로 신유학의 우주론을 체계화하고 있습니다. 좀더 자세히 살펴봅시다. 「주역」에는

易有太極 是生兩儀 兩儀生四象 四象生八卦[6)]

모든 변화하는 것에는 태극이 있으니 이에서 양의(음양)가 생겨난다. 양의에서 사상이 생겨나고, 사상에서 팔괘가 생긴다.

라는 구절이 있습니다. 위의 「주역」과 비슷한 언급이 「태극도설」에도 등장합니다.

無極而太極 太極動而生陽 動極而靜 靜而生陰…兩儀立焉 陽變陰合 而生水火木金土.

무극이면서 태극이다. 태극이 움직여 양을 낳고, 움직임이 극에 이르면 고요해지고 고요해지면 음을 낳는다.…양의(兩儀, 두 성질)가 성립하게 된다. 양이 변하고 음이 합하여 수, 화, 목, 금, 토가 생겨난다.

위의 두 인용구를 견주어 보면, 주렴계는 「주역」에 등장하는 태극(太極)-양의(兩儀, 음양陰陽)-사상(四象)-팔괘(八卦)를 그의 「태극도설」에서 무극(無極)-태극(太極)-양의(兩儀)-오행(五行)-만물(萬物)로 변형해 서술함을 볼 수 있습니다. 음양과 오행은 앞서 설명한 한대 이후의 음양오행설에서 영향을 받았습니다. 물론 음양-사상-팔괘가 음양-오행-만물과 완전히 같지는 않습니다. 가장 중요한 차이는 주렴계가 태극 이전에 무극을 두고 있다는 점이며, 그는 무극에서 만물로 이어지는 만물의 생성에 관한 이론을 우주론적으로 완성시킨 것으로 공로를 인정받고 있습니다.

셋째, '무극'이라는 두 글자를 창출해 낸 것이 주렴계의 가장 큰 공헌입니다. '무극'은 「노자」나 「장자」에 나오는 글자이기는 하지만 유교에 애초부터 있던 용어는 아닙니다. 그런데 주렴계가 태극을 표현하면서, 태극이 만물의 근원이 되는 실체이고 이 태극이 단지 하나의 사물이 아니라 궁극적인 근원이라는 점을 '무극'이라는 용어로 표현한 것이 매우 중요한 것이라고 주자는 평가합니다. 「태극도설」 원문에 나온 '무극이태극'(無極而太極)이라는 용어는 사실 「송사」(宋史) 「염계전」(濂溪傳)에서는 "무극으로부터 태극이 나온다"(自無極而爲太極)라고 되어 있기 때문에 무극과 태극의 관계를 어떻게 보아야 하는가에 대한 논쟁이 있었습니다. 문법적으로 보면

무극이태극(無極而太極)
무극이면서 태극이다.

자무극이위태극(自無極而爲太極)
무극으로부터 태극이 나온다.

라고 되어 있기 때문에 "무극이면서 태극이다"라고 본다면 무극의 의미는, 궁극적 원리인 태극을 단지 여러 개별적인 사물 중 하나로 오해하지 않도록 무극이라는 두 글자를 써서 그런 오해를 막는 역할을 한다고 해석할 수 있습니다. 즉 태극이라고만 하면 나무, 책상, 사자 등 각각의 개별 사물과 태극이 같은 특정한 한 개체 사물인 것으로 오해할까 봐 주렴계는 태극이 모든 존재와 구별되는 궁극적인 존재라는 것을 표현하기 위해 그 앞에 '무극'이라는 단어를 썼다고 보는 것입니다. 이러한 해석이 바로 주자와 정통 주자학의 해석인 '무극=태극'이라는 논리입니다.

그러나 「송사」의 「염계전」에 나오는 대로 "무극에서부터 태극이 나왔다"고 주장할 수도 있습니다. 이는 주자 당시의 육구연(陸九淵, 1132-1192)이라는 학자가 취한 입장이었는데, 「주역」에서 '역유태극'이라는 표현은 나오지만 무극이라는 표현이 나오지 않는다는 것을 근거로 했습니다. 이렇게 주자와 육구연 사이에서 벌어진 논쟁을 유학사에서는 주륙논쟁(朱陸論爭)이라고 합니다. 이 두 가지 입장에 대해 더 자세히 살펴볼 수도 있지만 여기서는 주자학의 입장을 다루고 있으므로, 주자학에서는 전자의 입장을 취함을 기억하시면 되겠습니다.

이제 가장 중요한 질문을 짚어 보겠습니다. 왜 주렴계는 공맹의 유학

을 지향하면서도 공맹에게서 찾아볼 수 없는 복잡한 논의를 펼쳤을까요? 그리고 왜 주자학은「태극도설」을 중심으로 복잡한 우주론을 펼쳐 나갔을까요? 이는 유교의 정체성과도 관련이 있지만 불교를 비판하는 데서 출발했다는 당말 이후 유학자들의 불교 비판과도 연결된 중요한 문제입니다. 당시 유학자들은 불교의 사상적 깊이는 인정하지만, 불교의 깨달음의 논리 자체가 가진 약점을 정확히 지적했습니다. 그것은 불성을 깨달아 부처가 되라는 불교의 가르침에는 객관적인 방법론이 약하다는 점이었습니다. 예를 들어 깨달음을 위해 산사에 가서 십 년을 수행한다고 해도 내가 언젠가 성불할 수 있으리라는 것은 나 자신뿐 아니라 그 누구도 장담할 수 없었습니다. 그러나 논리적으로는 수행을 한 지 얼마 되지 않은 사람이 어느 순간 홀연히 깨달아서 성불할 수도 있습니다. 다시 말해, 깨달음을 얻기 위한 과정에서 불가피하게 생길 수밖에 없는 의문, 즉 '깨달음에 대한 주관적 회의'의 문제입니다. 쉽게 말하면 '내가 과연 깨달을 수 있을까?', '도대체 얼마나 더 노력해야 내가 깨닫는 것일까?' 등의 질문이 찾아올 때, 이런 깨달음에 대한 고민과 회의를 불교로는 속 시원하게 해결하기가 어렵다는 것이 유학자들이 보는 불교의 문제였습니다. 특히나 가장 중국적인 불교라고 하는 선불교에서 이런 경향이 가장 두드러졌습니다. 신을 믿어서 신의 은총으로 깨달음을 얻는 것도 아니고, 어떤 특정한 객관적인 방법을 따르다 보면 저절로 깨달아지는 것도 아니며, 오직 깨달음의 가능성 자체를 믿고 철저한 회의를 통해 궁극적인 깨달음을 얻게 된다는 선불교는 그래서 "부처를 만나면 부처를 죽이고, 조사(祖師, 하나의 종파를 만들었거나 한 큰 스님)를 만나면 조사를 죽여라!"라는 표현까지 하면서 주체적 노력으로 깨달아야 함을 강조합니다. 그러나 유학자들의 관점에서 이런 방법으로는 깨달음에 대한 회의를 극복하기가 결코 쉽지 않다는 것입니다.

주렴계가 불교의 성불론에 견주어 유학의 성성론(成聖論, 성인이 되는 것이 학문의 목적이라는 유학적 논의)을 강조하면서도 무극, 태극, 음양, 오행 등의 우주론적 지평을 말하는 이유가 바로 여기에 있습니다. 즉, 불교가 가진 깨달음에 대한 주관적 회의론을 극복하는 유학적 대안이 바로 우주론에 있다는 것입니다. 예를 들어 설명해 보겠습니다. 우리는 매일 세수를 합니다. 그러나 사실 내 얼굴에 묻은 더러운 것을 직접 볼 수는 없습니다. 거울에 비친 얼굴을 봐야 깨끗해졌는지 확인할 수 있는 것이죠. 내 얼굴을 내가 씻지만, 거울에 비친 내 얼굴이 깨끗해진 것을 확인하고서야 세안을 마치듯, 내 마음속의 본성대로 살아가기 위한 마음공부를 아무리 해도 내 마음속 본성을 내가 볼 수는 없습니다. 내 마음의 본성을 보려면 어떻게 해야 할까요? 내 마음의 본성은 원래 하늘의 뜻인데, 이 하늘의 뜻이 내 마음속에만 존재하는 것이 아니라 다른 사람들의 마음과 모든 만물 속에도 존재하기에 그러한 대상들을 탐구함으로써 가능합니다. 이것을 주역에서는 '역유태극'(易有太極)이라고 표현했습니다. 삼라만상은 다 변해 가는(易) 과정에 있는 존재인데, 이 모든 변해 가는 존재에는 하늘의 이치인 태극(인간의 마음속에 있는 본성)이 있다는 것을 이미 「주역」에서 표현하고 있는 것이지요. 그러니 내가 내 마음의 본성을 볼 수 없다면, 그래서 깨달음을 위한 마음공부에 회의가 든다면, 이러한 주관적인 회의를 객관적인 사물과 대상에 있는 하늘의 이치를 파악함으로써 내 마음속 본성에 대한 내용을 '간접적으로' 확인할 수 있다는 것이 「태극도설」이 주자학에 미친 가장 큰 영향입니다.

그래서 주렴계는 성인이 되는 것을 학문의 목표로 삼았음에도, 우주론적으로 자신의 논의를 확장해서 전개했습니다.[7] 주렴계의 우주론적 지평 확대는 그 후 소강절, 장횡거, 정명도와 정이천, 주자로 이어지는 신유학자들의 체계 속에서 지속적으로 등장합니다. 그리고 그들의 우주론적 지평은 바로 여기서 설명한 성성론과 깊은 연관성을 가집니다. 이 점을 기억하면서 이제 두 번째 학자인 소옹에 대해서 살펴보겠습니다.

소옹

앞서 설명한 주렴계는 성인 됨(成聖)의 유교적 논리 구축에서 시작된 유교 부흥운동의 지평을 우주론적으로 확장한 공로가 있는 학자입니다. 소옹(邵雍, 강절康節, 1011-1077)은 이러한 우주론적 관심을 더 깊이 확장시킨 학자였습니다. 특별히 소강절은 「주역」에 관심을 갖고 깊이 연구하였는데, 그의 「주역」에 대한 해석학적 입장을 상수학(象數學) 또는 상수역(象數易)이라고 부릅니다. 상수학 자체는 부호, 형상, 숫자 등을 자신의 사상 안에서 독자적으로 해석해 우주의 변화를 설명하는 학문적 태도를 말하는데, 한나라 시대부터 경전에 근거해서 미래를 예언하는 참위설(讖緯說, 학문적으로도 다루었으나 혹세무민 등에 주로 쓰이는 부정적인 의미도 강했음), 음양오행설 등과 결합해서 오랫동안 유행했습니다. 곧 「주역」을 상수학적 입장에서 바라본다는 것은 역(易)을 상(象, 모양)과 수(數, 숫자)를 기초로 성립된 것으로 전제하고 그 모습과 숫자로 「주역」의 이치를 풀어내려는 태도를 말합니다. 소강절은 상수역에 도교사상을 융합해 복잡하고 신비한 상수학 체계를 만들어 전 세계의 역사를 계산하고, 지금 이 시대는 그 전체에서 어디에 해당하는지 등을 해석해 냅니다. 이렇게 소강절이 상수역과 도교적 요소를 결합해서 만든 학문적 관점을 선천학(先天學)이라고 합니다.

중국 철학사에서는 소강절에 대해서 다른 학자들보다 짤막하게 다룹니다. 그 이유는 그의 학문 체계가 수양론적 관점보다는 상(象)과 수(數)의 해석에 지나치게 치우쳐 있다고 보기 때문입니다. 그러나 다른 한편으로는 주렴계로부터 시작된 우주론적 지평을 확대해 자신만의 고유한 체계로 이를 완성해 냈기 때문에 나름대로 긍정적인 의미를 지닌다고 평가하기도 합니다. 소강절은 이후에 송대 주자학 완성에 큰 공로가 있는 이정(二程) 형제(정명도, 정이천)와도 학문적으로 친밀한 교류를 했습니다. 물론, 이정 형제가 소강절이 주장한 우주론적 입장을 따르지는 않았지만, 훌륭한 선비로서의 소강절의 모습을 크게 기리고 있는 것도 또한 사실입니다.

장재

장재(張載, 1020-1077)는 그의 호(號)인 횡거선생(橫渠先生)으로 잘 알려진 인물입니다. 장횡거도 주렴계나 소강절과 마찬가지로 「주역」을 중요하게 생각하면서 「중용」 등의 경전과 연관해서 독자적인 사상적 체계를 세운 학자입니다. 장횡거는 전대의 학자들과 마찬가지로 학문의 목표를 성인이 되는 것에 두고 그 방법으로 직접적인 방법과 간접적인 방법을 함께 강조한 학자입니다. 장횡거는 「주역」의 구절 중에서 "이치를 궁구하고 본성을 다하여 (그것으로써) 천명에 이른다"(窮理盡性 以至於命)를 중요하게 여겼습니다.

> 窮理盡性 然後至於命.
> 이치를 궁구하고 본성을 다한 연후에야 천명에 도달할 수 있다.
>
> 盡人物之性 然後耳順 與天地參.
> 인간과 만물의 본성을 다하고 그 연후에야 귀가 순해지고 천지의 조화에 참여할 수 있다.
>
> 無意必固我 然後範圍天地之化 從心而不逾矩.[8]
> 무언가 의도를 가지고 반드시 고집해서 내가 해야 한다는 마음이 없는 연후에야 천지의 변화에 그 범위를 정할 수 있으며, 내 마음 먹은 대로 다 행하여도 법도에 어긋나지 않을 수 있다.

첫 번째 문장에서 '진성'(盡性)은 마음의 본성을 다한다는 뜻이므로 내 마음을 성찰하고 수양하는 공부를 극진히 하는 직접적인 마음공부를 말하고, '궁리'(窮理)는 사물의 이치를 궁구한다는 뜻이므로 내 마음의 본성이 곧 사물의 이치이므로 그것을 대상으로 삼아 공부하는 간접적인 방법을 말합니다. 그것이 가능한 이유는 바로 "본성이 곧 이치"(性卽理)이기 때문입니다. 물론 성즉리라는 것은 주자식 표현이라 장횡거에게 연결시키는 것은 약간의 무리가 있지만, 장횡거 또한 "리는 사람에게만 있는 것이 아니며, 모든 이치는 사물에도 있다"(理不在人皆在物)라고 말하고 있습니다.[9] 하늘과 인간이 연결된 존재론적 근거가 본성(性)이라면, 하늘과 사물이 연결된 존재론적 근거가 바로 이치(理)이기 때문에 가능한 표현입니다. 위의 인용구절은 그러한 경지를 얻은 성인의 삶의 모습을 이야기합니다. 장횡거 또한 성인에 이르는 간접적인 궁리의 방법을 말하면서 주렴계와 마찬가지로 불교와 노장을 비판합니다. 왜냐하면 불교나 노장에서는 자기본래성의 객관적 인식방법(본성이 곧 이치, 즉 성즉리)이 없다고 보기 때문입니다.[10] 그러나 주렴계와는 달리 우주론적 논의를 다른 차원에서 심화시키고 있습니다. 모든 만물 속에도 이치가 있고, 사람의 마음속에도 본성이 있다는 것과 더불어 사물의 변화와 생장, 소멸에 대해 설명하는 것이 장횡거의 관심이었습니다.

여러분은 '주자학' 하면 아마 '이기론'(理氣論)이 먼저 떠오르실 겁니다. 사실 '기'(氣)라는 단어는 워낙 다양한 뜻으로 쓰이는데, 장횡거는 모든 만물이 나서 자라고 변화하고 소멸하는 과정을 기가 모이고 흩어지는 현상으로 해석했습니다. 장횡거의 설명에 의하면 내가 태어나고 죽는 것은 마치 얼음이 물이 되고 수증기가 되어 보이지 않게 되는 것과 본질적으로 차이가 없다는 것입니다. 이 우주는 기로 꽉 찬 상태이고, 장횡거는 이 상태를 '태허'(太虛)라고 부릅니다. 지금 나무가 눈앞에 존재하는 것은 그 나무의 기가 모여 있는 상태이고, 이 나무가 수십 년 후에 사라지는 것은 그 나무를 구성하던 기가 흩어져 버린 때문이라고 말하며, 이는 즉 태허가 곧 기고, 기가 곧 태극이라는 설명으로 이어집니다. '기'로 모든 것을 설명하기 때문에 장횡거의 철학을 후대의 학자들은 '기일원론'(氣一元論)이라 부릅니다.

지금 눈앞에 있는 나무는 나무라는 구체적인 모습을 지니고 있습니다. 구체적인 모습을 한자로 형(形)이라 부릅니다. 태허의 상태에서 구체적인 모습을 지닌 사물(形)로 변화되는 것을 장횡거는 '기화'(氣化)라 부릅니다. 즉 태허의 상태에서 기화를 통해서 구체적인 모습을 갖게 되고, 이 구체적인 모습을 갖다가 다시 흩어지면 태허의 상태로 돌아간다는 것이 장횡거의 설명입니다. 물론, 같은 사물이라 해도 조금씩 다른 점이 있습니다. 같은 사람이지만 영특한 사람이 있고 그렇지 않은 사람도 있듯 말입니다. 한 태양이 모든 만물을 비출 때 더 어둡고 더 밝은 것이 있지만, 모두가 같은 태양빛을 받듯이, 사람이나 사물이나 다 개별적으로는 차이가 있지만 본래 모두가 태허의 본성을 받았다는 면에서는 같다고 설명합니다.[11] 이 대목에서 주자학의 본연지성(本然之性)과 기질지성(氣質之性)의 구별이 싹틈을 볼 수 있습니다.[12] 태허의 기가 모여서 다시 기가 되고, 그 기가 모여 만물이 되기 때문에, 각 만물은 태허의 본성도 가지며, 기가 가진 자신만의 속성 때문에 개별적인 차이가 생긴다는 점을 장횡거가 지적하기 때문입니다. 마치 물의 본성이 비록 얼음에 부여되지만 얼음 또한 자기만의 속성을 가진 것과 같은 이치입니다.

장횡거의 이러한 설명은 얼핏 쉽게 이해가 되는 듯하지만 논리적으로 몇 가지 면에서 후대의 성리학자들에게 비판을 받습니다. 첫째, 원래 본성을 회복하여 성인이 되고자 하는 당말 이후 학자의 관심이 장횡거에 와서도 계속해서 우주론적으로만 심화되어 가고 있다는 비판입니다. 물론, 장횡거는 인성론도 언급했지만 성인이 되기 위한 구체적인 수양론보다는 우주론적인 설명에 더 많이 치우쳤습니다. 둘째는 장횡거의 기일원론적 설명이 불충분하다는 것입니다. 예를 들어 사람의 경우에도 몸과 정신은 양자가 분명히 다른데 그 차이에 대한 설명이 부족하며, 사람이 죽는 것을 단지 기가 흩어지는 것이라고만 하기에는 모자라기 때문에 이에 대한 좀더 자세한 설명이 필요하다는 것입니다. 이는 정이천의 사상에서 좀더 자세히 드러나므로 그 부분에서 다루겠습니다.

정호

정호(程顥, 명도明道, 1032-1085)는 뒤에서 소개할 정이와 더불어 형제입니다. 그래서 흔히 이 둘을 함께 이정(二程) 형제라고 부르기도 하고, 이들이 주로 낙양에서 강학을 했기 때문에 이들의 학문을 낙학(洛學)이라고도 부릅니다. 이 두 형제는 앞서 소개한 주렴계를 사사하기도 했습니다.

이정 형제는 송대 유학 자체가 원래 성인 됨에 대한 인성론적 관심에서 시작되었는데도 주렴계-장횡거로 이어지면서 지나치게 우주론적으로 확장된 점을 주목하면서 다시 인성론적 관심으로 복귀시킨 공로가 있습니다. 물론 장횡거가 성(性), 리(理), 덕(德) 등을 간략하게 언급하기는 해도, 그것이 주된 인성론적 입장이 아니라 우주론적 측면에서 논의되었습니다. 인성론적 관심에서 시작된 성리학이 위와 같은 도덕적인 단어들을 우주론적 관점에서 설명함으로써 거꾸로 우주론 속에 포함되게 한 것이 횡거 사상의 문제점으로 지적됐습니다.

이에 비해 이정 형제는 장횡거의 기일원론 대신에 이기이원론(理氣二元論)을 주장하면서 주자학의 틀을 건실하게 잡아 가는 데 큰 역할을 했습니다. 물론, 이들도 서로 간에 학문적인 차이가 존재합니다. 정명도와 정이천은 모두 선대의 학자들을 계승하였지만 정명도의 체계는 그 성격상 왕양명의 학으로 더 깊이 계승되고, 정이천의 체계는 주자에게 직접적으로 계승됩니다.[13] 그래서 주자학을 다룰 때에는 대개 정명도를 간략히 다루고 정이천을 더 깊이 다루는 경향이 있습니다. 이러한 입장을 전제하면서 형 정명도의 사상부터 언급해 보겠습니다.

정명도는 "도가 있고 리가 있으니 하늘과 사람은 하나이며 나뉘어 구별되지 않는다"(有道有理, 天人一也, 更不分別)라고 주장합니다. 여기서 중요한 것은 정명도가 하늘과 사람은 하나이며 구별되지 않는 이유를 기(氣)에서 찾지 않고 리(理)에서 찾고 있다는 점입니다. 이 이치가 곧 도를 말하는 것인데, 도(道, 理)는 모든 만물 안에 보편적으로 존재합니다. 장횡거는 모든 만물과 인간의 같은 속성을 기로 설명하고 있는데 정명도는 왜 리라고 주장할까요? 「주역」의 「계사전」에는 "형이상자를 일컬어 도라 하고, 형이하자를 일컬어 기라 한다"(形而上者 謂之道 形而下者 謂之器)는 표현이 등장합니다. 우리가 눈으로 볼 수 있고 만질 수 있는 구체적인 물건들은 모두 형이하의 세계입니다. 그리고 인간의 감각기관을 초월한 도의 세계, 그러니까 사물이 형체를 갖기 이전의 본모습 또는 그 근원적 존재를 형이상이라고 합니다. 형이하의 세계는 구체적으로 만지거나 볼 수 있는 대상이기에 주역에서는 기(器)라는 글자를 쓰고 있습니다. 또한 이것은 구체적인 사물의 세계이기에 기(氣)라고도 쓸 수 있습니다. 그래서 음양의 세계는 기의 세계이자 음양의 세계이기에, 도의 세계와는 구분해서 써야 한다는 것이 정명도의 생각이었습니다. 그래서 정명도는 리와 기를 구분해서 사용했습니다. 물론 그렇다고 해서 리와 기가 완전히 분리해서 따로 존재할 수는 없습니다. 「계사전」의 또 다른 부분에서는 "한 번 음하고 한 번 양하는 것을 일컬어 도라고 한다"(一陰一陽之謂道)라고 쓰고 있기 때문입니다. 리와 기는 구분은 되어야 하지만 구체적인 사물의 세계에서 분리될 수는 없다는 것입니다. 여기서 우리는 장횡거를 넘어 주자로 이어지는 이기이원론의 필요성을 정명도를 통해 확인할 수 있습니다.

정명도의 사상에서 또 하나 중요한 것은 그의 인(仁)에 대한 이해입니다. 정명도는 맹자의 성선설을 직접적으로 계승해서 이를 그의 인 사상으로 더 발전시킵니다. 그래서 정명도가 인에 대해서 논한 부분을 따로 떼어서 후대의 학자들은 별도로 「식인편」(識仁編)이라 해서 강조하고 있습니다. 정명도에 의하면 학자는 모름지기 천지만물을 한 몸으로 여겨서, 모두를 나처럼 사랑하는 인을 체득해야 합니다.[14] 우리는 보통 인이라고 하면 다른 사람을 나처럼 사랑하는 마음으로 생각하는데, 정명도는 인의 대상이 사람만이 아니라 모든 만물에게 확장되어야 하고, 모든 만물을 자신과 같이 여겨 사랑해야 함을 주장하고 있습니다. 인이란 모든 만물과

도 한 몸이 되는 것이기 때문입니다.[15] 이런 면에서 장횡거의 「서명」과 비슷한 맥락을 지니고 있지만, 정명도는 이것을 기일원론적인 우주론의 측면에서 언급하는 것이 아니라 인성론, 그것도 유교의 가장 핵심이 되는 덕목인 인과 연관해서 설명하고 있다는 차이가 있다는 것이 중요합니다.

정이

정이(程頤, 이천伊川, 1033-1107)는 형 정명도보다 한 살 어린 동생이지만, 주자학에 끼친 영향은 형에 비해 훨씬 더 큽니다. 우선 정이천의 입장을 명확하게 살펴보기 위해서 장횡거, 정명도의 사상과 비교해서 설명해 보겠습니다.

정이천도 장횡거와 마찬가지로 삶과 죽음을 기가 모여 있는 것과 흩어지는 것(氣之聚散)으로 설명합니다. 그런데 장횡거와는 달리 기를 진원지기(眞元之氣)와 외기(外氣), 두 가지로 구분합니다.

> 眞元之氣 氣之所由生 不與外氣相雜 但以外氣涵養而已.
> 진원의 기는 기가 그곳으로부터 발생하는 곳이며, 외기와 서로 섞일 수 없고, 다만 외기를 가지고 함양할 뿐이다.

> 若魚在水 魚之性命 非是水爲之 但必以水爾養 魚乃得生涵.[16]
> 마치 물고기가 물에 있지만 물고기의 본성과 생명은 물이 만든 것이 아니라 다만 물을 함양해야만 물고기는 살아 있을 수 있는 것과 같은 것이다.

장횡거에 의하면 물고기나 물이나 다 기(氣)입니다. 그런데 정이천은 이것을 구분할 필요가 있다고 주장합니다. 장횡거는 모든 만물의 삶과 죽음을 기가 모이고 흩어지는 것으로만 설명했습니다. 그래서 장횡거는 기가 모여서 각각의 만물이 되고, 그 기는 다시 흩어져서 태허로 다시 돌아간다고 설명합니다. 장횡거에 의하면 이 우주 삼라만상은 기가 모이고 흩어지는 영원한 순환 과정이고, 그 기는 모였다가 흩어지는 형태의 변화만 있지 영원히 소멸하지는 않는다고 본 것입니다.

그러나 정이천은 이것을 더 엄밀히 관찰해서 진원지기와 외기로 나눈 후, 우주는 본질적으로 순환하는 것이 아니라 '날마다' 새로워지고 태어나고 없어지는 과정을 반복한다고 주장합니다. 이기동 교수에 의하면 진원지기는 유기물에, 외기는 무기물에 비유할 수 있습니다.[17] 정이천은 장횡거와는 달리 하나의 사물이 소멸하게 되면 그 사물을 구성하고 있던 기도 점차 소멸해 없어진다고 본 것입니다. 그 기가 다시 흩어져서 다른 사물을 구성하는 것으로 사용된다는 것이 아니라, 하나의 사물을 구성하던 기는 소멸하여 점차 없어지게 되고, 다른 사물은 우주에서 '새로' 생성된 기가 모여 이루어지는 것으로 본 것입니다.[18]

그러면 어떻게 해서 새로운 기가 끊임없이 생성될 수 있을까요? 그 근원이 바로 '도'(道)입니다. 기가 계속해서 소멸과 생성을 하는 우주의 매 순간의 과정은 다 도(道) 때문입니다. 그래서 정이천은 "도는 자연스럽게 만물을 낳는다", "도는 자연스럽게 낳고 낳음이 끊임이 없다"고 주장합니다.[19]

앞서 주렴계와 장횡거는 공통적으로 「주역」을 중요하게 여겼다고 설명했습니다. 「주역」 중에서도 「계사전」에 있는 두 문장을 중시했다고 말씀드렸는데, 그것은 "형이상자 위지도 형이하자 위지기"(形而上者 謂之道 形而下者 謂之器)였습니다. 그러니 정이천은 이 문장에 근거해 형이상자를 도로 보아 위와 같이 이해한 것입니다. 또 하나 중요한 문장인 "일음일양지위도"(一陰一陽之謂道)에 대해서도 생각해 보겠습니다. 이 문장은 "한 번 음하고 한 번 양하는 것을 일컬어 도라고 한다"고 글자 그대로 해석할 수 있습니다. 그러나 정이천은 이 문장을 다르게 해석합니다.

一陰一陽之謂道 道非陰陽也 所以一陰一陽 道也.[20]
한 번 음하고 한 번 양하는 것을 일컬어 도라고 하는데, (이는) 도가 음양이라는 것이 아니라, 한 번 음하게 하고 한 번 양하게 하는 까닭(근거)이 도라는 것이다.

如一闔一闢謂之變.
마치 (문이) 한 번 닫히고 한 번 열리는 것을 일컬어 변화라고 하는 것과 마찬가지이다.

離了陰陽更無道 所以陰陽者是道也 陰陽氣也.[21]
음양을 떠나서는 도가 없다. 음양하는 까닭이 도이고, 음양은 기이다.

氣是形而下者 道是形而上者.
기는 형이하자이고, 도는 형이상자이다.

그렇다면, '한 번 음하고 한 번 양하는 것이 도다'라는 것과 '한 번 음하게 하고 한 번 양하게 하는 까닭이 도다'라는 것은 어떤 차이가 있을까요? 운전으로 예를 들어 보겠습니다. 자동차가 움직인다는 것은 운전자가 있다는 것을 뜻합니다. 운전자 없이 자동차는 움직일 수 없기 때문입니다. 자동차는 길을 따라 왼쪽으로도 가고 오른쪽으로도 갑니다. 이것은 '밖에서' 자동차의 움직임을 관찰한 것입니다. 그런데 자동차 '안'으로 들어가 보면 자동차 자체와 자동차를 운전하는 운전자로 구분해 볼 수 있습니다. 자동차와 운전자를 구분해서 보는 것은 이와 같이 자동차 내부에서 보는 입장입니다. 자동차가 움직이는 것은 왼쪽으로나 오른쪽으로 난 길을 따라서 운전하는 운전자가 있기 때문입니다. 이 경우 자동차 내부에서 보면 한 번은 왼쪽으로, 한 번은 오른쪽으로 가게 하는 '원인'인 운전자가 있어서 가능한 일입니다. 그래서 한 번 음하게 하고 한 번 음하게 하는 작용을 하는 도(운전자)가 있다는 것은 자동차 내부에서 바라본 시각이고, 한 번은 음으로, 한 번은 양으로 가는 것을 보는 것은 자동차 밖에서 바라보는 입장이니, 같은 현실을 어느 관점에서 보고 있느냐가 그 차이를 결정합니다.

다만, 여기서 중요한 것은 정이천이 이 문제를 좀더 자세히 들여다보고 더 예리하게 파악하고 있다는 점입니다. 이 세상의 각각 다른 길을 대략적으로 말하면 왼쪽 길(음)과 오른쪽 길(양), 즉 한 번 음하고 한 번 양하는 것으로 말할 수 있지만 다 그 굽어진 각도나 다르듯이, 이 세상 모든 만물이 다 기의 모임과 흩어짐으로 보이지만 자세히 보면 다 다른 새로운 기가 흩어지고 모인다는 점을 본 것이지요.

이렇게 해서 정이천은 한 번 음하고 한 번 양하는 기의 세계와, 그 각각의 기가 그렇게 될 수 있는 까닭에 해당하는 도의 세계를 구분했습니다. 이 까닭이 바로 리(理)입니다. 정이천은 다음과 같이 말합니다.

> 天地付與之謂命 稟之在我謂之性 見於事物之謂理 理也 性也 命也 三者 未嘗有異.
> 하늘이 부여해 준 것을 명이라 하고, 부여받아 나에게 있는 것을 본성이라고 하고, 그리고 사물에 드러나 있는 것을 이치라고 한다. 리, 성, 명 이 세 가지는 일찍이 다른 것이 아니다.

> 窮理則盡性 盡性則知天命矣 天命猶天道也.[22]
> 이치를 끝까지 구하면 본성을 다할 수 있고, 본성을 다하게 되면 천명을 알 수 있으니, 천명은 곧 천도와 같다.

위의 정이천의 언급을 보면 리(理), 도(道), 명(命), 성(性)은 다 같은 맥락입니다. 눈에 보이는 사물 속에 깃들어 있는 보이지 않는 이치가 도이기 때문에 도(道)가, 곧 이치(理)인 것이고, 인간의 마음속에 있는 이치가 본성(性), 사람과 자연 만물 속에 들어 있는 하늘의 뜻을 표현할 때는 명(命)이기 때문입니다. 이렇게 보면 정이천은 장횡거를 계승하면서도 장횡거와는 달리 주자의 이기론과 거의 근접해 있다고 볼 수 있습니다.

그리고 정이천에게 중요한 것은 이치가 곧 본성이라는 데서 그친 것이 아니라, 이러한 우주론적 설명을 가지고 인성론으로 다시 복귀하고 있다는 점입니다. 앞서 계속 설명했듯 당말 이후 지식인들은 불교를 배척하면서 동시에 성인 됨의 논리를 구축하는 것을 시대적인 사명으로 지녔던 사람들입니다. 그런데 불교를 배척하고 유학적 인식론을 구축하면서 주렴계와 소강절, 장횡거는 우주론적 관심으로 확대한 것은 좋았으나, 이 우주론적 관심은 애초에 내가 어떻게 성인이 될 수 있을까에 대한 인성론적 질문에서 출발하였음에도 불구하고, 우주론적 지평으로만 너무 치우친 문제점을 지니고 있었습니다. 그런데 정이천은 우주론적인 관심에서 장횡거의 기일원론을 비판하면서 리의 필요성을 주장했습니다. 그리고 또한 거기서 그치지 않고 더 적극적으로 리가 곧 본성임을 주장하면서 다시 인성론에 대한 관심으로 회귀하고 있습니다. 즉, 당말부터 송대의 학자들이 가진 복성성성론(復性成聖論)의 인성론적 관심으로 다시 복귀한 것입니다. 이러한 면에서 정이천이 주자학에 끼친 공로는 지대하다고 말할 수 있습니다.

주자학 대강

주자(朱子, 회암晦庵, 1130-1200)는 불교 배척과 본성회복을 통한 성인 됨이라는 당말 이래 송대 유학자들의 학문적 전통을 계승하고, 그 부족한 점을 보완해 집대성한 학자입니다. 그는 어느 유학사상가보다 방대한 체계와 심오한 이론을 갖췄기 때문에 여기서 주자학 전체를 소개할 수는 없지만, 지금까지의 맥락과 연관된 내용을 이기론(理氣論), 심성론(心性論), 수양론(修養論)으로 나누어 살펴보겠습니다.

주자의 이기론

주자는 주렴계-소강절-장횡거-정명도-정이천으로 이어지는 인식론을 계승하고 그 장단점을 파악해 이기이원론의 체계를 완성했습니다. 이기이원론의 기본적인 구조와 내용은 사실 정이천의 사상과 거의 유사하지만, 주자는 그 내용을 면밀히 검토하고 보완해 완성했습니다.

주자의 이기론을 간략히 설명해 보겠습니다. 모든 형체가 있는 것은 기(氣)입니다. 그리고 그 기를 주관하는 이치가 리(理)입니다. '나무'를 예로 들어 보겠습니다. 나뭇가지, 잎사귀 등우리가 눈으로 볼 수 있는 모든 요소는 기입니다. 그리고 그렇게 생긴 형체를 나무라고 부를 수 있는 본질이 바로 리입니다. 다시 말해, 나무를 다른 그 무엇이 아닌 나무라고 부를 수 있는 까닭, 장미를 나무, 호랑이, 나팔꽃이 아닌 장미라 부를 수 있는 장미의 본질 또는 까닭에 해당하는 것이 나무의 이치, 장미의 이치라고 할 수 있습니다. 사람에 대해서는 사람의 본질, 즉 사람이라면 마땅히 가져야 하고 행해야 할 도덕규범이 사람의 리에 해당한다고 할 수 있습니다.

리의 의미

그렇기 때문에 리(理)라는 단어에는 두 가지 의미가 있습니다. 나무를 나무라고 부를 수 있는 존재의 이유이므로 '(무엇이) 그렇게 될 수 있는 까닭'을 이치라 했습니다. 이것을 한자로는 소이연(所以然) 또는 소이연지고(所以然之故)라고 합니다. 물론, 이것은 모든 사물에 해당합니다. 벽돌에는 벽돌의 이치가 있고 자동차에는 자동차의 이치가 있습니다. 영어로는 사물의 본질인 'principle' 또는 'essence'로 번역합니다.

그런데 리는 동시에 도덕적인 의미도 가집니다. "사람이면 다 사람이냐, 사람다워야 사람이지!"라는 표현을 살펴봅시다. 겉모습이 사람의 모습을 다 갖추고 있고, 사람이기 때문에 이성적, 감성적 작용을 다 한다고 해도 "사람이 사람다워야 한다"라는 표현은 그 이상의 것을 전제합니다. 즉 사람으로서 마땅히 해야 할 도덕적인 삶을 살아갈 때 사람일 수 있다는 것이지요. 사람이면 마땅히 해야 하는 도덕적 법칙을 지켜 가는 것이 필요합니다. 그래서 이것을 소당연(所當然) 또는 소당연지칙(所當然之則)이라고 합니다. 이것은 개인의 삶과 공동체의 삶에 다 적용됩니다. 부모와 자녀 사이, 임금과 신하 사이에도 마땅히 지킬 이치가 있고, 모든 관계와 모든 일에 마땅한 이치를 알기 위해서 부지런히 예(禮)를 익히고 학문을 해야 할 이유도 여기에 있습니다.

> 至於天下之物 則必各有所以然之故. 與所當然之則 所謂理也.[23]
> 천하의 모든 사물에는 반드시 소이연지고와 소당연지칙이 있으니, 이른바 (그것이) 리다.

이기론은 이렇듯이 존재론적으로 사물의 존재를 규명할 때에는 형체가 있는 모든 것은 다 기이고, 그것을 가능하게 하는 존재의 이유나 법칙이 리입니다. 동시에, 가치론이나 도덕적 문제로 접근할 때에는 마땅히 해야 할 도덕법칙의 성격을 지닙니다. 이 양면성을 이해해야만 이기론에 대한 바른 태도를 잘 견지할 수 있습니다. 이 외에도 이기론은 매우 복잡하고 어려운 주제입니다. 그래서 항목별로 나누어서 하나하나 정리해 보겠습니다.

리의 움직임

리는 움직이는 것인가, 움직이지 않는 것인가 하는 문제도 늘 이기론에서 문제가 되고 어려워하는 내용입니다. 우선 형상이 있는 것이 기이고, 형상이 없는 것이 리이기 때문에 형상이 없는 리가 움직인다고 볼 수는 없습니다. 그러나 주렴계의 「태극도설」에 보면 "태극동이생양"(太極動而生陽)이라는 구절이 나옵니다. 아래에서 살펴보겠지만 태극은 곧 리입니다. 그렇다면 "태극이 움직여 양을 낳는다"는 표현은 리(태극)가 움직인다는 것이 아니냐는 비판이 제기될 수 있습니다. 그러나 정확히는, 태극은 움직이지만 보통 우리가 생각하는 그런 움직임은 아니라고 해야 옳습니다.

야구장의 감독에 비유해 보겠습니다. 야구장에 있는 사람들을 선수, 감독, 관중으로 나눠 보겠습니다. 경기에 참여하는 관점에서 보면 선수는 직접 몸으로 뛰고 있고 관중과 감독은 경기를 관전합니다. 그러나 감독은 관중과는 다릅니다. 관전만 하는 것이 아니라 적절한 사인과 지시를 통해 경기에 참여하고 있습니다. 감독은 선수를 통해서만 자신의 사인과 지시를 전달합니다. 이런 의미에서 감독은 직접 뛰는 선수들과는 다른 방식으로 경기에 참여한다고 말할 수 있습니다. 이런 감독의 자리가 바로 리의 위치입니다. 직접 공을 치고 받는 행동은 기의 영역에 해당하는 것이지만, 리는 그저 가만히 있는 것이 아니라 기의 활동에 영향력을 준다는 의미에서 참여하고 있습니다. 그래서 감독에 비유할 수 있는 리는 선수들이 경기하는 것과 같이 활동하지는 않지만(理不動), 그러나 경기를 운영하는(理動) 존재로 생각할 수 있습니다.

이일분수

이일분수(理一分殊)는 정이천이 장횡거의 「서명」(西銘)이라는 책에 대해서 양시(楊時)에게 대답하면서 쓴 용어로, 주자학에서 태극과 리의 관계, 보편자과 개별자의 관계에 대해 설명할 때 가장 많이 쓰입니다. 이일분수는 이 세상의 만물 전체를 관장하는 보편적 이치(統體之理, 통체지리)가 개별적인 사물 속에 있는 이치(分殊之理, 분수지리)와 같다는 뜻입니다. 이것이 중요한 이유는, 모든 우주의 보편적인 법칙에 해당하는 태극과 각기 다양한 만물의 본질인 개별적인 이치가 같다는 논리이기 때문입니다.

공맹의 유학에서 볼 수 있듯이, 본성은 하늘로부터 온 것입니다. 그리고 그 본성은 나에게 국한된 것이 아니라 모든 사람, 모든 사물이 다 가지고 있습니다. 단지 사람의 마음속에 있는 것과 사물 속에 있는 것을 구별하기 위해, 사람의 경우 주로 성(性)이라 쓰고 사물의 경우 주로 리(理)라고 구별해서 쓸 뿐입니다. 이러한 존재론적 공통성이 있기에 남을 나처럼 사랑하는 인을 강조할 수 있는 것이고, 인의 지평을 모든 자연만물까지 확대해서 만물을 보존하고 사랑하고 가꿀 책임이 사람에게 있음을 강조할 수 있는 것입니다. 장횡거의 「서명」이나 「맹자」에서 사물은 사람과 같은 본성을 부여받았기에 당연히, 존재론적으로 사랑하고 아껴야 하는 존재라고 했습니다.

이러한 면을 철학적으로 강화한 단초가 바로 주렴계의 「태극도설」이었습니다. 「주역」과 도교, 불교의 영향을 받은 주렴계는 '무극이태극'이라는 용어로 시작하면서 존재론적으로 모든 만물이 태극을 가졌음을 설명했습니다. 그리고 이 문제를 좀더 명확하게 다듬어 나간 학자가 장횡거와 정이천이었습니다. 장횡거는 「서명」에서 하늘을 아버지로, 땅을 어머니로, 다른 사람을 나의 동포로, 만물을 나의 친구로 여길 수 있는 근거를 설명했고, 그렇게 말할 수 있는 이유는 바로 같은 이치를 부여받아 태어났기 때문임을 정이천이 이기이원론의 입장에서 명확하게 제시했습니다.

정이천은 이일분수설을 위와 같이 윤리적인 면에서 바라보았는데, 주자는 그의 입장을 계승하면서도 윤리적인 문제를 넘어서 존재론과 우주론의 영역으로까지 확장시켰습니다. 주자는 천지만물의 보편적인 이치인 태극은, 곧 나와 자연 속에 있는 본성 또는 이치와 같은 것이지 일부분이 아니라는 점을 강조했습니다.

> 本只是一太極 而萬物各有稟受 又自各全具一太極爾.
> 본래 하나의 태극일 뿐인데, 만물이 각기 나누어 받아서 또한 그 자체가 각각 하나의 태극을 온전히 갖추게 되었다.
>
> 如月在天 只一而已 及散在江湖 則隨處而見 不可謂月已分也.[24]
> 비유한다면 달이 하늘에 떠 있고 단지 그것은 하나의 달일 뿐이지만, 강호에 산재해 그 달이 곳곳에서 비치지만 (그것을 보고) 달이 나뉘었다고 말할 수 없는 것과 같다.

하늘에 떠 있는 달이 여러 개의 호수에 비칠 경우를 생각해 봅시다. 하늘에 보름달이 떠 있다면 각각의 호수에 떠 있는 달도 모두 보름달입니다. 열 개의 호수에 달이 떠 있다고 해서 원래 달의 1/10씩 나뉘어 있지는 않은 것과 같은 이치입니다. 그래서 내가 하늘이 나에게 준 본성대로 완전히 살아간다면, 나는 그 순간 바로 하늘과 같은 존재입니다. 마치 예수님께서 "나를 본 자는 아버지를 본 것이다" 또는 "내가 아버지 안에, 아버지가 내 안에 있는 것"과 같은 맥락으로 이해할 수 있습니다. 이러한 사상은 바로 「맹자」「진심장」에 잘 나타나 있습니다.

> 孟子曰 盡其心者 知其性也 知其性則知天矣 存其心 養其性 所以事天也.[25]
> 맹자께서 말씀하셨다. 그 마음을 다하는 자는 그 본성을 아나니, 그 본성을 알면 하늘을 알게 되는 것이니, 그 마음을 보존하여 그 본성을 기르는 것은 하늘을 섬기는 것이다.

이렇게 보면 사람의 본성과 하늘이 존재론적으로 연결되는 것이, 내 마음 속에 갖춘 태극(各具太極, 각구태극)인 본성이 보편적 법칙으로서의 통체태극과 존재론적으로 정확히 일치한다고 볼 수 있습니다.

리의 선후

이번에는 리와 기의 선후 문제를 한 번 생각해 봅시다. 선후 문제를 다룰 때는, 우주 속 모든 존재는 리와 기로 구성돼 있고, 현상 속 모든 존재들은 모두 리와 기가 결합된 상태라는 점을 기억해야 합니다. 물론, 리는 시공을 초월한 형이상적인 존재이고, 기는 시공 속에 있는 형이하의 존재이므로, 두 가지는 전혀 다릅니다.

현상계의 모든 존재에 리와 기가 결합돼 있는데, 왜 굳이 선후를 따져야 할까요? 이것은 논리적인 차원의 문제입니다. 본체론, 즉 모든 만물이 발생하는 시초를 생각해 보면 이선기후(理先氣後)라고 말할 수 있습니다.

이런 본체론적 관점에서는 태극이 모든 만물의 근원이 됩니다. 호수에 비친 달의 비유를 다시 한 번 생각해 봅시다. 호수에 달이 비쳐 있습니다. 이는 애초에 하늘에 달이 떠 있기에 가능한 일입니다. 그러니까 시간적인 선후와 유래를 따져 본다면[26] 하늘에 떠 있는 달이 먼저입니다. 이런 면에서 이선기후라고 할 수 있습니다. 다른 비유로, 산 깊은 곳에서 샘이 흘러나와 호수에 물이 가득 차 있다고 생각해 봅시다. 샘의 존재는 눈에 보이지 않지만 호수로 들어오는 물줄기를 거슬러 올라가 보면 근원인 샘이 있음을 알 수 있습니다. 그래서 이선기후입니다.

그러나 인식론적인 관점에서 본다면 이와는 반대입니다. 호수가 우리 눈앞에 존재하기에, 호수로 들어오는 물줄기와 호수에서 나가는 물줄기가 있다고 말할 수 있습니다. 애초에 우리 눈앞에 호수가 없다면 우리는 그 호수의 근원인 샘을 말할 수가 없습니다. 호수가 있기에 샘을 언급할 수가 있는 것이지요. 이런 면에서는 호수라는 구체적인 기가 먼저입니다. 그 호수를 통해서 지금 눈에 보이지 않지만 샘(理)이라는 존재가 있음을 말할 수 있기 때문입니다. 그래서 인식론적으로는 기선이후(氣先理後)입니다.

리의 같고 다름

이 문제는 '리가 같은데 기가 다른 것이냐, 기가 같은데 리가 다른 것이냐'에 대한 문제입니다. 나팔꽃과 장미꽃을 예로 들어 봅시다. 나팔꽃이나 장미나 꽃인 이상 뿌리, 줄기, 잎, 꽃 등 기의 차원에서는 같습니다. 그러나 나팔꽃이 장미꽃을 피울 수 없고, 장미가 나팔꽃을 피울 수는 없습니다. 이는 나팔꽃에는 나팔꽃의 이치가 있고 장미에는 장미의 이치가 있기 때문입니다. 호랑이와 사자, 책상과 의자 등 구체적인 사물을 비교할 때도 그 원리는 같습니다. 각각의 유(類)를 살펴보면 기동이이(氣同理異)입니다. 즉 현재 존재하는 삼라만상을 서로 비교해 보면 기동이이를 찾을 수 있습니다.

그러나 개별적 사물에 대한 비교가 아니라 전 우주질서를 총괄하는 태극의 입장에서 본다면 이동기이(理同氣異)입니다. 내 마음속 본성이 사물의 이치와 같음을 깨달아서 이제는 나의 좁은 시각에서가 아니라 모든 만물에 두루 존재하는 태극의 시각에서 본다면, 모든 만물은 나서 자라고 병들고 죽는 존재라는 동일한 이치를 지님을 볼 수 있습니다. 돌과 같은 무생물과 생물을 비교해 보아도, 시간적인 차이는 있을지 모르지만 돌은 결국 사라지는 존재입니다. 이와 같이 전체적인 안목에서 보면 같은 이치입니다. 그리고 내 마음속의 본성이 곧 태극이고, 이 태극이 각각의 모든 개별적인 사물 속에 들어 있기에 전체적으로 보면 같은 태극, 곧 같은 이치입니다. 다만 그 모습이 사람, 사자, 나무, 돌 등 다른 기를 가지고 있는 것이지요. 이런 면에서 이동기이입니다.

주자의 심성론: 성즉리설의 확립

위에서 언급했듯이, 도덕적 차원에서의 리는 '마땅히 그러해야 할 도덕법칙'입니다. 이것을 인간의 도덕과 가치의 문제를 주제로 하는 유학의 인성론(또는 심성론)과 연결해 살펴봅시다. 다들 기억하시겠지만, 유학의 심성론과 연관된 「중용」의 첫 부분은

> 天命之謂性, 率性之謂道, 修道之謂敎.[27]
> 하늘이 명한 것을 일컬어 본성이라 하고, (하늘이 우리에게 부여한) 본성을 그대로 따르는 것을 도라 하며, 그 도를 닦는 것을 가르침이라 한다.

의 세 구절로 시작합니다. 그렇다면 유학의 기본적인 심성론의 핵심은 바로 성(性)이라는 글자에 있음을 알 수 있습니다. 이 성은 하늘과 인간이 존재론적으로 연결돼 있다는 뜻이고, 동시에 천지만물을 운행하는 하늘의 명령(天命)은 모든 사람과 사물이 조화롭게 유지되는 것이기에 가치론

적으로 따지면 '선'한 것입니다. 이것이 바로 맹자의 성선설입니다. 사람으로서 마땅히 행해야 할 리(理)를 인간의 심성론과 연결하면 하늘의 명령인 성은 곧 리(理)와 같은 것입니다. 우리의 본성(性)은 곧 천명(天命)이고, 천명은 도(道)이고, 이것이 곧 이치(理)인 것입니다. 주자학에서 크게 강조하는 성즉리가 이렇게 성립합니다. 물론, 성즉리의 개념은 정이천이 가장 먼저 내세웠지만 주자가 그 틀과 내용을 완전히 정형화하고 명확히 정리했습니다.

주자의 인성론: 심, 성, 정

그런데 주자가 전대의 여러 학자들의 견해를 종합하는 동시에 불교를 배척하고 유학의 사상적 체계를 세우다 보니, 불가피하게 해결해야 할 문제가 생겼습니다. 그중에 가장 대표적인 것이 바로 '성'에 대한 이해입니다. 한유, 이고, 주렴계 등은 논외로 하더라도 선진유학의 성론은 달랐습니다. 공자는 성상근습상원(性相近習相遠)을, 맹자는 성선설을, 순자는 성악설을 주장했으며, 이는 주자가 형성한 하나의 큰 사상적 틀 안에 본성에 대한 상호 모순된, 다양한 이해가 공존했습니다. 이 문제를 해결하기 위해 주자는 성을 본연지성(本然之性)과 기질지성(氣質之性)으로 나눕니다.

우선 본연지성은 앞서 언급한 천(天)=리(理)=도(道)=성(性)에서 하늘과 인간의 존재론적 연관성을 뜻하는 '성'이고, 맹자가 말한 성선설의 성의 의미입니다. 또한 모든 사람에게 동일합니다. 이에 비해 순자나 한유가 말한 성은 기질지성입니다. 기질지성은 각 개인의 기질이 다 다르기 때문에 선한 사람, 악한 사람 등 상대적으로 다름을 표현할 때 쓰입니다. 이 내용은 주자가 든 비유를 가지고 좀더 쉽게 풀어 보겠습니다.

「중용」의 첫 구절인 '천명지위성'에서 천명이 부여 받은 '임명장'이라면 성은 그 임명장에 기록된 '직무'입니다. 임명장과 그에 기록된 직무는 차원이 다르지만 동일한 내용입니다. 천명은 만물을 조화롭게 살려 가는 작용이며, 우리 인간의 본성은 이를 구체적으로 표현한 인의예지입니다.[28] 그런데 주자학에서 말하는 인간 본성의 구조에 의하면 인간의 마음에는 본성과 감정이 있으며, "마음이 본성과 감정을 총괄한다"는 의미로 심통성정(心統性情)이라는 용어를 씁니다. 마음은 그 직무를 구체적으로 행하는 관리(官吏), 본성은 행해야 할 직무, 감정은 직무의 구체적인 처리에 비유할 수 있습니다. 그러나 관리마다 됨됨이가 다릅니다. 기질이 다르기 때문입니다. 그래서 관리의 습성을 그 사람의 기질이라고 비유할 수 있습니다. 다음 표에서 본성에 대한 내용을 좀더 살펴보겠습니다.

심성론의 용어	비유	가치론적 관점	비고
천명	임명장	절대선	
마음	임명받은 관리	심(성)즉리	심통성정(心統性情)
본성(본연지성)	임명된 직무	절대선(맹자)	절대선(仁義禮智)
본성(기질지성)	관리가 소속 관청에서 직무를 처리하게 함	잘할 수도, 잘못 할 수도 있음(선 또는 악의 가능성)	천명은 늘 기질의 본성을 통해 드러날 수밖에 없음
감정	관리가 각자 구체적으로 행하는 직무	조화로움 또는 치우침이 있음	본성이 드러난 것 (性發爲情)
기질	관리의 습성(엄격, 관대함 등)	사람마다 다름	기질을 변화시키는 것도 수양의 중요한 요소가 됨.

표 5-2. 심성론 비유

임명된 직무 자체는 절대선입니다. 그러나 우리의 본성은 기질 속에 있을 수밖에 없으며, 본연지성은 기질에 따라 인의예지의 형태로 나타납니다. 이때, 가슴 아파하는 마음이 지나치면 우유부단하거나 나약해지고, 부끄러워하고 싫어하는 마음이 지나치면 그러지 말아야 하는 것까지 부끄러워하고 싫어하게 됩니다. 그러므로 기질지성은 선일 수도 있고 악일 수도 있습니다. 앞선 비유로 설명하면, 임명된 직무 자체(본연지성)는 임명장과 같은 절대선이지만, 실제로 구체적인 직무 처리(감정)는 잘할 수도 있고 잘못 할 수도 있는 것과 같습니다. 그래서 각자의 기질을 변화시키는 것도 수양의 중요한 덕목이 되는 것입니다. 주자는 "사람의 본성은 모두 선하다. 그러나 선하게 사는 사람도 있고 악하게 사는 사람도 있으니, 이것은 선천적으로 타고난(稟賦) 기운이 같지 않기 때문이다"라고 말합니다.[29] 즉 맹자가 말한 성선(性善)의 선을 본연지성과 연관시키지만 실제 삶의 모습에 있어서는 선과 악이 나타날 수밖에 없다는 것입니다. 마치 아무리 맑은 물이라도 담기는 그릇에 따라 맑아 보이기도 하고 흐려 보이기도 하는 것과 같은 이치입니다. 물이 담길 그릇이 없다면 우리가 그 물을 볼 수도 없습니다. 이런 면에서 깨끗한 물 자체는 늘 그릇 속에 담겨 있어야 우리가 볼 수 있다는 것입니다. 깨끗한 물이 성선의 본연지성이라면, 그릇 속에 담긴 물은 깨끗할 수도, 더러울 수도 있습니다. 이것이 바로 순자나 한유가 말한 본성이며 주자학에서 말하는 기질지성입니다. 주자는 이와 같은 비유를 들어 서로 다른 본성론을 통합하고 있습니다.

본성은 감정으로 드러납니다. 그래서 이것을 주자학에서는 "성이 발하여 정이 된다"(性發爲情, 성발위정)라고 합니다. 맹자의 설명에 의하면 인의예지의 본성이 있음을 우리가 알 수 있는 것은 측은지심, 수오지심, 사양지심, 시비지심이라는 네 가지 정이 있기 때문입니다. 이것을 맹자는 사단(四端)이라 했습니다. 이 네 가지를 통해 우리는 인의예지의 본성을 알 수 있는 것입니다. 마치 맑은 물줄기를 보면 물의 근원도 맑음을 아는 것과 같은 이치입니다. 그런데 사단도 절도에 맞는 것, 맞지 않는 것이 있습니다. 측은하게 여기는 마음도 정도에 맞아야 하고 시비를 가리는 마음도 지나쳐서는 안 됩니다. 그렇기에 사단을 절도에 맞게 잘 발휘하는 것이 중요합니다. 선비들이 늘 평상심을 유지하고 마음을 맑게 가지도록 노력하는 이유입니다.

여러분은 보통 '정'(情)이라 하면 희로애락(喜怒哀樂)을 떠올리실 겁니다. 유교 경전인 「예기」에 의하면 칠정(七情)이라 하며, 희(喜, 기쁨), 노(怒, 성냄),

애(哀, 슬퍼함), 구(懼, 두려워함), 애(愛, 사랑함), 오(惡, 미워함), 욕(欲, 바람)을 가리킵니다. 칠정과 사단이 과연 어떤 관계인가는 철학적으로 매우 어려운 주제인데, 이를 가지고 퇴계학파와 율곡학파가 논변을 벌였습니다. 이를 '사칠논쟁'(四七論爭)이라 하며, 4부에서 자세히 살펴보겠습니다.

주자의 수양론

주자의 수양론은 앞서 정이천에서 본 것과 거의 유사합니다. 주자학의 수양론의 핵심은 '거경궁리'입니다. '거경'이란 공경한 태도를 늘 유지한다는 뜻이고, '궁리'란 이치를 연구한다는 뜻입니다. 그러니까 거경은 내 본래 마음이 하늘과 존재론적으로 연결되어 있다는 「중용」「제일장」을 전제로 본래의 본성이 내 행동 속에서 잘 유지되도록 하는 수양적 노력을 말합니다.

격물치지를 통한 궁리

궁리란 사물의 이치를 깊이 연구한다는 뜻인데, 여기서 '이치에 대한 연구'가 단순히 객관적인 자연에 대한 지식적인 앎을 뜻하지 않는다는 사실이 중요합니다. 애초에 우주론적으로 확장할 때 살펴봤듯, 내 마음속 본성이 곧 사물의 이치와 같기 때문에, 사물의 이치를 연구함으로써 나의 본성을 확인하고, 나아가 내 마음속 본성이 곧 천명이라는 사실을 확인하는 도덕적 차원도 강하기 때문입니다. 궁리의 리(理), 곧 이치는 앞서 설명한 대로 사물의 존재의 본질인 소이연지고와, 마땅히 그래야 하는 도덕법칙인 소당연지칙의 두 가지 면을 모두 포함합니다. 궁리의 대상에 사물도 포함되기 때문에 사물의 이치를 연구하는 자연과학적 지식뿐 아니라, 예절과 도덕 등도 포함됩니다. 그래서 배움에 뜻을 둔 학자라면 성현들의 경전을 열심히 읽고 외우고 삶 속에 실천함으로써 덕을 이루어가는 공부(成德之學, 성덕지학)를 해야 합니다. 그 구체적인 방법은 정이천이 말한 격물치지(格物致知)입니다. 격물치지란 "사물에 나아가 앎을 이룬다"는 뜻으로, 여기서 말하는 사물(物)은 단지 자연 대상만이 아니라 경전, 스승의 가르침, 자연 등 모든 것이 해당된다는 점을 기억하시면 됩니다.

여기서 한 가지 문제가 생깁니다. "그렇게 공부하면 언제 성인이 되겠느냐"는 것입니다. 사물의 이치를 연구한다는 것은 그 수가 셀 수 없이 많고 또 너무나 방대하고 복잡하기 때문입니다. 격물치지를 통한 궁극적 깨달음에 대한 질문에 주자는 "탁 트여 모든 것에 막힘이 없이 관통함"(豁然貫通, 활연관통)이라고 정리합니다. 공부를 계속하다 보면 이미 공부한 내용과 원리를 어느 정도 알기 때문에 모든 복잡한 이치와 세세한 내용을 다 알지 않아도 어느 순간 전체의 이치가 확연히 깨달아지는 단계가 바로 활연관통의 단계입니다. 주자는 그 이치를 다음과 같이 설명합니다.

間嘗竊取 程子之意 以補之曰.
근래에 내가 가만히 정자(정이천)의 뜻을 취하여 보충하기를 다음과 같이 했다.

所謂致知在格物者 言 欲致吾之知在卽物 而窮其理也.
이른바 앎을 이룸이 사물에 나아감에 있다(致知在格物)[30]는 말의 뜻은 나의 앎을 이루고자 하는 것은 사물에 나아가서 그 이치를 궁구함에 있음을 말한 것이다.

蓋人心之靈 莫不有知 而天下之物 莫不有理 惟於理 有未窮 故 其知有不盡也.
대개 사람의 마음의 신령함은 지혜를 가지고 있지 않음이 없고 천하의 사물은 이치를 가지지 아니함이 없으나, 오직 (사람이) 그 이치를 다 궁구하지 않음이 있는 것이다. 그렇기 때문에 그 지혜가 다 이루어지지 못하는 것이다.

是以大學始敎 必使學者 卽凡天下之物 莫不因其已知之理 而益窮之 以求至乎其極.
그래서 「대학」에서 가르침을 시작함에 있어서 반드시 배우는 자로 하여금 모든 천하의 사물에 나아가 그 이미 알고 있는 이치로부터 시작하여 더욱 궁구하여 그 극진한 데까지 나아가기를 구하지 않음이 없는 것이다.

至於用力之久 而一旦豁然貫通焉 則衆物之表裏精粗 無不到而吾心之全體大用 無不明矣.

힘써 공부하는 것을 오래도록 하여 어느 날 아침에 환하게 관통하는 데까지 이르면 모든 사물의 바깥과 속, 정밀한 것과 거친 것이 이르지 아니함이 없고 내 마음 전체의 큰 작용이 밝지 아니한 것이 없을 것이다

此謂物格 此謂知之至也.[31]
이것이 사물이 연구된다고 하는 것이며 이것이 앎이 이루어진다고 하는 것이다.

위의 문장은 사서 중의 한 권인 「대학」 「전오장」의 내용에 대한 주자의 주석입니다. 주자는 「논어」와 「맹자」와 더불어 원래 「예기」의 한 편이었던 「중용」과 「대학」의 중요성을 강조하면서 이 네 권을 사서라고 부르며 주자학의 가장 중요한 경전으로 표장했습니다. 그리고 예부터 내려오던 사서에 대한 주석을 달아 정리하면서 자신의 관점에서 '표준'이라 할 수 있는 주석인 「사서집주」를 완성했습니다. 심지어 주자는 자신이 세상을 떠나기 바로 전날까지도 주석을 계속 수정했다고 합니다. 1313년 원나라 인종(仁宗)은 사서를 과거시험의 기본 교재로 사용하도록 명령하였는데, 사서의 공식 주석으로 주자의 집주를 따르라고 했습니다. 여러 다른 경전의 주석도 주자의 집주를 따르도록 정부가 뒷받침해 주었습니다. 그 결과, 모든 응시자들이 과거시험 준비를 위해 주자의 주석을 읽고 그 관점에서 경전을 해석해야 했습니다. 이 관습은 명대와 청대를 거쳐서 중국 정부가 근대교육을 도입한 1905년까지 계속되었습니다. 유학의 역사에서 주자가 갖는 위치가 얼마나 대단한지 짐작하실 수 있을 것입니다. 「사서집주」는 우리 조선시대 과거제도의 시험과목으로도 채택됐습니다. 그래서 조선의 유학은 곧 주자학이라 말할 수 있습니다. 그리고 지금 우리가 사서나 유교 경전을 읽고 이해하는 것은 주자의 주석을 통한 것입니다.

다시 「대학」 이야기로 돌아가겠습니다. 「대학」 「전오장」의 내용에는 원래 본문이 빠져 있습니다. 원래는 격물치지에 대한 내용이 등장해야 하는

데, 「대학」 원문에는 "이것을 일컬어서 앎에 이른다고 하는 것이다"(此謂知 之至也, 차위지지지야)라는 구절만 남아 있습니다. 이것(此)에 해당되는 내용이 전혀 없이 말입니다. 그래서 주자는 이 '이것'에 해당되는 내용을 스스로 보충합니다. 이것을 "격물치지보망장"(格物致知補亡章)이라 하는데 그 내용이 바로 위에서 인용한 구절들입니다.

앞서 문제를 제기한 대로, "열심히 격물치지를 하다 보면 과연 언제 성인이 될 수 있겠는가?"라는 질문에 대해 주자는 공부하기를 계속하다 보면 "어느 날 아침에 활연관통하는"(一旦豁然貫通) 경지가 온다고 했습니다. 이것은 자전거 타기에 비유해서 설명할 수 있습니다. 자전거를 배울 때, 처음에는 혼자 자전거를 끌고 나가기도 버겁습니다. 누군가 뒤에서 잡아주어 겨우 발판을 굴려 봅니다. 또 넘어집니다. 안장에 올라타서 5미터를 가기가 힘이 듭니다. 그렇게 하루 이틀 지나 10미터, 20미터를 자기 힘으로 가게 됩니다. 여기까지는 조금씩 자전거에 익숙해지면서 점점 나아지는 단계입니다. 그러나 일주일쯤 힘들게 타다가 어느 날 운동장 한 바퀴를 겨우 돌고, 그다음엔 두 바퀴, 그러다 운동장 다섯 바퀴를 돌면서 속도를 내도 넘어지지 않는 단계가 오게 됩니다. 오늘 다섯 바퀴를 돌았다면 산술적으로는 내일은 여섯 바퀴나 일곱 바퀴를 돌 수 있습니다. 지금까지 조금씩 자전거에 익숙해졌으니까요. 그런데 신기한 것은 자기가 원하는 대로 다섯 바퀴를 탈 수 있으면 그다음에는 여섯 바퀴, 일곱 바퀴가 아니라 이제는 어디든지 자전거로 다닐 수가 있습니다. 자전거의 운행원리를 완전히 익히게 되어 어디든지 갈 수 있게 되는 경지, 이것이 바로 학문에 비유하면 활연관통의 경지입니다. 산술적인 계산을 뛰어넘어 어느 날 갑자기 지금까지 조금씩 쌓아 오던 학문과 그 원리들이 눈에 들어오고 체득이 되어서 전혀 접해 보지 않은 환경이나 상황에서도 도에 맞는 행동과 원칙을 깨닫게 되는 단계입니다. 이것이 바로 유학에서 성인의 단계이며, 공자가 말한 "내 마음에 먹은 대로 다 하더라도 법도에 거슬리지 않았다"(從心所欲不踰矩)라는 단계입니다. 이런 단계에 다다를 때까지 쉼 없이 학문에 정진하는 것, 그것이 바로 바른 유학자의 태도요 기상인 것입니다.

거경

'거경'(居敬)이란 '늘 공경한 상태에 거한다'는 뜻입니다. 구체적으로 '경'은 정이천의 말과 마찬가지로 외면적인 생활태도는 정제엄숙(整齊嚴肅), 내면적인 태도는 주일무적(主一無適)입니다. 이러한 태도는 그저 한 가지 일에만 집중하라는 뜻이 아니라 늘 마음이 공경한 상태로 깨어있는 상태(常惺惺, 성성성)를 유지한다는 뜻입니다. 마치 구약성경에 등장하는 다윗의 고백대로 하나님을 항상 내 앞에 모시며 요동하지 않는 삶의 태도(시 18:1)라고 풀이할 수 있습니다. 실제로 '경'을 표현하는 대표적인 용어 중에 대월상제(對越上帝)가 있기도 합니다.

경을 이해하는 데 중요한 단어는 짝이 되는 '성'(誠)입니다. 그러면 「중용」「제이십장」의 구절을 중심으로 경의 철학적 근거를 잠시 살펴보겠습니다.

> 誠者天之道也 誠之者人之道也.
> 성은 하늘의 도이고 성실하고자 노력하는 것은 인간의 도이다.

성이라는 것은 보통 '성실'로 풀이합니다. 하늘의 도는 참으로 성실합니다. 봄, 여름, 가을, 겨울, 밤과 낮 등은 늘 일정한 패턴으로 변합니다. 때가 되면 비를 내리고, 낮이면 해가 밤이면 달이 늘 우리를 비춥니다. 농경문화에서 하늘은 '성실함'이라는 특성을 나타냅니다. 뒷부분에 나오는 '성지'(誠之)의 '지'(之)는 앞에 명사가 있을 경우 동사로 만드는 작용을 합니다. 그래서 성지(誠之)는 "성(실)하고자 노력하는 것"으로 해석할 수 있습니다. 그런데 이 성지하는 태도가 주자학의 '경'(敬)입니다. 하늘의 성실함을 본받아 모든 만물이 조화롭고 평화롭도록 노력하는 삶의 태도가 바로 경인 것입니다. 홀로 있을 때 삼가는 경의 태도(愼獨, 신독)나, 다른 사람을 인과 예로 대하는 태도도 경입니다. 책을 읽을 때 그 내용을 깨닫고 내가 배운 바를 삶 가운데 실천하고자 하는 태도도, 대화할 때 상대방의 이야기를 내 이야기처럼 진지하게 잘 들어주는 것도 경입니다. 이렇듯 매 순간, 매사에 성실하고 진실하게 대하는 일상의 태도 전반이 모두 경인 것입니다.

경에 대한 복잡한 설명보다는 늘 공경한 태도를 유지하는 것이 어떤 것인지 주자의 글을 통해 살펴봅시다. 소개할 글귀는 "경재잠"(敬齋箴), 말 그대로 "공경한 태도로 늘 바른 태도를 가지기를 권하는 잠언"인데, 주자가 자신의 친구인 장경부(張敬夫, 식栻: 1133-1180)의 주일잠(主一箴)을 읽고, 자신도 스스로를 경계하기 위해 자기 서재 벽에 써 붙이고 늘 가다듬었던 글이라 소개하고 있습니다.

경재잠(敬齋箴)

옷을 단정하게 입고 모자를 바르게 써야 하며, 대상을 보는 눈 모습을 존엄하게 해야 한다. 잠잠한 마음으로 생활하는 것이, 마치 상제(上帝)를 대하듯 조심스럽게 해야 한다. 발의 움직임은 반드시 무겁게 해야 하고, 손의 움직임은 반드시 공손하게 해야 한다. 길을 걸을 때 조심하여 가는 것이, 마치 개미집도 피하여 돌아가듯 해야 한다. 집 밖에 나가서의 행동은 자기 집에 온 손님을 대하듯이 하고, 일을 할 때에는 제사를 지내는 것같이 하는 이러한 것들은 조심조심하여 혹시라도 쉽게나 사소하게 여겨서는 안 된다. 필요 없는 말을 하지 않는 것은 마치 병마개로 병을 막은 듯이 해야 하고, 헛된 생각을 막는 것은 마치 성을 쌓아 출입을 못하게 하듯 하며, 말과 생각을 성실하고 진실하게 하고, 잠시라도 가볍게 해서는 안 된다. 서쪽으로 간다고 하고 나서 동쪽으로 가지 말아야 하며, 북쪽으로 간다고 하고 나서 남쪽으로 가지 말아야 한다. 일을 처리할 때에는 오직 그 일을 처리하는 데에만 마음을 쏟아야 하고, 다른 일에 관심을 가지지 아니해야 한다.

두 가지 일에 대하여 마음을 두 가지 일에 나누어 처리하는 경우가 없어야 하며, 더욱이 세 가지 일에 대하여 마음을 세 가지 일에 나누어 일을 처리하는 경우가 없어야 한다. 마음을 오로지 하나로 하여 사물의 무수한 변화를 주의 깊게 보아야 한다. 이와 같은 태도로 일을 처리하여 나가는 것을 지경(持敬: 경을 유지하며 지켜 가는 것)이라고 하며, 이러한 지경의 경지에 이르면 움직임과 고요함의 변화에 무리가 따르지 않아서 겉과 속이 서로 올바르게 되어 조화를 이루게 될 수 있는 것이다. 잠시라도 경에서 떠나면, 사사로운 욕심이 온갖 옳지 않은 일의 실마리로 나타나게 되어, 그 나타남의 정도가 불길의 영향을 빌리지 않고도 뜨거워지리만큼 격렬할 수도 있고, 얼음의 영향에 의존하지 아니하고도 차가워지리만큼 전율을 일으킬 수도 있게 되는 것이다. 그리고 털끝만큼이라도 경에서 벗어나면 하늘과 땅이 서로 바뀌는 괴변이 일어나 삼강(三綱)의 인간관계가 혼란해지고 구법(九法)이 또한 혼란을 가져와 무의미하게 되는 것이다.

아! 아! 이러한 이치를 잘 모르는 사람들이여! 깊이 생각하여 조심해야 할 일이다. 이상의 내용을 붓글로 써서 그 내용으로 하여금 경계하도록 하며, 이를 감히 영대(靈臺: 마음)에 알리는 것이다.

앞서 설명한 대로 선비란 늘 매사에 공경한 마음의 태도인 덕을 유지하는 성덕지학에 출중한 자인데, 경재잠은 학문에 뜻을 둔 자로서, 비단 공맹(孔孟)의 서적에 통달한 자가 아닌, 삶의 매 순간에 공경한 태도로 스스로와 다른 사람들, 모든 만물을 대하는 삶의 태도를 잘 보여 주고 있습니다. 이로 인해 경재잠은 조선조 유학에도 큰 영향을 끼쳤습니다.

거경과 궁리의 관계

앞서 설명한 주자학의 수양론인 거경과 궁리는 여러 가지 표현으로 경전에 등장합니다. 맥락상 연결해 보면 다음과 같습니다. 하나하나 자세히 설명하지는 않겠습니다만, 주자학에 관한 글에 자주 등장하는 표현이므로 눈여겨 볼 필요가 있습니다.

궁리(窮理): 진학공부(進學工夫), 격물치지(格物致知), 도문학(道問學)
거경(居敬): 함양공부(涵養工夫), 존덕성(尊德性), 존천리알인욕(存天理遏人欲)

짐작하셨겠지만 거경과 궁리는 별개의 것이 아닙니다. 학문을 할 때는 거경의 자세로 해야 합니다. 그래야 내 인격의 변화와 실천이 가능하기 때문입니다. 그렇지 않으면 주자가 그렇게도 경계했던 출세를 위해 지식만 쌓는 학문(견문지학 또는 사장지학)이 되기 쉽습니다. 궁리도 마찬가지입니다. 수양을 한다고 해서 배우고 묻는 공부를 등한시한다면 자신만의 잘못된 생각에 빠져 허우적거릴 수 있기 때문입니다. 그렇기 때문에 거경은 객관적인 학문을 통해서 주관주의에 빠지지 않도록 철저히 경계해야 하는 것이고, 궁리는 거경의 자세로 해야만 바르게 공부할 수 있습니다. 주자는 거경과 궁리의 관계를 다음과 같이 설명합니다.

學者工夫 唯在居敬窮理二事 此二事互相發.
학자의 공부는 오직 거경과 궁리 두 가지 일에 있으니, 이 두 가지는 서로 도와 발전하는 것이다.

能窮理 則居敬工夫日益進, 能居敬 則窮理工夫日益密.
능히 궁리한다면 거경 공부가 더욱 진전이 있을 것이요, 능히 거경한다면 궁리 공부가 더욱 정밀해질 것이니,

譬如人之兩足 左足行 則右足止, 右足行 則左足止.[32]

비유하자면 사람에게 양발이 있어 왼발이 가고자 하면 오른발이 멈추고, 오른발이 가고자 하면 왼발이 멈추는 것과 같다.

주자학과 양명학 사이

주자는 송대의 인물이고 양명은 명대의 인물입니다. 그리고 두 사람 사이에는 342년간의 시대적 간격이 있습니다. 그리고 왕조도 송(宋)-원(元)-명(明)으로 교체되었습니다. 이 시대의 학자들 중에 가장 유명한 학자로는 먼저 육구연(陸九淵, 상산象山, 1139-1192)이 있습니다. 주자 당시에 주자와 더불어 학계를 양분할 정도로 명성 있는 학자였습니다. 주자는 정이천의 학풍을 더 중요하게 여겨 계승했다면 육상산은 정명도의 학풍을 더 많이 계승했습니다. 육상산의 사상과 학문은 명대의 왕양명에 의해 거의 대부분이 유사하게 계승되었기 때문에 왕양명의 사상을 참조하면 큰 무리가 없습니다.

주자학으로 대변되는 송나라가 멸망하고 그 뒤를 이어 중국 내륙을 지배한 나라는 몽고족이 세운 원나라입니다. 원대에도 과거제도가 있었지만 몽고 황실과 특수한 충성관계가 있는 가문의 출신자들을 주로 기용하였으며, 민족마다 배당 인원을 두어 몽고인과 색목인들이 주로 진출하게 했습니다. 원대에는 송대에 융성했던 주자학이 더 광범위하게 확산되었는데, 이는 과거제가 활발하지는 않았지만, 여전히 과거제도의 시험과목이 유교 경전이었기 때문입니다. 이렇게 남송에서 정리된 주자학이 원에 의해 북방으로 확산되었습니다. 원대의 대표적인 유학자로는 정주학파를 계승한 허형(許衡, 1209-1281)과 유인(劉因, 1249-1293)이 있습니다.

명대의 사회와 문화적 배경

명나라(1368-1644)를 건설한 주원장(朱元璋, 1328-1398)은 중국 역사에서 한고조와 더불어 평민 출신으로 황제의 자리에 오른 사람입니다. 원나라를 세운 몽고족은 기본적으로 한족을 차별하고 몽고족을 우위에 둔 정책을 펼쳤기 때문에 자연히 한족들의 불만과 민족적 저항이 일어났습니다. 이를 바탕으로 주원장은 1355년 금릉(金陵, 지금의 남경)을 기반으로 세력을 키워 오다가 마침내 1368년 즉위하여 국호를 대명(大明)이라 하고 나라를 세워 다시금 한족 국가의 부흥을 일으켰습니다. 그는 중앙집권적 군주권을 강화해 각 지역의 분쟁과 소요를 막고, 농촌부흥정책을 펼치며, 상업과 수공업의 발전을 도모했습니다. 그러나 명대의 문화는 기본적으로 한족 문화 부흥을 꾀했지만 복고적이고 국수적인 성격이 강했습니다. 근대적 전환기 시대를 맞은 유럽이나 서구의 발전 속도에 비하면 국수적인 명대의 발전 속도는 더딜 수밖에 없었습니다. 또한 평민 출신인 태조가 중앙집권 강화에 집중하다 보니, 사상과 문화적 측면에는 상대적으로 소홀할 수밖에 없었습니다. 명나라는 중국 역사상 한족이 세운 나라 중에서 지식인을 가장 적대시한 정권이라 볼 수 있습니다.[33] 그래서 명대의 지식인들은 왕양명 같은 특별한 소수를 제외하고는 주로 이 사회 현실을 떠나서 학문을 논하는 경향이 강했습니다.

　명대의 유학은 기본적으로 주자학을 계승했습니다. 성조(成祖) 영락제(永樂帝)는 「사서대전」(四書大全), 「오경대전」(五經大全), 「성리대전」(性理大全) 등을 흠정하여 과거시험의 기본교재로 삼고 주자학에 의한 학문과 사상의 통일을 시도했습니다.

양명학의 핵심 사상

주자학의 관학화에 반대하면서 기존의 주자학에 비판적인 학문 풍토인 양명학(陽明學)은 왕수인(王守仁, 陽明, 1472-1528)이 제창하였는데, 주자학의 주지주의적 입장을 비판하고 좀더 실천적인 유학을 제창한 학풍입니다. 당대 말엽 이후부터 주자까지는 선진유학의 공맹과는 다르게 우주론적 관점이 점점 확대되었으므로, 심성론을 강조했던 공맹의 원래 취지로 돌아가고자 하는 경향이 더욱 강했습니다. 양명학은 주자학의 성즉리설(性卽理說) 대신 심즉리(心卽理)설을 주장하고, 치양지(致良知)설, 지행합일(知行合一)설 등을 주로 주장했습니다. 이런 내용들을 간단히 살펴보면서 양명학의 전체적인 특성을 언급하겠습니다.

심즉리설

주자는 내 마음의 본성(性)이 곧 사물의 이치(理)라는 '성즉리'를 주장했습니다. 그런데 왕양명은 '성'(性)이라는 용어 대신에 '심'(心)으로 바꾸었습니다. 이것은 주자학이 지나치게 관념적이고 사변화된 것을 왕양명이 비판하고 있는 것입니다. 왜냐하면 왕양명은 '성'이라는 단어는 실천능력이 없다고 이해했기 때문입니다. 그래서 '심'(心)이나 '양지'(良知) 등의 좀더 구체적이고 쉽게 다가오는 용어를 통해 자신의 사상을 표현하고 있습니다. 또 하나 '성'은 심과 성, 정의 관계, 본연지성과 기질지성의 관계 등 매우 복잡한 논리를 필요로 합니다. 왕양명은 원래 유학이라고 하는 것이 성인이 되고자 하는 마음을 가지고 수양하는 학문적 전통인데 주자학은 너무나도 관념적이고 복잡해서 그러한 기본 취지를 무색하게 한다는 비판의식을 갖고 있었습니다. 그래서 좀더 쉽고 구체적인 실천을 위한 학문적 태도를 견지하게 된 것입니다.

심즉리설은 송대의 육구연에게서 시작되었고, 왕양명이 이를 더욱 발전시켰습니다.[34] 그런데 '심즉리'라는 표현은 오해하기가 쉽습니다. '마음이 곧 이치'라는 말은, 내 마음이 원하는 모든 것이 다 이치에 맞다는 표현이 아닙니다. 그 어떤 욕심이나 나쁜 마음도 긍정하는 해석은 양명의 본뜻이 아닙니다.

왕양명은 「전습록」(傳習錄)에서 "이 마음에 사욕의 가림이 없는 것이 곧 하늘의 이치이다"(此心無私欲之蔽卽是天理)라고 말합니다.[35] 곧 왕양명이 말하는 "심즉리"의 '심'은 우리가 가지는 보통의 마음가짐이 아니라 상대적인 선악의 개념을 초월한 순수본심을 말합니다. 주자학의 표현대로라면, 천명을 그대로 부여받은 본연지성이 깃든 마음을 말하는 것입니다. 그러한 마음에서 나오는 것이 하늘의 이치라는 것이지요.

왕양명의 심즉리에서 기억할 중요한 내용은, 주자가 '리'를 소이연지고와 소당연지칙의 두 가지 측면에서 바라보는 데 비해 왕양명은 '리'를 소당연지칙, 즉 도덕적 원리라는 한 측면으로만 바라보고 있다는 사실입니다. 왕양명은 "마음이 바로 리인데 마음 바깥에 또 다시 사물이 있고 리가 있겠는가?"라고 말하면서 효도를 예로 들어 설명합니다. 부모님을 모신다고 할 때 부모님께 리가 있는 것이 아니고, 임금을 섬기거나 친구와 교제할 때에도 그들에게서 인의 이치를 구하는 것이 아니라, 내 마음에서 구해야 한다는 것입니다.[36] 부모님께 효도를 하는 것이나 예의를 지키는 것도, 효도의 구체적인 내용이나 예의에 맞는 일이 무엇인지를 배워야만 되는 것이 아니라, 내 마음의 진실한 도덕 감정에 따라서 부모님을 사랑하는 마음이 있으면 예의 바른 행동을 할 것이며, 구체적인 상황에 따라 부모님께 효도를 다할 것이라는 측면을 강조합니다. 그러므로 양명이 말하는 심은 사욕이 없는, 원래 하늘이 부여해 준 사랑의 마음이며, 사물의 이치는 근원적으로 마음 밖에 있지 않다고 보는 것이 양명의 기본적인 입장입니다. 그래서 '선'이라는 것도 내 마음이 순수한 천리의 상태를 유지해서 인위적인 잡스러움이 없는 상태에서 사물을 처리하는 것을 말합니다.

왕양명의 심즉리설은 마음 밖에는 리가 없다는 심외무물(心外無物)사상과도 연결됩니다. 앞서 설명했듯 주자학에서는 내 마음의 본성이 사물에 있는 이치와 같다는 사실을 확인하기 위해 궁리공부로서 격물치지를 강조합니다. 그래서 양명은 친구와 같이 젊은 날에 정원에 있는 대나무를 대상으로 칠 일 동안 깊이 사색하며 궁구했습니다. 그러나 결국 그 이치를 깨닫지 못했을 뿐만 아니라 그만 두 사람 모두 병이 나서 쓰러지고 말았습니다. 그때 양명은 '리는 도대체 어디에 있는가?'라는 문제의식을 가지고 주자의 격물치지론을 비판했습니다. 양명이 얻은 결론은 이치가 외부 사물에 있는 것이 아니라 전적으로 내 마음속에 있다는 사실이었습니다. 그래서 '심즉리'가 마음 밖에는 리가 없다는 사상과 연관이 되는 것입니다. 그리고 심외무물이라는 용어가 주로 도덕적인 맥락에서 쓰이기 때문에 "心外無(倫理之)物(또는 事)"이라고 표현하는 것이 정확하다고 봅니다.

그러면, 정말 마음 밖에는 사물이 없을까요? 사실 왕양명은 객관적으로 사물이 존재하는지 아닌지 여부를 중요하게 생각하지는 않았습니다. 그의 근본 취지는 사물의 이치를 사물에서 찾으려 하지 말고, '내 마음에서' 찾으라는 것입니다. 김춘수 시인의 "꽃"이라는 시를 잘 알고 계실 겁니다. 그 시의 앞부분은 다음과 같이 시작합니다.

내가 그의 이름을 불러주기 전에는 그는 다만 하나의 몸짓에 지나지 않았다. 내가 그의 이름을 불러주었을 때 그는 나에게로 와서 꽃이 되었다.

저는 이 시가 왕양명의 심외무물사상을 잘 표현한다고 생각합니다. 왕양명의 관심은 결코 나 외에 아무것도 존재하지 않음을 말하는 데 있지 않았습니다. 그가 주장하는 심외무물사상의 핵심은 내가 꽃을 보고 의미 있는 존재로 여길 때에야, 그 꽃은 대상으로서 의미가 있다는 뜻입니다. 내가 그 꽃을 '의식하는' 행동에 가장 중요한 의미가 있으며, 그 뜻에 따라 사물에 의미가 부여된다는 것입니다.[37] 불쌍한 사람을 보면서 '내가 저 사람을 도와야겠다'는 마음이 생기면, 그 불쌍한 사람은 그 순간의 사물(物)이 됩니다. 그와 나 사이에 의미 있는 활동이 일어날 수 있기 때문입니다. 이런 의미에서 격물(格物)은 왕양명에게 있어 격심(格心)입니다. 내마음에서 격물 공부가 일어날 수 있는 것이지 객관적인 사물에서 격물 공부가 일어나는 것이 아니기 때문입니다. 이것은 격물을 강조하면서도 경전 읽기만을 강조한 주자학의 경향에 대한 신랄한 비판이라 할 수 있습니다.

그런데 양명이 말하는 것처럼 마음을 궁구하기만 하면 사물의 이치를 전부 깨달을 수 있을까요? 왕양명은 이런 질문에 대해서는 관심을 갖지 않았습니다. 그래서 주자학자들은 왕양명이 공맹의 기본 취지로 돌아가자고 실천적인 내용을 강조했지만, 어떤 면에서는 매우 불교적이라고 비판합니다. 특히 그의 심외무물사상이 매우 불교적이라고 혹독하게 평가하면서, 신유학은 불교 배척에서 출발했는데 왕양명은 불교로 회귀하고 있다고 말하기도 합니다.

치양지와 지행합일설

왕양명의 사상에 대한 설명을 시작하면서 "이 마음에 사욕의 가림이 없는 것이 곧 하늘의 이치이다"(此心無私欲之蔽卽是天理)라는 「전습록」의 구절을 인용했습니다. '마음에 사욕의 가림이 없는 상태'는 원래 하늘이 준 마음입니다. 이 마음을 맹자는 양지(良知)와 양능(良能)으로 표현합니다. 맹자는 "사람이 배우지 않고도 능한 것이 양능이며, 생각하지 않고도 아는 것이 양지다"라고 말했습니다.[38] 구체적으로는 "어려서 손을 잡고 가는 아이가 그 부모를 사랑할 줄 모르는 이가 없으며, 커서는 그 형을 공경하지 않는 이가 없다"는 예를 들어 설명했습니다.[39] 왕양명은 이 구절에 대해 아버지를 보면 자연히 효를 알게 되고 형을 보면 자연히 공경을 알게 되는 이러한 것이 바로 양지라고 풀이하면서, 마음 바깥에서는 이러한 이치를 얻을 만한 것이 없다고 주장합니다.⁴⁰⁾ 여기서 우리는 왕양명의 심즉리설이 맹자의 양지, 양능과 연관되었음을 분명히 알 수 있습니다. 이 양지와 양능은 환경과 교육에 의해 후천적으로 습득되는 것이 아니라 하늘이 인간에게 부여한 선험적인 본마음이기 때문입니다. 그래서 양명은 '격물'을 '격심'으로 풀이한 데 이어 '치지'(致知)를 '치양지'(致良知)로 풀이해 이 양지를 실천할 것을 강조합니다.

양지는 누구나 가지고 있는 선험적인 도덕성입니다. 그래서 누구나 배우지 않고도 실천할 수 있고, 또 마땅히 실천해야 하는 내용입니다. 그래서 치양지설은 앎(知)-실천(行)의 관계와 연관해서 설명할 수 있습니다. 효도를 다시 예로 들겠습니다. 부모님을 공경하는 마음은 이미 선험적으로 가지고 있는 양지입니다. 그런데 왜 효도하지 않을까요? 그것은 효도하는 마음이 애당초 그 사람에게 없어서가 아니라, 그 순간에 사욕에 의해 양지의 마음을 잃어버린 것으로 해석할 수 있습니다.⁴¹⁾ 왕양명은 이런 문제에 대해 "알면서도 실행하지 않는 사람은 없다. 알면서도 실행하지 않는다면 이는 아직 알지 못하는 것이다"라고 말합니다.⁴²⁾ 왕양명은 지와 행의 문제를 제자들에게 설명하면서 「대학」의 "아름다운 색을 좋아하고 나쁜 냄새를 싫어한다"(如好好色, 如惡惡臭)라는 구절을 예로 듭니다. 아름다운 색깔을 보는 것은 지에 속하고 아름다운 색깔을 좋아하는 것은 행에 속하는 것입니다. 아름다운 색을 보았을 때 이미 자연스럽게 좋아하는 것이지 보고 난 뒤에 또 다시 결심을 하고 나서야 그것을 좋아하는 것은 아니라는 것이지요. 왕양명은 이 구절을 인용하면서 지와 행은 원래 본체라고 주장합니다.⁴³⁾ 이런 면에서 왕양명의 지행합일은 지와 행이 완전히 하나라는 의미가 아니라, 지와 행은 서로 떨어질 수 없는 것임을 강조한 것입니다. "지는 행의 시작이고, 행은 지의 완성"(知是行之始, 行是知之成)이기 때문입니다.⁴⁴⁾ 또한 왕양명이 지와 행의 관계를 말하는 맥락에는 양지와 양능에 의한 행동이 항상 들어 있습니다. 그러므로 왕양명의 지행합일설은 엄밀한 의미에서 인식과 행위의 관계에 관한 논의가 아님을 알 수 있습니다. 주자학에서는 격물치지론이 인식론에 관한 문제를 다루지만 왕양명은 격물을 격심으로, 치지를 치양지로 해서 도덕적이고 윤리적인 차원에서 이 문제를 다루기 때문입니다. 그래서 왕양명의 지행합일(知行合一)은 분리를 전제로 한 '합일'보다 좀더 정확한 표현으로 지행일여(知行一如)라 하면 본뜻을 더 잘 이해할 수 있습니다.

수영으로 예를 들어 설명해 보겠습니다. 저는 수영을 할 줄 모릅니다. 그렇지만 사람의 몸은 물에 뜨게 되어 있다는 수영의 원리는 알고 있습니다. 그러나 저는 그것을 머릿속으로는 알고 있지만, 제 몸을 물에 맡기는 행동은 두려워서 하지 못합니다. 왕양명의 견지에서는 제가 '수영을 안다'고 말할 수 없습니다. 앎으로 실천해야 아는 것이지, 머릿속으로만 아는 것이 두려움에 가려지면 결코 제대로 아는 것이 아니라는 뜻입니다. 이런 식의 내용을 도덕적인 측면으로 적용한 것이 바로 왕양명의 지행합일설입니다.

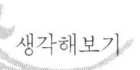 생각해보기

주자학과 양명학, 농구 시합에 비유하다

주자와 양명을 농구 코치로 비유하자면, 주자는 매우 엄격하고 철저하게 기본기를 강조하는 코치입니다. 처음부터 농구공을 주지도 않습니다. 농구의 역사, 농구의 정의 등등 한참동안 이론을 가르친 후에도 바로 농구 연습을 시키지도 않고 운동장을 계속 뛰게 하면서 체력 훈련을 강조합니다. 그리고는 패스, 드리블, 슈팅 등을 연습시킵니다. 어서 빨리 경기에 나서서 현란하게 드리블을 하고, 멋진 자세로 슛을 날려 보고 싶은 아이들에게 너무하다 싶을 정도로 철저하게 기본기를 하나하나 가르칩니다. 그래서 기본기가 매우 탄탄하고 이제는 됐구나 싶을 때에야 조금씩 경기를 가르칩니다. 시간이 많이 걸린다는 단점은 있지만 철저한 기본기와 연습 때문에 주자와 같은 코치에게 배운 학생들은 전체적으로 높은 실력을 갖게 됩니다.

수나라와 당나라를 거치면서 불교가 대단히 융성했고, 그 폐단이 워낙 심각했습니다. 송나라 때에는 천오백 년 이상 공맹과 거리가 있었고, 또 불교를 제대로 비판하려면 사람들에게 유학의 기본적인 특성과 성격, 사상적 내용을 하나하나 주자처럼 철저하게 가르쳐야 했습니다. 더구나 주자의 사서(四書)에 대한 주석이 표준이 되었기 때문에 과거시험을 준비하려면 주자의 사서집주를 반드시 익혀야 했으므로, 주자학은 황금기를 구가할 수 있었습니다.

그런데, 주자와는 전혀 다른 철학을 가진 코치가 있었습니다. 육상산이라는 사람이었습니다. 육상산은 주자가 기본기와 단계별 학습을 지나치게 강조해 답답하고 지루하다고 여겼으며, 좀더 구체적이고 간편하게 농구를 익힐 수 있는 코치법을 택했습니다. 사람들이 슈팅을 하고 싶어 하면 슈팅을 하게 하고, 경기를 자주 뛰면서 스스로의 단점을 보완하는 방법 위주로 가르쳤습니다. 그렇지만 농구를 잊은 지 오래되기도 했고, 농구가 아직 사람들 사이에 보편화되지 않아서, 많은 사람들은 주자의 방식대로 기본기를 철저히 익히고 시간이 오래 걸리더라도 하나하나 철저히 배우는 것을 더 선호했습니다.

그런데 주자의 코치법이 도입된 지 삼백 년 정도 지나면서 농구가 보편화되고, 다들 농구를 제법 할 줄 알게 됐습니다. 이때 등장한 사람이 왕양명 코치입니다. 사람들은 이제 주자식의 코치법을 지겨워했습니다. 이제 슈팅, 패스, 드리블 등의 농구의 기본기를 다들 어느 정도 갖춘 상태에서 기본기와 체력훈련을 강조하는 주자의 코치법으로 계속 배우기에는 시간도 오래 걸리고 복잡하다는 것이지요.

이에 비해서 왕양명의 코치법은 훨씬 단순하고 실제적이어서 점점 더 많은 사람들이 선호하게 되었습니다. 사실 가만히 살펴보면 주자 당시에 육상산이라는 코치가 가르치는 방식이나 왕양명의 코치법이 별로 다르지 않았지만, 시대적 환경과 여건과 인식의 변화에 따라 왕양명의 코치법이 명대에 더 유행하게 된 것입니다. 복잡한 이론보다 더 실제적이고 실천적인 내용을 강조한다는 것이 왕양명 코치의 기본적인 훈련법이었습니다.

이제 주자학과 양명학 간 기본적인 학문적 특성의 차이를 쉽게 이해할 수 있으시겠죠?

왕양명의 문하

왕양명의 문하에서는 많은 후학이 배출됐는데, 크게 좌파와 우파로 나눌 수 있습니다. 양명좌파는 왕양명의 치양지설을 극단적으로 해석해 내 마음의 자유와 자율을 지나치게 강조합니다. 그래서 경전에 대한 공부도 부정하고 내 마음이 곧 이치니 내 마음 가는 대로 행하면 된다고 주장하면서 극단적인 방종으로 나아갑니다. 특히 이탁오(李卓吾, 이지李贄, 1527-1602)는 "양지만 갖추면 주색 광태를 부려도 성인군자가 되는데 무방하다"라고 주장하기까지 합니다.

양명우파는 이와는 정반대로 내 마음이 곧 하늘의 이치라면, 내 마음 속의 하늘의 이치대로만 꼭 살아야 한다고 주장합니다. 그래서 내 마음이 발동할 때 조금이라도 사욕(私欲)이 개입되지 않아야 한다고 강조하면서 극단적인 수양을 강조합니다. 그런데 사욕이 개입되지 않게 하는 치열한 노력을 지나치게 강조한 나머지 과도한 금욕을 주장하다가 자살을 택하는 학자가 나오기도 했습니다. 자신의 마음에 사사로운 욕심이 들어오는 것을 너무나 고통스럽게 여겨 결국 목숨을 스스로 끊어 버리는 것입니다. 이렇게 해서 왕양명의 좌파는 극단적인 방종으로, 우파는 극단적인 금욕주의로 흘러, 결국 왕양명의 학문은 더 이상 전수되지 못하고 청대에는 새로운 학풍인 고증학이 자리를 잡습니다.

어떤 면에서 위와 같은 두 입장은 양명학이 가진 내재적인 문제라고도 볼 수 있습니다. 주자학을 비판하면서 나온 양명학은 '심'의 문제를 강조하지만, 사실 심이라는 도덕 주체성을 세우는 문제는 객관적이고 논리적인 과정이나 방법으로 검증할 수가 없는 문제이기 때문입니다.

송명유학 이후: 청대의 유학

천명제(天命帝, 누르하치努爾哈赤, 1559-1626)는 명말에 명나라가 쇠약해진 틈을 타 만주를 중심으로 1616년 후금(後金)을 세우고, 1636년 만주-몽고-한족의 공통된 군주가 되어 국호를 대청(大淸, 1636)으로 한 새로운 나라를 세웁니다. 그리고 청대의 초기 전성기의 세 군주인 강희제(康熙帝), 옹정제(雍正帝), 건륭제(乾隆帝)는 학문을 특히 애호하여, 이 시기에는 고증학(考證學)을 중심으로 하는 유학이 크게 부흥합니다.

청대에는 명말에 중국에 온 서양인 선교사들이 서구의 과학기술을 소개하면서 실용적인 학문 분야에 관심이 높아졌습니다. 그래서 식물학, 지리학, 농학, 군사학 등의 실용적인 분야의 연구가 활성화되었으며, 이를 바탕으로 유학에서도 양명학보다는 새로운 학문 풍조를 자극하면서 유교의 본래 정신이 경세(經世)에 있었음을 강조하는 학풍이 발전했습니다.

유학의 연구도 이러한 분위기의 영향을 받았습니다. 청대의 대표적인 유학자인 황종희(黃宗羲, 1610-1695)는 「명이대방록」(明夷待訪錄)을 통해 삼대(三代)를 이상사회로 설정한 후에 현실적인 정치 개혁론과 구체적인 제도론을 전개시켜 나갔습니다. 왕부지(王夫之, 1619-1692)도 구체적인 정치론을 전개하지는 않았지만 현실 제도 개혁을 강하게 주장했습니다. 또한 고염무(顧炎武, 1613-1682)는 학문의 원래 목적이 구세(救世)에 있다고 주장하면서 명대의 유학을 비판했습니다.

이러한 경세론적 관심과 더불어 청대 유학은 또한 실증적인 태도를 중시했습니다. 실증적인 학풍이 텍스트 자체에 대한 관심과 연결되어 경학(經學)으로 발전한 것이 청대 유학의 특징입니다. 그리고 경학적 관심이 고증학적 연구로 집중되는 것이 청대 유학의 특징입니다. 고증학은 현실 개혁보다는 텍스트 자체에 더 관심을 가졌기 때문에, 경세적인 관심에서 약간 멀어지기도 했습니다. 이러한 경향은 사실 청대 초기에 지식인들로 하여금 현실에 대한 개혁적 관심보다는 텍스트 자체에 대한 문헌 연구에 더 치중하게 만든 시대적 영향 때문으로 해석할 수 있습니다. 그래서 경전 자체에 대한 관심이 고증학적 관심과 연결되어 청대유학은 곧 고증학이라고 할 정도로 고증학이 학문적 관심의 중심에 서게 되었습니다. 대표적인 고증학자로는 염약거(閻若璩, 1636-1704), 대진(戴震, 1723-1777) 등입니다. 또한 청대 고증학의 전성기에 새로운 학풍이 일어나는데, 그것이 바로 공양학파(公羊學派)입니다. 공양학파는 「춘추공양전」과 서양의 민주주의 사상을 연결시켜서 이것을 통해 사회 개혁을 도모했던 학파입니다. 우리에게 익숙한 이름으로 알려진 강유위(康有爲, 1858-1927), 담사동(譚嗣同, 1865-1898), 양계초(梁啓超, 1873-1929) 등이 공양학을 정치이론으로 크게 발전시켰던 대표적인 인물입니다.

전체적으로 보면, 청대의 유학인 고증학은 학문적으로 그리 대단하다고 보기는 어렵습니다. 20세기 최고의 중국 유학자 중 한 사람으로 1995년에 작고한 머우쫑산(牟宗三) 교수는 청대의 고증학을 다음과 같이 평가하고 있습니다.

> 애석하게도 청대 3백 년은 지배계층인 만주족의 억압으로 인해 학자들은 생명도 없고 피와 살도 없는 고증학을 어쩔 수 없이 연구했다. 따라서 민족의 총명한 생명은 질식되었고, 문화의 생명은 이에 따라 쇠잔해 버렸으며, 이천여 년의 학문 전통 역시 잃어버렸다. 그러므로 청대 3백 년은 중국 민족의 가장 장래가 없는 시대였다.[45]

이렇게 계속된 청 왕조는 결국 1911년 신해혁명으로 멸망하게 됩니다. 그리고 1912년 중화민국이 성립되었다가, 1919년 5월 4일, 서구 열강과 일본의 주권 침탈에 항거하면서 중국의 베이징의 학생들이 일으킨 반제국주의·반봉건주의 혁명운동이자, 중국의 신민주주의 혁명의 시초로 평가되는 5·4운동이 일어납니다. 이 과정에서 유교는 중국 이천 년 전제정치의 정신적 지주이자 봉건체제의 이념으로 간주되어 철저한 비판의 대상이 됐습니다. 장제스(蔣介石, 1887-1975) 정부는 중국 공산당의 유교 비판을 역으로 비판하면서 유교의 이념을 부활시키기도 했지만, 마오쩌둥(毛澤東, 1893-1976)을 중심으로 사회주의 이념에 의해 1949년 10월 1일 중화인민공화국이 정식으로 설립된 후, 유교와 공자의 유적은 거의 파괴가 되었습니다. 유교 비판의 극치는 중국의 최고지도자 마오쩌둥에 의해 십 년간 주도된 극좌 사회주의운동인 문화대혁명(1966-1976)으로, 이 혁명의 구호가 바로 '비공'(批孔), 즉 공자로 대표되는 유교에 대한 비판이었습니다.

그러나 마오쩌둥 사후, 중국의 문호가 열리고, 1980년대 이후 덩샤오핑(鄧小平, 1904-1997)이 실용주의 노선에 입각해 개혁과 개방을 주도하면서 중국 경제가 회복되고, 이런 면에서 점점 유교는 새로이 조명받기 시작했습니다. 이에 대한 내용은 4부에서 좀더 자세히 살펴보겠습니다.

3부
한국 유교의 역사

6. 유교의 전래와 주자학
7. 퇴계와 율곡의 사상
8. 퇴율 이후 조선 유학의 역사

미국 유학 당시 제가 다니던 학교에서 유교를 가르치던 한 미국 학자가 한국의 유교 역사를 언급하면서, '한국 유교는 중국 유교의 아류 정도'라고 언급한 적이 있습니다. 저는 쉬는 시간에 그 교수에게 그 발언의 근거와 내용에 대해 충분히 설명할 것과, 그분의 책에서 한국 유교에 대해 잘못 언급한 내용을 하나하나 짚어 가면서 수정을 요청했고, 그 교수는 앞으로 그렇게 하겠다고 제게 약속한 적이 있습니다.

안타깝게도 여전히 많은 외국 학자들은 우리나라의 유교 수준이 얼마나 높은지 잘 모릅니다. 조선시대 주자학은 중국에서 전래됐지만 한국 주자학은 그 나름의 특성과 위대함을 가지고 있습니다. 그런 훌륭한 면을 잘 보여 주는 두 학자가 바로 퇴계와 율곡입니다. 고려 말 중국을 통해 수용된 조선 주자학의 역사는 중국의 주자학과 유사하면서도 뚜렷한 특성을 가지기에, 3부에서는 퇴계사상과 율곡사상을 중점적으로 다뤘습니다.

조선 주자학의 특성을 좀더 정확히 파악하기 위해 우리나라에 유교가 전래된 역사와 주자학을 수용한 배경을 간략하게 살펴본 후, 퇴계와 율곡의 사상을 설명하고, 퇴계와 율곡 이후의 조선 유학의 학파와 주요 사상을 간략하게 살펴보겠습니다.

6. 유교의 전래와 주자학

유교의 전래

언제 유교가 우리나라에 수용됐느냐는 질문에 한마디로 대답하기는 굉장히 어렵습니다.[1] 그 이유는 여러 가지가 있는데, 먼저 그 질문과 관련된 문헌이 부족합니다. 그리고 유교를 '수용했다'고 보는 관점, 즉 유교의 국교 인정 시점, 과거제도 시행, 유교 교육기관 설립 등 기준에 따라 대답이 달라질 수밖에 없습니다.

그러면 대부분의 학자들이 유교 도입의 기준으로 삼는 유교 경전 교육 기관 설립을 기준으로 위의 질문에 답해 보겠습니다. 「삼국사기」 「고구려본기」에 의하면 소수림왕 2년(372년)에 태학(太學)을 세워서 자제를 교육했다는 사실이 있는 것으로 보아, 그 이전에 유교가 우리나라에 소개되었다고 추측할 수 있습니다. 신라는 선덕여왕 9년(640년경)에 당태종이 경학(經學)을 장려하기 위해 해외 유학생을 모집할 때 학생을 보낸 적이 있으나, 신라 영토에 국학(國學)이 설립된 것은 신문왕 2년(682년)이었습니다. 백제에 학교가 설립된 시기는 정확히 알 수 없습니다만, 고이왕 52년(285년)에 왕인(王仁)이 백제에 「논어」와 「천자문」을 보냈다는 기록이 있는 것으로 보아 그 이전에 이미 유교가 소개되어 있었다고 볼 수 있습니다.

유교가 소개된 이후부터 고려 말까지의 대표적인 학자들은 많이 있지만, 그 가운데 공자의 위패를 모시는 전각(殿閣)인 대성전(大成殿)에 배향된 학자들은 설총(薛聰, ?-?), 최치원(崔致遠, 857-?), 안유(安裕, 1243-1306), 정몽주

(鄭夢周, 1337-1392)입니다.[2] 유교가 도입된 이래로 고려 말엽 이전까지의 유교에는 주자학의 심성론 등이 본격적으로 수용되지는 않았습니다. 이때까지는 주로 유교 경전을 잘 이해함으로써 그 내용을 정치에 운용할 관리가 되는 일이나, 유교 문헌을 익혀서 이를 바탕으로 시문과 문장을 잘하는 문인이 되는 일의 두 갈래의 취지로 유교를 가르치고, 연마했기 때문입니다. 당시 학풍의 전체적인 특성은 한당유학의 분위기와 가장 가까웠다고 할 수 있습니다. 물론, 우리의 고유한 종교적이고 사상적인 정서나, 주체적인 유학에 대한 이해도 포함돼 있었습니다.

사상적인 측면에서 유교를 본격적으로 연구하게 된 것은 사실 여말선초(麗末鮮初)부터였습니다. 아시다시피 우리나라는 삼국시대부터 고려시대까지 불교가 주도적인 흐름을 차지했습니다. 그런데 불교가 오래되고 부패하면서, 고려말엽부터 불교에 대한 비판의 목소리가 커지고, 새로운 종교와 사상을 모색하기 시작했습니다. 중국 유학사에서 수, 당을 거쳐 오면서 불교가 융성하다가 당 말에 이르러 불교가 타락하자 이에 대한 비판으로 유교를 새롭게 부흥시킨 것과 유사한 흐름입니다. 여말선초의 학자들도 그들과 마찬가지로 불교를 비판하는 논의를 주장하면서 유교의 부흥을 통해 당시 불교의 폐단을 극복하고자 했습니다. 논의 과정이 잘 숙지되셨지요? 그럼 이제부터 여말선초 대표적 학자들의 사상을 다뤄 봅시다.

여말선초의 상황과 주자학의 전래

송대의 주자학(성리학)이 우리나라에 최초로 알려지게 된 것은 고려 인종(仁宗, 재위기간 1122-1146) 대를 전후한 시기일 것이라고 학자들은 추정합니다. 그렇지만 송대 성리학을 완성한 주자가 12세기 인물(1130-1200년)이라는 점을 생각해 본다면, 학문적으로 성리학을 도입한 것은 고려 충렬왕(忠烈王) 때인 13세기 후반부터 이루어진 것으로 볼 수 있습니다. 우리가 국사시간에 배운 대로 성리학의 도입은 안향(安珦, 1243-1306)에 의해서 이루어집니다. 안향의 호는 회헌(晦軒)이었는데 이 호는 그가 말년에 지은 것으로, 자신이 주자를 흠모해 주자의 호인 회암(晦庵)과 비슷하게 지어 주자에 대한 존경을 표현한 것이라고 알려져 있습니다.

미리 기억할 점은, 중국에서는 송대의 주자학과 명대의 양명학을 함께 일컬어서 신유학이라고 부르지만, 여말선초 이래의 조선 유학은 주자학만 주도적으로 수용했다는 점입니다. 주자학이 공맹을 회복하면서 불교를 배척하는 사상적 전통이기도 했고, 여말선초 당시 중국에서 주자학이 매우 융성했기 때문입니다.[3] 이 시대는 격동의 시기였으며, 당나라 말엽과 마찬가지로 불교에 대한 비난이 팽배하던 때였습니다. 중국에서도 불교의 심각한 사회적 폐단을 바탕으로 불교 비판과 공맹 정신 회복을 주장하는 주자학이 나타났던 것처럼, 여말선초의 학자들도 불교의 해악을 매우 심각하게 여기고 있었습니다. 당시 가장 대표적인 유학자였던 목은 이색은 다음과 같은 상소문을 조정에 올렸습니다.

> 我太祖 化家爲國 佛利民居 參伍錯綜 中世以降 其徒益繁 五敎兩宗 爲利之窟 川傍山曲 無處非寺 不惟浮屠之徒 浸以卑陋 亦是國家之民 多於遊食 識者每痛心焉.[4]
> 우리 태조께서 불교를 국교로 삼으셔서 사찰이 백성들 사이에 있어서 서로 (그 거처가) 섞이게 되었습니다. 중세 이후로 불교의 무리가 더욱 번성하게 되어 오교(五敎)와 양종(兩宗)이 이익을 따르는 거처가 되고, 산천 방방곡곡에 절이 없는 곳이 없게 되었습니다. (이에) 승려들의 행실이 더욱 타락하게 되었을 뿐만 아니라 또한 나라의 백성들까지도 놀고먹는 자가 많아져서 지식인들은 이 문제를 마음에 매우 고통스러워하고 있습니다.

위의 글에서 보는 바와 같이 당시 불교의 병폐는 심각한 수준이었으며, 이에 불교를 개혁하고 다른 종교를 통해 나라의 안정을 찾고 백성들을 교화하는 것이 지식인의 가장 중요한 과제였습니다. 이 움직임은 당나라 말엽 이고와 한유로부터 시작해서 주자학이 완성되기까지 등장한 여러 학자들의 학문적 동기와 비슷하다고 이해할 수 있습니다. 당시 백이정(白頤正, 1247-1323)이 충선왕을 따라 원나라에 십 년간 머물다가 돌아오는 길에 성리학 관계 서적을 많이 구해 오기도 하고, 권부(權溥, 1262-1346) 등이 주자의 「사서집주」 등을 전파하기도 했으며, 사서집주를 과거시험에 채택함으로써 성리학이 본격적으로 도입되기 시작했습니다.

그리고 고려 말(1361년)에는 숭문관(崇文館)의 옛터에 성균관을 개창(改創)하고 김구용(金九容), 정몽주(鄭夢周), 박상충(朴尙衷), 박의중(朴宜中), 이숭인(李崇仁) 등이 학관(學官)으로, 그리고 이색이 학관장이 되어 대사성(大司成)을 겸하게 됐습니다.[5] 이때부터 여러 지역에서 학자들이 모여 함께 경전을 읽고 토론했다는 기록이 나옵니다. 이 중에서도 특히 이색은 그 중심에서, 주자학의 핵심에 다다를 때까지 밤늦도록 깊이 연구했다고 합니다. 이색은 여말선초의 학자들 중에서도 사상적으로 가장 뛰어났으며, 주자학을 '주체적으로' 수용한 사상가입니다. 이러한 점에서 이색의 주자학에 대한 이해에서부터 조선 주자학의 역사를 풀어 보도록 하겠습니다.

목은 이색의 사상

목은 이색(牧隱 李穡, 1328-1396)의 사상적 특징을 정확히 서술하기 위해 중국 주자학으로 잠시 거슬러 올라가 봅시다. 중국 주자학의 학문적 목표를 한마디로 규정하라면 '천인합일'(天人合一)이라고 할 수 있습니다. 천인합일에서 중요한 것은 인간으로서 하늘과 같은 존재로 살아가는 노력입니다. 그리고 인간이 수양을 통해서 하늘과 같은 존재(天人, 천인)가 되면, 이를 유학에서는 성인(聖人)이라고 합니다. 그래서 유학을 성인지학(聖人之學, 성인이 되기 위해서 노력하는 학문적 전통)이라고도 부릅니다. 이러한 천인합일의 목표는 중국 유학사의 초기부터 계속 등장하는 가장 핵심이 되는 용어인데, 저명한 중국 유학자인 진래(陳來) 교수는 그의 유명한 책 「중국고대사상문화의 세계」에서 다음과 같이 주장합니다.

> 주나라의 문화와 주공의 사상은 중국문화의 정신과 특질을 형성하는 데 중요한 작용을 하였다. 만일 서주시기의 정치문화를 '숭덕귀민'(崇德貴民)으로 개괄하거나 종교문화를 유형상 '천인합일'(天人合一)로 귀결시킨다면, 후대 중국문화의 변천과정 속에 체현된 도덕인문주의 정신과 특질은 이러한 기초 위에서 형성되었다고 말할 수 있다.[6]

그래서 주자학은 위와 같은 중국 유학사 초기의 학문적 전통인 천인합일을 달성하기 위한 방법으로 공자와 같은 성인(聖人)이 되기 위해서 거경(居敬)과 궁리(窮理)라는 방법론을 완성하였습니다. 이러한 주자학의 핵심을 여말선초의 학자들도 잘 알고 있었습니다. 그런데 이색은 성균관의 학관장으로서 중국의 주자학을 주체적으로 소화했습니다. 그 대표적인 내용이 '천인합일'을 '천인무간'(天人無間)이라는 용어로 바꿔 자신의 사상적 근거로 삼고 있다는 점입니다.

천인합일과 천인무간

그렇다면 천인합일과 천인무간은 어떤 공통점과 차이점이 있을까요? 이 질문은 달리 표현하면 중국 주자학과 조선 주자학의 차이라고도 할 수 있는 중요한 질문입니다. 왜냐하면 이 천인무간의 정서는 목은 이색에서만 찾을 수 있는 것이 아니라 조선 주자학사의 전체를 특징지을 수 있는 가장 중요한 개념이기 때문입니다.[7]

유학이라면 공맹의 학이든 주자학이든 양명학이든 다 성인이 되는 데 그 학문의 목표를 두고 있다는 점에서는 동일합니다. 이는 조선의 주자학이나 중국의 주자학도 마찬가지입니다. 또한 성인이 되는 수양의 방법이 거경과 궁리인 것도 조선 주자학이나 중국 주자학 모두 같습니다.

조선의 주자학은 중국의 주자학과 큰 차이도 가지고 있습니다. 작아 보이지만 아주 큰 차이입니다. 중국 주자학의 특성을 한마디로 천인합일이라고 할 때, 합일은 분리를 전제합니다. 하늘은 하늘이고 인간은 인간인데, 인간이 하늘 같은 존재인 성인으로 살아가는 것이 가장 마땅한 인간답고 바람직한 삶이기에 성인으로 살아가도록 노력할 것을 주장합니다.

그런데 여기에는 두 가지 단계가 필요합니다. 우선, 내가 내 욕심대로 살아가는 삶이 아니라 왜 수양을 통해서 성인이 되는 데 뜻을 두어야 하는지에 대한 이론적인 설명이 필요합니다. 그래서 본성이 곧 이치라는 성즉리의 명제나, 격물치지에서 각 단어가 가진 의미 등을 복잡하게 따져 물어야 합니다. 또한 왜 수양을 해야 하며, 왜 도덕적으로 살아야 하는지, 선은 무엇이고 악은 무엇인지, 왜 우리 마음은 욕심에 따라 살아가는지 등에 대한 매우 복잡한 이론적인 설명이 필요합니다. 그러한 이론적인 내용에 동의할 수 있어야만 실제로 실천적인 수양의 노력을 할 수 있기 때문입니다. 그리고 실천적 내용인 거경에 있어서도 경(敬)과 성(誠)의 뜻, 매사에 공경하게 살아간다는 것의 의미, 경전을 읽는 태도, 인사하는 태도 등 구체적인 실천적인 수양의 방법이 강조됩니다. 위와 같은 여러 철학적이고 종교적인 질문에 대한 이론적 설명이 어느 정도 되고 나면 이제 둘째로 그러한 이론적 설명에 바탕을 둔 구체적이고 실천적인 수양법이 발달합니다. 이런 의미에서 선지후행(先知後行, 먼저 깨닫고, 깨달은 바를 구체적으로 행함)이고, 이론과 실천이 비슷한 비중으로 강조됩니다.

이에 비해 천인무간은 목은 이색의 사상에서부터 등장하는 조선 주자학의 특성입니다. 무간(無間)은 말 그대로 간격이 없다는 뜻입니다. 다시 말해, '나는 원래 하늘 같은 존재였다. 나와 하늘은 (원래부터) 간격이 없었다'는 의미입니다. 철학적으로 표현하면 존재론적 연합이라 할 수 있고, 이것을 동학(東學)식으로 표현하면 인내천(人乃天, 사람이 곧 하늘이다)이 됩니다. 더 고대의 사상으로 가 보면, 단군신화에서 나는 원래 하늘로부터 온

신적인 존재라는 것과 일맥상통합니다. 그렇기 때문에 중국의 주자학과 비슷하게 나와 하늘의 존재론적 연합, 즉 성인 됨을 강조하고 거경과 궁리를 강조하는 것은 같습니다.

그러나 조선 주자학의 강조점은 중국 주자학과 다릅니다. 중국 주자학은 천과 인간의 분리가 전제되어 있었기 때문에 왜 내가 하늘 같은 존재인 성인이 되기 위해서 수양을 해야 하는지에 대한 이론적인 설명이 우선되어야 합니다. 그리고 사람마다 다 수양의 정도나 이해의 정도가 다르기 때문에 그 이론적 설명이 매우 치밀하고 복잡할 수밖에 없습니다. 주자학이 복잡하고 어렵다고 하는 이유가 여기에 있습니다. 그러나 이에 비해서 조선의 주자학은 왜 내가 성인이 되어야 하는가, 왜 수양을 해야 하는가에 대한 이론적인 설명이 대폭 생략되어 있습니다. 성인으로 살아가는 것이 워낙 중요하고 또 그 수양을 위한 실천적인 노력이 중요하기에 이론적인 설명도 물론 필요합니다. 그래서 조선의 주자학도 그러한 이론적인 설명이 분명히 등장합니다. 그러나 그 이론적 탐구의 내용이 중국의 주자학에 비해 대폭 간소화되고 간명한 논리적 구조를 지니고 있습니다.

나는 원래 하늘 같은 존재이며, 하늘과 내가 간격이 없었는데, 지금은 그러한 존재로 살지 못합니다. 그러면 학문을 통해 원래 모습을 찾으면 되는 것입니다. 왜 찾아야 되는가에 대한 복잡한 설명이 필요하지 않습니다. 마치 타향에 살던 사람이 명절에 고향에 가는 것이 당연한 것과 같습니다. 고향이 있으니 당연히 고향에 가는 것이지요. 명절에 고향에 부득이한 사정으로 못 가게 되면 괜히 부모님께 죄송합니다. 부모님도 고향에 못 오는 자식의 형편을 충분히 이해하시지만, 그래도 자식의 얼굴을 못 보면 아쉽고 섭섭한 마음이 듭니다. 왜 그럴까요? 고향이 있기 때문이고, 원래 고향에서 살았기 때문입니다. 고향 가는 길이 복잡하고 차가 막히고 피곤하지만 그래도 고향으로 갑니다. 차가 막히고 복잡한데 왜 고향에 가는지 묻는 사람이 이상한 사람입니다. 초점은 "어떻게" 고향에 가느

냐입니다. 왜 가는지는 묻지 않지만 다들 명절을 앞두고 어떻게 가는지를 묻습니다. 승용차로 가는지, 버스로 가는지 하는 구체적인 방식이 문제가 되기 때문입니다. 가는 길은 막히고 연휴 기간이 짧기 때문입니다.

이것이 조선 주자학의 특성에 그대로 적용됩니다. 첫째로, 왜 내가 하늘 같은 존재인 성인이 되기 위해서 수양해야 하는지에 대한 이론적 설명이 간소화된다는 점, 그리고 둘째로 그러면 어떻게 해야 성인이 될 수 있느냐에 대한 구체적이고 실천적인 수양의 노력이 매우 강조된다는 이 두 가지가 조선 주자학의 가장 중요한 특성입니다. 이러한 큰 밑그림을 가지고 목은 이색의 천인무간사상을 좀더 살펴보겠습니다.

생각해보기

천인무간사상으로 조선 주자학 흐름잡기

천인무간사상을 조선 주자학의 핵심적 특성으로 파악하면 조선 주자학의 흐름은 크게 세 가지로 정리할 수 있습니다. 첫째는 내가 하늘과 간격이 없으므로 '내가' 하늘 같은 존재로 살아가기를 강조하는 입장, 둘째는 하늘과 같은 존재인 천인(天人)들이 살아가는 조선 땅을 하늘나라(유교의 대동사회)와 같은 이상사회로 만들기 위한 '사회적' 실천과 노력을 강조하는 입장, 셋째는 원래 궁극적인 경지(天)의 관점에서 굳이 주자학에만 매일 것이 아니라 다른 종교 전통에도 아무런 구애됨 없는 자유로운 연구를 선호하는 입장입니다.

이 중 첫 번째 흐름에 속하는 사상가들은 무엇보다 나 스스로가 하늘의 뜻을 완전히 실현하는 성인으로 살아가지 못하는 데 대한 안타까움을 바탕으로 철저한 거경 위주의 수양적 노력을 매우 강조했습니다. 이에 속하는 대표적인 조선의 유학자로는 양촌 권근(權近, 1352-1409), 회재 이언적(李彦迪, 1491-1553), 퇴계 이황(李滉, 1501-1570) 등을 들 수 있습니다.

두 번째 흐름은 하늘 같은 존재가 되는 나의 수양적 노력에도 관심을 가지지만, 그보다 이 땅 조선을 이상적 유교 사회인 대동사회(大同社會)로 만들고자 하는 데 우선순위를 두고, 정치적, 사회적 실천의 노력을 강조하는 입장입니다. 대표적인 유학자로는 정암 조광조(趙光祖, 1482-1519), 율곡 이이(李珥, 1536-1584), 우암 송시열(宋時烈, 1607-1689) 등을 들 수 있습니다.

마지막 세 번째 흐름은 주자학자이면서도 그것에만 얽매이지 않고 다른 종교나 사상적 전통에도 관심을 가지면서, 관직이나 벼슬보다는 비교적 독자적인 자유로운 삶과 학문을 추구한 학자들입니다. 화담 서경덕(徐敬德, 1489-1546), 매월당 김시습(金時習, 1435-1493), 남명 조식(曺植, 1501-1572) 등이 대표적입니다.

조선 주자학의 기본적인 성격과 학파별 흐름을 대략 큰 그림으로 그려보았습니다. 이 흐름을 독자 여러분의 머릿속에 넣어두고 이 책을 계속 읽어 가시면 도움이 될 것입니다.

목은 이색의 천인무간사상

'천인무간'이라는 단어는 「목은문고」(牧隱文藁)에 등장합니다. 목은은 다음과 같이 말합니다.

> 天人無間 感應不忒 故彛倫敍而政教明 則日月順軌 風雨以時 而景星慶雲醴泉朱草之瑞至焉 彛倫斁而政教廢 則日月告凶 風雨爲災 而彗孛飛流山崩水渴之變作 變作焉. 然則理亂之機 審之人事而可見 理亂之象 求之風月而足矣.
> 하늘과 사람은 간격이 없어서 감응이 어그러지지 않으니, 오륜의 질서가 펴지고 정사와 교육이 밝아지면 해와 달이 궤도를 따라 순행하고 바람과 비가 때에 맞게 내리며, 경성(景星), 경운(慶雲), 예천(醴泉), 주초(朱草) 등의 상서로움이 이른다(별과 구름과 샘과 흙이 다 좋은 특성을 지닌다—필자 주). (그러나) 일상적 윤리가 무너져서 정사와 교육이 피폐해지면 해와 달이 흉을 고하고 바람과 비가 재앙을 이루며, 살별들(혜성)이 나타나고 산이 무너지며 물이 마르는 변화가 일어나게 된다. 그런즉 이치로 다스려지는 것(理)과 이치로 다스려지지 않는 것(亂)의 기미는 인사(人事)를 살펴보면 알 수 있고, 이치로 다스려지는 것(理)과 이치로 다스려지지 않는 것(亂)의 형상은 자연현상에서 구해 보면 족하다.[8]

위와 같이 목은 이색은 첫 부분부터 "하늘과 사람은 간격이 없어서 감응이 어그러지지 않으니"(天人無間 感應不忒)로 시작하면서 그의 천인무간사상을 전개하고 있습니다. 즉 자연의 질서와 인간의 삶의 모습은 밀접한 연관성이 있다는 것과, 그렇기 때문에 하늘(자연현상)은 우리가 영위하는 삶의 자세에 따라 반응한다는 것이 목은의 기본적인 사상입니다. 즉 개인과 사회가 바른 삶의 모습을 가지면('오륜의 질서가 펴지고 정사와 교육이 밝아지면') 하늘로 대변되는 자연도 우리에게 좋은 혜택을 주지만, 개인과 사회가 그릇된 자세를 가지면('일상적 윤리가 어그러져서 정치와 교육이 피폐해지면') 하늘로 대변되는 자연도 우리에게 재앙을 준다는 인간·인륜 중심의 사고방식입니다. 즉 천인무간사상의 핵심은 각자가 구체적인 수양의 노력을 통해서 바른 삶의 자세를 갖는 것에 있습니다. 내 속에 있는 본성대로 온전히 깨달아 내가 하늘 같은 존재(천인)가 되는 것이 무엇보다 중요하다는 뜻입니다. 즉 내가 하늘 같은 존재가 되기 위한 구체적인 수양을 강조하는 것이 이색의 천인무간사상의 핵심이라는 것을 알 수가 있습니다.

이러한 사상적 기반 위에서 목은 이색은 주자학의 가장 중요한 표현인 성즉리 대신 '천즉리'(天則理)라는 표현을 사용합니다. 성(性)은 앞서 중국 신유학의 역사에서 살펴보았듯이 심(心)이나 천(天)에 비해 좀더 추상적인 개념입니다. 그래서 이색은 '수양 강조'를 좀더 절실하게 표현하기 위해 성즉리라는 개념을 확장해 '천즉리'를 주장한다고 해석할 수 있습니다.

> 天則理也 然後人始知人事之無非天矣 夫性也在人物 指人物而名之 曰人也物也 是跡也 求其所以然而辨之 則在人者性也 在物者亦性也 同一性也 則同一天也.
> 천(天)은 리(理)다. 그런 후에 사람들은 비로소 인사(人事)가 천(天)이 아님이 없음을 안다. 대체로 성(性)이란 사람과 만물에 존재하는 것으로 사람과 만물의 입장에서 이름 붙인 것이다. 사람이다 만물이다 하는 것은 자취이다. 그 소이연(所以然)을 찾아 변별해 보면 사람에게 존재하는 것은 성(性)이고, 만물에 존

재하는 것 또한 성(性)이다. 동일한 성(性)이므로 동일한 천(天)이다.[9]

이색은 위의 문장에서 '인사가 천이 아닌 것이 없다'(人事之無非天矣)라고 강조합니다. 여기서 우리는 우리의 일상적 삶(人事)에서 늘 하늘의 뜻대로 살아가기 위한 수양적 노력을 강조하려는 이색의 의도를 살펴볼 수가 있습니다. 일상적 삶에서 하늘 같은 존재로 살아가는 노력을 강조하는 용어는 앞서 주자의 사상에서 설명한 대로 거경, 성성(惺惺) 등의 여러 가지 용어가 있습니다. 그러나 천인무간적 전통이 강하고, 이색이 천과 인간의 존재론적 연관성을 천즉리(天則理)라고 표현한 데서 보듯, 조선의 주자학자들은 천과 인간의 존재론적 연관성을 강조했습니다. 중국 주자학자들은 복잡한 격물치지의 과정을 거쳐 결론으로 천즉리를 주장하는데, 목은 이색의 사상의 결론이 아닌 출발점이 천즉리였다는 사실은[10] 그의 천인무간사상 덕분에 가능하다고 이해할 수 있습니다.

그래서 수양적인 측면에서 하늘 같은 존재로 살아감을 강조하는 의미로 체천(體天)이라는 용어를 많이 사용합니다. 하늘의 뜻을 내 삶 속에서 구현해 내는 노력의 태도가 바로 체천이라 할 수 있습니다. 조선 주자학자들의 문집 전체를 묶어 펴낸 책인 「문집총간」(文集叢刊)에 무려 347회나 등장할 정도로 중요한 개념입니다. 이것은 이색을 비롯한 조선 주자학자들이 천인무간의 정서를 근거로 해서 실천적 수양에 얼마나 힘써 왔는지 잘 보여 주고 있습니다.

천인무간의 정서를 가지고, 사상의 출발점에서부터 천즉리를 주장하고 체천을 강조한 이색의 입장에서 수양은 자신의 본래성(천인)을 회복하는 일입니다. 이러한 일을 먼저 이룬 자들이 바로 유교의 성인들입니다. 그 가장 좋은 예는 고대의 가장 대표적인 성인이며 나라를 다스렸던 임금인 요순이기에, 이색은 다음과 같이 말하고 있습니다.

舜何人也, 予何人也, 有爲者亦若是.[11]
순임금은 어떤 사람이고, 나는 어떤 사람인가. 노력하기만 하면 또한 그처럼 될 수 있다.

지금까지 설명한 천인무간의 정서를 중국 주자학의 천인합일과 비교해 정리해 봅시다.

중국 주자학 천인합일	조선 주자학 천인무간
1. 나는 하늘과 분리된 존재다	1. 나와 하늘은 간격이 없다
2. 현실 속에서 나는 하늘같이 살아가지 못하고 있다	
3. 학문(수양修養)적 노력(居敬窮理)	
4. 하늘과 하나 됨에 도달	4. 하늘 같은 원래 모습의 회복

표 6-1. 중국 주자학과 조선 주자학의 차이

그러면 목은 이색에서 시작된 이런 천인무간의 특성이 후대의 학자들에게는 어떻게 반영되고 있는지를 살펴보겠습니다.

양촌 권근

양촌 권근(陽村 權近, 1352-1409)은 목은 이색의 문인이었고 사서오경의 구결(口訣: 한문원전을 읽을 때 운율이나 독송을 편하게 하기 위해서 달아 쓰는 토)을 정할 정도로 뛰어난 학자였습니다. 특히 그가 쓴 「입학도설」(入學圖說)은 우리나라 최초의 도설(圖說: 철학의 원리를 그림을 붙여 설명한 책)입니다. 그의 사상을 알아보기 위해서는 그의 대표작인 「입학도설」 중의 「천인심성합일지도」(天人心性合一之圖)를 살펴봐야 합니다. 하늘과 인간의 관계를 표현한 이 그림을 통해 목은과 양촌의 사상의 연관성을 살펴볼 수 있습니다.

그림 6-1. 천인심성합일지도

이 그림에는 몇 가지 특징이 있습니다. 첫째, 그림의 윗부분을 보면 '태극'이라는 단어는 나와 있지만 '무극'은 보이지 않습니다. 성리학의 핵심 사상 중 하나가 '무극이 곧 태극이다'라는 「태극도설」의 언급인데 왜 양촌은 무극을 생략했을까요? 그 이유는 목은과 마찬가지로 양촌의 주된 관심이 천이나 태극의 존재에 대한 형이상학적인 설명보다는 천과 인간의 존재론적 연관성을 규명한 후 실천적 수양을 권하는 데 있었기 때문입니다. 양촌은 무극과 태극의 관계에 대한 형이상학적 설명 또는 진술이 그리 중요하지 않다고 생각한 것으로 이해할 수 있습니다. 실제로 양촌의 제자가 왜 태극이나 무극 등의 내용 없이 하늘(天)만을 언급했는지 물었을 때 양촌은 '하늘' 한 단어만으로도 충분하다고 대답했습니다. 자신의 주된 관심을 하늘과 인간의 존재론적 연계성에만 강조를 두었기 때문입니다.

둘째, 위의 그림은 인간의 모습을 형상화한 것인데, 주돈이의 「태극도설」과 주자의 이기론을 합한 것입니다. 머리 부분에 태극이 있고 가운데 부분은 인간의 마음을 뜻하는 심(心)을 위주로 구성돼 있습니다. 이것은 목은과 마찬가지로 양촌도 하늘이 인간의 도덕적 실천에 반응하는 존재라는 인간중심적 천 사상을 가지고 있음을 보여 주는 대목입니다. 양촌의 사상을 잘 드러내 주는 문구를 살펴보겠습니다.

臣近伏覩去月二十六日開讀敎旨 爲因壽昌宮失火 以八事自責 欲聞讜言以消災變.
(참찬문하부사 권근이 상소하여 말하였다). 신(臣)이 지난 달 이십육 일에 개독(開讀)한 교지(敎旨)를 엎드려 살펴보건대, 수창궁에서 일어난 화재로 인하여 여덟 가지 일로써 스스로를 자책하시고, 바른 말을 들어서 재변을 없애고자 하셨습니다.

夫災異之興 恒由人作 或先事而示警 或後事而降罰.
대개 (인간의 삶에) 재난이라는 것은 항상 인간이 그렇게 만드는 것입니다. 하늘은 때로는 우리에게 재난이 닥치기 전에 경고거나, 또는 재난이 지나간 후에 벌을 내립니다.

天意幽遠 固難窺測 然觀人事 可以推知.
하늘의 뜻은 비록 깊고 깨닫기 어려우나, 인사를 가만히 살피시면 (하늘의 뜻을) 알 수가 있습니다.

自古天心仁愛人君 彰示譴告 必欲保佑而全安之 其有英明之資可以有爲之主 循襲故常 不肯振奮有爲 則天尤必降以非常之譴 以警告之 使之恐懼修省以有爲也.[12]
그래서 옛부터 하늘의 마음은 임금을 사랑하셔서 (임금을 통해) 나라를 보호하고 돕도록 먼저 보여 주십니다. 그래서 하늘이 영명한 자질이 있는 자를 임금의 자리에 앉히시는 것인데, (만약에) 임금이 예전의 상례를 잘 살펴서 진작하고 분발하여 행하지 못하시게 되면 하늘이 일상적이지 않은 재난을 내려서 경고하고, 두려워하고 수양하고 삼가므로 행함이 있게 하는 것입니다.

위의 문장에서도 하늘은 임의로 모든 것을 주관하는 것이 아니라, 인사에 반응하는 존재로서 나타납니다. 신하로서 양촌은 임금이 하늘의 대행자로서 백성들을 사랑하고 보호해야 하는 책무가 있으며, 그 책무를 다할 때 하늘이 재난이 아닌 좋은 것으로 도움을 임금에게 고하고 있습니다. 앞서 목은의 사상에서 본 대로 인간의 도덕적 행위에 따라 반응하는 하늘의 모습이 그대로 드러나고 있습니다.

셋째, 그림에서 인간의 마음을 잘 살펴보면 주로 실천적인 수양을 강조하는 의미에 대부분 가치론적 용어들(선, 악, 성찰 등)이 등장합니다. 그리고 무엇보다도 그중 마음 심(心)자의 아랫부분 중간에 경(敬)이라는 글자가 보입니다. 경은 실천적인 수양을 강조할 때 가장 중요한 용어입니다. 거경(居敬)과 짝이 되는 궁리(窮理)가 위의 그림에는 보이지 않는다는 점을 눈여겨보시기 바랍니다. 앞서 목은은 하늘 같은 존재로 살아야 하는 이유에 대한 이론적인 설명은 대폭 생략하고 실천적인 수양을 강조한다고 말씀드렸는데, 양촌의 대표적인 그림 속에도 궁리라는 이론적인 차원은 생략되고 거경이라는 실천적 수양론이 강조되는 것을 볼 수 있습니다. 즉, 천인무간을 사상적 기반으로 실천적인 수양을 강조한 목은의 사상적 특성을 양촌이 잘 공유하고 있다는 것을 보여 주는 좋은 예입니다.

회재 이언적

회재 이언적(晦齋 李彦迪, 1491-1553)은 조선 중종 때의 성리학자인데, 회재 이언적도 목은과 양촌에서 볼 수 있었던 조선 주자학의 특성인 천인무간사상을 나름대로 잘 발전시키고 있습니다. 우선 회재가 27세 때인 1517년에 쓴 원조오잠(元朝五箴) 중의 첫 번째 잠(箴言)인 외천잠(畏天箴: 하늘을 두려워하는 것에 대한 잠언)을 살펴보겠습니다. 원조오잠은 말 그대로 새해를 맞이하면서 회재가 자신의 삶을 수양하기 위해서 쓴 다섯 개의 잠언을 말하는데 1) 하늘을 두려워하는 것에 대한 잠(외천잠, 畏天箴), 2) 마음을 기르는 것에 대한 잠(양심장, 養心箴), 3) 공경한 몸가짐을 갖는 것에 대한 잠(경신잠, 敬身箴), 4) 잘못을 고치는 것에 대한 잠(개과잠, 改過箴), 5) 뜻을 돈독히 하는 것에 대한 잠(독지잠, 篤志箴)입니다. 이 다섯 개의 제목은 하늘과 같은 존재인 성인이 되기 위해서 수양에 힘을 쓰려는 회재의 생각을 잘 보여 줍니다. 그 중 첫 번째 외천잠의 내용은 다음과 같습니다.

天生我人 付畀者大 明命赫然 罔有內外 悖凶修吉 敢不祗畏.
하늘이 우리 사람을 낳으시니 부여하신 것이 크다. 밝은 하늘의 명령은 빛나 내외의 구분이 없으니 어그러지면 흉하고 잘 닦으면 길할 것이다. 어찌 감히 공경하며 두려워하지 않겠는가!

不言而信 不動而敬 無微不察 無隱不省 從事於斯 潛心對越 一動一靜 順帝之則 永言配命 俯仰無怍.
말하지 않아도 믿게 되고 움직이지 않아도 공경하게 되며, 미세한 것이라도 고찰하지 않는 것이 없으며 은밀한 것이라도 살피지 않는 것이 없다. 여기에 종사하여 마음을 잠잠히 하고 상제를 대하는 것같이 하여, 움직일 때나 조용히 있을 때나 모두 제왕의 법도를 따르면, 오래도록 천명에 부합하여 아래로나 위로나 부끄러움이 없을 것이다.

斯須有間 便是自絶 罔而幸免 生也可愧 毫釐有差 便是獲罪 禱旣無所 盍反諸己 克己復禮 是曰無墜.
(그러나) 잠시라도 그 틈이 있게 되면 이것은 스스로 끊어지는 것이니, (하늘과 나 사이에) 어그러짐이 있으면 속여서 요행히 벗어나더라도 부끄러운 삶이 될 것이다. 조금이라도 어긋나면 곧 죄를 얻는 것이다. 빌 곳이 없으니 어찌 자신을 돌아보지 않겠는가! 자신의 사욕을 이겨 예(禮)로 돌아가는 것을 '떨어짐이 없다'라고 한다.

存心養性 所以順事 不顯亦臨 其敢或欺 日乾夕惕 于時保之.[13]
마음을 보존하고 본성을 기르는 것이 모든 일을 순리에 맞게 하는 근원이 되는 것이다. 드러나지 않으나 임하여 살피시니 감히 속일 수 있겠는가! 밤낮으로 조심하여 이를 보존할지라.

위의 글은 조선의 유학은 개인의 수양과 실천적 노력을 말할 때 성즉리라는 중국 주자학의 핵심 명제 대신 천이라는 단어를 주로 사용하며, 하늘과 나의 존재론적 연계성 속에서 수양적 노력에 힘을 기울일 것을 주장한 목은-양촌의 흐름이 회재에게도 계속 연결되고 있음을 잘 보여쭙니다. 조선 주자학의 특성인 천인무간사상은 내가 원래 하늘 같은 존재였기 때문에, 내가 천을 회복하기만 하면 된다고 말했습니다. 앞서 목은의 사상에서 설명한 대로 성즉리라는 단계가 의미는 있지만, 첫 단계에서 반드시 성즉리임이 논리적으로 설명되어야 하는 중국 주자학에 비해서는 그 논리적 엄밀성이 그다지 요구되지 않는 이유가 바로 이것입니다. 중요한 것은 내가 회복해야 하는 것이 하늘의 마음이라는 점입니다. 그래서 수양론에서 이론적인 내용을 다룰 때에는 성즉리라는 명제가 물론 필요하지만, 일상적 삶 속에서의 수양 실천을 언급할 때는 천이라는 단어를 사용하고, 언급되더라도 매우 주재적이고 인격적인 천의 특성이 강하게 드러납니다. 위의 첫 번째 잠언의 제목이 "하늘을 두려워함"인 것도 이러한 특성을 잘 보여 주고 있습니다. 특히 위의 구절에서 "잠시라도 그 틈이 있게 되면 이것은 스스로 끊어지는 것이니, (하늘과 나 사이에) 어그러짐이 있으면 속여서 요행히 벗어나더라도 부끄러운 삶이 될 것이다. 조금이라도 어긋나면 곧 죄를 얻는 것이다. 빌 곳이 없으니 어찌 자신을 돌아보지 않겠는가!"라는 구절은 천인무간의 정서에서 하늘 같은 존재로 살아가야 되는 필요성을 매우 절실하게 언급하고 있습니다.

회재가 목은으로부터 이어지는 천인무간적 사상을 계승하고 있다는 것은 다른 여러 문헌에서도 쉽게 찾아볼 수 있습니다. 회재의 글을 좀더 살펴봅시다.

天人一理 顯微無間 人君奉天理物 一心合天 天有不應者乎 伏願殿下體成湯之心而盡事天之道.[14]
하늘과 인간은 하나의 이치이며 은미하게 드러남에 간격이 없으니, 전하께서 하늘을 받드시어(奉天) 만물을 이치로 다스리시고 하늘과 합하여 한 마음이 되시면(一心合天), 하늘이 어찌 응하지 않음이 있겠습니까. 전하께서는 탕(湯) 임금이 품으신 마음을 본받으셔서 하늘을 섬기는(事天) 도를 다하시기를 엎드려 소원하나이다.

臣等伏以天人之際 一理貫通 上下無間 天有愛君之心 而人有應天之實 故積誠 以動天 修德以勝災則天雖難感 於是而可感矣.[15]
신들이 엎드려 하늘과 인간의 관계를 살피건대 하나의 이치로 관통하며 하늘과 인간의 사이에 아무런 간격이 없사옵니다. (그리하여) 하늘이 전하를 사랑하는 마음이 있으며 인간[전하]은 하늘의 실제에 응할 수 있는 마음이 있는 것입니다. 그러므로 정성을 다하여서 하늘을 감동시키며, 덕으로써 수양하여서 재앙을 이기신다면 비록 하늘이 감응하기 어려워 보인다 하나 이때에 (하늘이) (이러한 수양적 노력에) 감응할 것이옵니다.

위의 예에서 보듯이 회재의 사상도 천인무간이라는 조선 주자학의 특성을 잘 드러내고 있습니다. 또한 양촌처럼 신하로서 임금이 덕으로 잘 다스리면 하늘이 도울 것이고, 임금이 덕으로 다스리지 않으면 하늘이 재앙과 변고를 준다는 인간중심, 도덕중심적인 천관을 그대로 계승하고 있습니다. 그래서 회재는 천인무간의 정서를 바탕으로 인간이 하늘에 대해 취해야 할 바른 태도로서 하늘을 두려워함(畏天, 외천), 하늘을 섬김(事天, 사천), 하늘을 받듦(奉天, 봉천), 하늘과 한마음을 이룸(一心合天, 일심합천) 등의 다양한 용어를 사용하고 있습니다. 이러한 노력을 통해서 이룰 수 있는 성인 됨의 경지도 물론 가능한 것입니다. 회재는 다음과 같이 말합니다.

人有厥性 本乎天理 初無不善 孰愚孰智 乃知聖賢 與我同類 求之則得 不求則失 其機在我 敢不自勖.[16]
사람이 그 본성을 가지고 있는 것은 하늘의 이치에 근본하기에 애초부터 선하지 않음이 없는 것이니, 누가 어리석고 누가 지혜롭겠는가? 이에 성인과 나는 같은 무리임을 알겠도다. 내가 (성인 됨을) 구하면 얻을 것이요, 구하지 않으면 잃는 것이니 (성인 됨의) 기틀은 바로 나에게 있으니 어찌 감히 힘쓰지 않겠는가.

위의 글에서 회재는 성현과 나는 같은 무리이므로, 내가 열심히 수양하면 성인의 경지에 이를 수 있음을 간명하지만 명확하게 주장하고 있습니다. 내가 원래 하늘 같은 존재였기에 성현과 나는 같은 무리이고, 성인이 되는 것은 나의 마음가짐에 달려있다는 전제에서 나올 수 있는 표현입니다.

지금까지 살펴본 목은 이색, 양촌 권근, 회재 이언적으로 이어지는 조선 주자학의 사상적 특성을 다음의 세 가지로 정리할 수 있습니다.

첫째, 중국 주자학의 '천인합일'에 비해 조선 주자학은 '천인무간'적 특성을 잘 드러낸다.

둘째, 조선 주자학의 전통은 천인무간사상을 바탕으로 내가 하늘 같은 존재(성인)가 되려는 '구체적이고 실천적인 노력'을 하늘과 나의 존재론적 연관성에 대한 '이론적 접근'보다 강조한다.

셋째, 조선 주자학의 전통은 하늘과 인간의 존재론적 연관성을 주장하면서, 인간의 도덕적 실천을 강조한다. 그래서 인간의 도덕적 노력 여하에 따라 하늘이 상과 재앙을 내린다는 '인간중심적, 도덕중심적 하늘사상'의 특성을 드러내고 있다.

그러면 이제 조선 주자학의 특성이 조선 최고의 유학자로 추앙받는 퇴계와 율곡의 사상에 어떻게 연관되는지 자세히 살펴보겠습니다.

7. 퇴계와 율곡의 사상

한국 유교의 최고봉이라 하면 보통 퇴계 이황 선생과 율곡 이이 선생을 꼽습니다. 이 두 학자는 주자학의 심오한 철학 가운데 가장 어려운 부분으로 손꼽히는 리(理)와 기(氣)의 문제를 심성과 연결 지어 명쾌하고 분명하게 통달했으며, 주자학과 유학의 가장 깊은 핵심을 이해하려면 이들의 학문을 이해해야 하기 때문입니다.

시대적 상황과 두 학자의 관심[1]

퇴계와 율곡은 같은 16세기를 살았습니다. 퇴계가 1501년생이고 율곡이 1536년생이니까 약간의 나이 차이가 있지만 서로를 귀하게 여기고 존경하던 사이였습니다. 이 두 학자의 사상을 살펴보기 위해서는 우선 16세기라는 시대 상황을 이해할 필요가 있습니다.

16세기는 사화(士禍)의 시대라고 할 만큼 선비들이 큰 타격을 입던 시기였습니다. '사화'란 말 그대로 선비들이 화를 입은 사건으로, 조선시대에 선비들이 서로 파벌을 이뤄 반대파들에게 화를 입히는 일을 말합니다. 특히 1498년(연산군 4년)의 무오사화, 1504년(연산군 10년)의 갑자사화, 1519년(중종 14년)의 기묘사화, 1545년(명종 즉위년)의 을사사화를 '4대 사화'라고 부릅니다. 그런데 퇴계가 1501년에 태어났으니 퇴계의 평생은 사화가 가장 극심할 때라고 볼 수 있습니다. 그리고 퇴계가 병약했기 때문에 이런 사회적 불안정과 개인적인 건강 문제도 그가 평생 벼슬보다는 낙향하여 개인의 수양에 힘을 쓴 간접적인 이유라고 볼 수 있습니다.

그러나 위의 4대 사화가 퇴계가 사회개혁(治人之學, 치인지학)보다는 스스로의 수양적 노력(修己之學, 수기지학)에 중점을 둔 결정적인 이유라고 보기는 어렵습니다. 실제로 율곡도 을사사화를 간접적으로 경험했고, 사화의 여파는 사림파 전체에 영향을 주었기 때문에 율곡도 그 영향을 받았습니다. 또한 율곡의 생애에서도 벼슬길에 대한 회의를 겪게 한 몇몇 사건이 있었습니다. 그러나 율곡은 줄곧 (퇴계에 비해서) 사회 개혁과 정계 진출을 통한 변화를 계속해서 모색했음을 기록을 통해 살펴볼 수 있습니다. 그래서 4대 사화 같은 시대적 불안정한 면만 가지고 퇴계와 율곡의 성향을 판단하는 주요인으로 삼기에는 불충분합니다.

퇴계가 조정의 출사를 숱하게 받았으나 계속 사임과 낙향을 반복한 것은 시대적인 요소나 개인적인 건강 문제보다도 그가 가진 기본적인 학문관과 수양에 대한 강한 열망에 기인한다고 보아야 합니다. 즉 퇴계는 스스로의 수양에 힘쓰다가 조정의 출사를 받게 되었을 때, 자신이 맡을 만한 벼슬이면 맡아 힘써 그 직무를 행하지만, 자신의 덕과 능력에 과분한 직분을 맡아 그 직을 수행하는 것은 임금을 돕는 것이 아니라 도리어 임금께 누를 끼치는 것이라 본 것입니다. 다음의 글에서 그의 생각을 잘 알 수 있습니다.

선생이 말씀하셨다. "나의 진퇴는 전과 후가 다른 듯하다. 전에는 명이 있으면 곧 달려갔고 후에는 부르면 반드시 사퇴하였으며, 가더라도 오래 머무르지 않았다. 그것은 자리가 낮으면 책임이 가볍고, 벼슬이 높으면 책임이 크기 때문이다. 옛날 어떤 사람은 대관(大官)을 제수받으면 곧 달려가서 "임금의 은혜가 지극히 무거우니 어찌 물러갈 수 있으랴?"하였다지만, 나는 그렇게 생각하지 않는다. 만약 출처(出處)의 의를 돌아보지 않고 한갓 임금의 총애만을 중히 여기면, 이것은 군신 간의 예와 의가 아니라 작록(爵祿)

때문이니 옳겠는가?"[2]

　같은 세기를 살았던 두 대학자의 경세(經世, 다른 말로는 치인)와 수기(修己)에 대한 관심의 차이는 이 두 학자가 직접 대화를 나눈 다음의 대화가 가장 분명하게 보여 줍니다.

　이이(李珥)가 선생(퇴계를 뜻함-필자 주)을 뵙고 "나이 어린 임금이 보위에 앉으니 국사가 어려우므로 선생께서 물러가시면 안 됩니다"라고 하였더니, 선생은, "도리로서는 비록 그러하나 내 일신으로 보면 물러가지 않을 수 없다. 원래 병이 많은 데다가 재간 또한 감당할 수 없다"하였다. 이이가 "선생께서 만약 경연(經筵)의 소임을 맡으시면 도움이 클 것입니다. 벼슬은 남을 위해 하는 것이지 어찌 자신을 위해 하는 것이겠습니까?"하니 선생은, "벼슬하는 사람은 원래 남을 위해 하는 것이지만, 만일 이익이 남에게 미치지 못하고 자신에게 근심만 끼친다면 도리 없는 일이다"하였다. 이에 대해 이이가 "선생이 조정에 계시면서 설령 아무런 일도 하시는게 없다고 하더라도, 임금이 의지하고 백성의 뜻이 기쁘게 의지한다면, 또한 이익이 남에게 미치는 것이 아니겠습니까?"하였으나 선생은 듣지 않았다.[3]

　위의 예에서 보듯이 퇴계와 율곡은 당대 최고의 유학자이면서도 학문적 성향과, 시대와 자신을 바라보는 관점에서는 서로 달랐습니다. 두 분 중에 누가 옳은지는 아무도 판단할 수 없습니다. 다만 이런 기본적인 차이를 눈여겨보면 두 학자 사이의 학문적인 차이도 잘 읽어 낼 수 있습니다.

퇴계의 생애[4]

　퇴계 이황은 연산군 7년(1501년) 경상도 예안현(禮安縣) 온계(溫溪, 현재의 안동시 도산면 온혜리)에서 진사 이식(李埴)의 6남 1녀 중 막내로 태어나 선조 3년 (1570년)에 돌아가실 때까지 다섯 임금 가운데 네 임금(중종, 인조, 명종, 선조)에게 벼슬을 제안받고 또 실제 벼슬을 살았습니다. 그리고 앞서 언급한 대로 퇴계의 생애 동안 공교롭게도 조선시대의 4대 사화가 다 일어났고, 을사사화(1545년) 때는 퇴계가 직접적으로 피해를 입기도 했습니다. 이렇게 시대적으로 암울하고 불안한 시기였지만 퇴계는 참으로 선비다운 고고함을 유지한 채 수양에 힘쓴 위대한 인물이었습니다. 국내 퇴계 연구의 권위자인 금장태 교수는 퇴계를 다음과 같이 평가하고 있습니다.

> 한국 유교에서 퇴계의 위치는 금강산 일만 이천 봉 가운데 비로봉에 견줄 수 있겠다. 그 인격의 고매함은 따뜻한 빛으로 우리 삶을 비춰 주고, 그 학문의 심원함은 맑은 샘으로 우리 정신을 해갈시켜 주기에 넉넉한 철인(哲人)이다…퇴계 철학은 백두산에서 뻗어 나와 한반도의 척추를 이루는 백두대간으로 달려 나가듯 한국 사상사를 관통하여 큰 줄기를 이루었다.[5]

이 인용문에서 볼 수 있는 바와 같이 퇴계에 대해 높이 평가하는 이유는, 퇴계야말로 우리나라 유학 역사를 통틀어 성인이 되기 위한 수양적 노력에 가장 힘을 쓰고, 실제로 그 경지에 거의 다다른 학자로 존경받는 인물이기 때문입니다.[6] 퇴계의 삶의 태도를 그의 제자 학봉 김성일(金誠一)은 다음과 같이 묘사했습니다.

> 선생님께서는 겸허함을 덕으로 삼으셔서 털끝만큼도 교만한 마음이 없으셨지요. 도를 이미 분명히 깨달으셨으면서도 마치 깨닫지 못한 사람처럼 행동하셨고, 그 덕이 이미 높으셨지만 언제나 겸손하셔서 덕이 부족한 듯이 여기셨습니다. 스스로를 채찍질하는 마음이 돌아가시는 날까지 언제나 한결같으셨습니다. 그분의 마음가짐은 차라리 성인이 되시려고 공부함에 도

달하지 못하실망정, 어떤 한 가지만 잘해서 이름을 내기를 원하지 않으셨습니다. 세상 사람들 중에서 자신의 이름을 크게 과장되게 나타내려고 하는 것을 보시면 매우 옳지 않은 것으로 여기셔서 반드시 그 일을 거론하시어 경계를 삼으셨습니다.[7)]

위와 같이 퇴계의 삶은 매우 고귀하고 귀감이 되었습니다. 그러면 지금부터는 퇴계의 삶에 대한 구체적인 기록을 몇 가지로 나누어 살펴보겠습니다.

다음은 정순목 교수의 「퇴계평전」에 나온 내용을 항목별로 분류한 것입니다. 인용 부분에서 괄호로 표시된 부분은 위 책의 쪽수를 뜻합니다.

거처하는 곳은 조용하고 정돈되었으며, 책상은 반드시 깔끔하였다.…새벽에 일어나면 반드시 향을 피우고 정좌하였으며 하루 종일 책을 읽어도 게을리 하는 모습을 보인 적이 없었다. (204쪽)

선생은 검소한 것을 숭상하였다…계상의 집은 겨우 십여가(十餘架)로 심한 추위나 더위나 비에, 남들은 견딜 수 없을 지경이지만, 선생은 넉넉한 듯이 여겼다. 영천군수 허시가 지나가다가 선생을 뵙고는 '이렇게 비좁고 누추한 곳에서 어떻게 견디십니까?' 하니 선생은 천천히 '오랫동안 습관이 되어 어려운 것을 모릅니다' 하였다. (212쪽)

끼니마다 세 가지 반찬을 넘지 않았고, 여름에는 마른 포 한 가지뿐이었다. (230쪽)

선생은 쉰이 되도록 아직 집을 마련하지 못하였다. (231쪽)

하루는 이덕홍이 '때로 마음속에서 수레를 뒤엎는 것 같은 것이 일어나는

데 무슨 까닭입니까?' 하고 물었다. 선생이 대답하기를, '마음의 기운이 안정되지 못하기 때문에 그런 것이다. 그러나 '마음'은 원래 사념이 없이 고요한 것이므로, 만일 안정하기만 한다면 이러한 갈등이 일어날 수 있겠는가' 하였다. (186쪽)

이덕홍이 암서헌(巖栖軒)에서 모시고 있을 때 학문은 먼저 주재(主宰)를 세워야 한다고 하였다. '어떻게 하여야 주재를 세울 수 있습니까?' '공경하는 태도(敬)로써 주재를 세울 수 있다'…처음 공부하는 사람에게는 정제·엄숙만한 공부가 없다. 무엇을 억지로 찾으려 하지 않고, 이리저리 맞추려 하지 않고, 다만 규구(規矩)와 준승(準繩)에 입각하여, 남이 보지 않는 곳에서도 경계하고 삼가서 마음을 함부로 날뛰게 하지 않게 한다면, 오랜 뒤에 자연히 성성(惺惺)하고 불용(不容)하여 조금도 망조(忘助)의 병통이 없게 될 것이다. (188쪽)

시냇물을 십리 밖에서 끌어와도, 물 댈 곳은 넓어서 멀리 있는 사람들은 가뭄에 물을 얻을 수가 없으며 해마다 수확이 줄었다. 선생은 이것을 보고, '이것은 내 논이 위에 있기 때문이다. 내가 이것을 밭으로 만든다면 물이 말라도 먹을 수 있지만 저들은 논이 마르면 농사를 지을 수 없다' 하고 즉시 그 논을 밭으로 만들었다. 그가 남의 사정을 미루어 생각함이 이와 같았다. (221쪽)

또한 뒷날 이담이 승지로서 밤에 입대하였을 때, 왕이 선생의 인품에 대해서 묻자 또한 이렇게 아뢰었다. '나는 안동에 오래 살았는데, 부중(府中)의 사람들을 만나 보면 비록 천한 노예들이라도 반드시 '퇴계 선생'이라 부르면서 모두 존경하고 우러러 받들곤 하였다. 비록 선생의 문하에 출입이 없는 촌사람일지라도 두려워하고 사모하여 감히 함부로 굴지 아니하였다. 그래서 혹 옳지 못한 행동을 한 사람은 퇴계 선생이 알까 두려워했으니 그의 교화가 사람들에게 끼침이 이러합니다.' (191쪽)

퇴계는 위에서 보는 바와 같이 평생 수양하며 성인의 도를 따라 살아갔습니다. 이제 그가 가졌던 사상의 면면을 간략히 살펴보겠습니다.

퇴계의 사상[8]

국내 최고의 주자학자인 이기동 교수에 의하면 퇴계의 학문은 "천아무간, 아내천"(天我無間, 我乃天: 하늘과 내가 서로 간격이 없으며, 바로 내가 하늘 [같은 존재]이다)으로 정리될 수 있다고 합니다.[9] "천인무간"에서 "인"은 "사람"이라는 뜻이기에 나와 남을 다 포함한 개념입니다. 그런데 퇴계는 바로 성인이 되기 위한 수양을 더 절실하게 하기 위해 나와 남을 포함한 '인'이 아닌 나만을 뜻하는 '아'를 썼습니다. 그는 평생 동안 늘 스스로 수양에 힘써 그가 품은 모든 뜻, 생각, 행실이 하늘의 뜻에 부합하도록 살아온 참선비였습니다.

이런 면에서 퇴계의 사상 핵심은 앞서 말씀드린 대로 목은-양촌-회재로 이어지는 천인무간의 사상을 더 자신의 수양에 절실하게 표현하기 위해 '천아무간'(天我無間)사상으로 발전시켰다고 이해할 수 있습니다. 그러면, 우선 조선 주자학의 특징이었던 천인무간사상이 어떻게 퇴계에 와서 천아무간으로 정리되는지 그 사상적 흐름을 살펴보겠습니다.

천인무간과 천아무간[10]

퇴계는 장횡거의 작품인 「서명」(西銘)의 '여자묘언'(予兹藐焉, 나는 여기서 아주 보잘것없다)이라는 문장을 해석하면서 다음과 같이 풀이하고 있습니다.

'나'라는 의미의 글자인 여(予) 자와 「서명」 가운데의 아홉 개의 오(吾) 자는 본래 사람을 지칭한 말인데, 사람이란 자기라는 말이다. 그러나 무릇 이 글을 읽는 자가 이 (나를 가리키는) 열 개의 글자를 횡거 자신을 지칭하는 것으로 이해해도 안 되고 또 다른 사람들이 그들 자신을 일컫는 것으로 이해해도 안 된다. 모두 마땅히 자임하여 자기의 일로 삼아야 한다.[11]

위의 문장에서 퇴계는 '사람'이라고 표현된 글자들을 단지 일반적인 모든 사람을 뜻하는 사람이라 이해하지 말고 '자신'으로 이해해야만 학문하는 자가 더 절실하게 수양을 할 수 있다고 말하며 실제로 그러한 삶을 평생 살아갔습니다. 천인무간의 '인'(人)은 보통명사로 '사람'의 의미이지만, 퇴계는 자기 스스로가 수기적 노력을 행하기를 더욱 강조한다는 의미에서 '천아무간 아내천'이라며 '나'(我)를 강조한 것입니다.

퇴계의 사상에서도 나와 천(天)의 관계를 복잡하게 설명하는 우주론은 대폭 생략되어 있으며, 내가 하늘 같은 존재로서 어떻게 살아갈 것인가에 대한 구체적이고 실천적인 수양적 노력이 강조돼 있습니다. 조선 주자학의 근본적인 특성을 퇴계도 충실히 계승하고 있다고 볼 수 있는 것입니다.

수양론: 경(敬)에 대한 강조

퇴계가 구체적이고 실천적인 수양의 노력을 강조한 것에 대해 조선 주자학의 역사 전체에서 가장 중요한 작품으로 평가받는 퇴계의 「성학십도」(聖學十圖)를 중심으로 좀더 살펴보겠습니다. 이 작품은 퇴계가 68세 되던 해 12월에 유학의 핵심을 열 개의 그림과 그에 대한 설명으로 간결하게 집약시킨 퇴계의 대표작입니다.[12] 이 작품은 단순히 유학의 핵심을 정리하기 위해서만이 아니라 당시 17세의 어린 나이로 왕의 자리에 오른 선조가 이 책의 가르침을 숙지해 성왕이 되기를 간절히 바라는 마음에서 편찬한 것이었습니다. 더구나 퇴계가 병약하고 죽음을 얼마 앞두지 않은 상태에서 이 책을 편찬했다는 것은 퇴계가 그저 혼자 수양만 하는 것에 관심을 기울인 학자가 아니라, 조선의 신하로서 조선의 태평성대에 대한 염원(사회적 책임)이 가득했음을 알게 해줍니다. 퇴계가 이 책을 편찬해 올리면서 선조께 아뢰었던 내용을 인용해 보겠습니다.

> 신(臣)은 추위에 떨리며 병으로 거동이 어려운 가운데서 「성학십도」를 작성하고 있기 때문에 눈이 어둡고 손이 떨려 글씨가 단정하지 못하며, 글의 줄과 글자가 바르고 고르지 못합니다…본문의 도표(圖表)와 설명을 열 폭의 종이에 나열하였습니다. 이 도표와 설명을 깊이 생각하시고 익히셔서 평소 조용히 혼자 계실 때에 공부를 하신다면 도(道)를 깨달아 성인(聖人)이 되는 요령이 여기에 있다는 것을 아시게 될 것이며, 본래의 마음을 바로잡아 나라를 다스리는 근원이 모두 여기에 갖추어져 있다는 것을 아시게 될 것입니다. 오직 이러한 진실된 의미를 깊이 살피시고 정신을 가다듬어 뜻을 더욱 두터이 하셔서 처음부터 끝까지 여러 번 반복하시고, 번거롭다고 하여 중지하지 않으신다면, 국가로서도 다행한 일이며 온 백성들에게 있어서도 다행한 일이라 하겠습니다.[13]

위의 발문(跋文)을 통해 병에 걸려 심약한 상태의 노학자가 나라를 위한 우국충정의 마음이 얼마나 지극했는지를 볼 수가 있습니다. 스스로는 하늘 같은 존재가 되려고 자기 수양에 힘쓰면서도, 병약한 노년에 이르러서도 나라의 운명을 걸머진 어린 왕이 성왕이 되기를 간절히 바라고 있는 위대한 학자의 아름다운 모범이었습니다.

유학에서 수양을 통해 성인이 된다고 할 때, 구체적인 수양적 노력에서 가장 강조되는 용어는 경(敬)입니다. 유학에서 경은 하늘로부터 받은 이치를 간직하고 유지하려는 인간의 노력을 칭하는 용어인데, 퇴계는 「성학십도」(聖學十圖)에서 유학을 한마디로 표현하면 '경'이라고 표현하고 있습니다.[14] 이것은 퇴계가 "천아무간 아내천"(天我無間 我乃天)으로 수양적 노력을 절실하게 강조했기에 당연한 논리로 볼 수도 있습니다. 그러면 조선 주자학의 백미라고 일컬어지는 「성학십도」의 기본 구조를 구체적으로 분석해서 퇴계의 사상에서 경이 얼마나 중요한 위치를 차지하고 있는지 살펴보겠습니다.

번호	도(圖)의 명칭	주요한 철학적 용어들
1	태극도(太極圖)	태극(太極)
2	서명도(西銘圖)	하늘, 인간, 본성의 연계성: 우주-인간적 비전
3	소학도(小學圖)	도덕(道德), 수양(修養), 성인(聖人)
4	대학도(大學圖)	수양(修養), 지행(知行), 성인(聖人), 경(敬)
5	백록동규도(白鹿洞規圖)	수양(修養), 궁리(窮理)
6	심통성정도(心統性情圖)	수양(修養), 심(心), 성정(性情)
7	인설도(仁說圖)	인(仁), 심(心), 수양(修養)
8	심학도(心學圖)	인(仁), 경(敬), 수양(修養)
9	경재잠도(敬齋箴圖)	심(心), 경(敬), 수양(修養)
10	숙흥야매잠도(夙興夜寐箴圖)	심(心), 경(敬), 수양(修養)

표7-1. 「성학십도」의 구조

위 표에서 살펴보듯이 성학십도 전체를 관통하는 가장 중요한 단어는 심(心), 경(敬), 수양(修養) 등의 수양론적 용어입니다. 이것은 앞서 계속 살펴본 천인무간의 기본적인 정서 위에서 퇴계 또한 우주론적 관심보다는 내가 하늘 같은 존재로 살아가기 위한 구체적이고도 실천적인 수양적 노력을 강조한 것을 볼 수 있습니다. 내가 수양을 하기 위해서는 마음공부가 중요하고, 그 마음공부의 핵심이 바로 경이기 때문입니다. 또한 천과 인간에 대한 이론적이고 철학적인 설명보다는 경을 통한 구체적인 수양적 노력을 강조한 것이 「성학십도」, 그리고 조선 주자학의 특징입니다.

경세관: 나(公我)와 사회적 실천[15]

저는 지금까지 퇴계가 구체적인 수양적 노력을 통해 성인 됨에 목표를 두고 평생 노력한 학자였다는 점을 설명했습니다. 또한 퇴계는 선비로서 그리고 신하로서 조선을 태평성대로 만들기 위해 임금에게 「성학십도」를 올리는 등 사회적인 책임도 소홀히 하지 않았습니다.

그렇다면, 나의 수양과 사회적 책임을 다하는 존재로서의 책임을 다하는 퇴계의 사상적 연관성을 그의 글을 중심으로 설명하겠습니다. 우선 이 내용을 좀더 잘 이해할 수 있도록 그림으로 설명해 보겠습니다.[16]

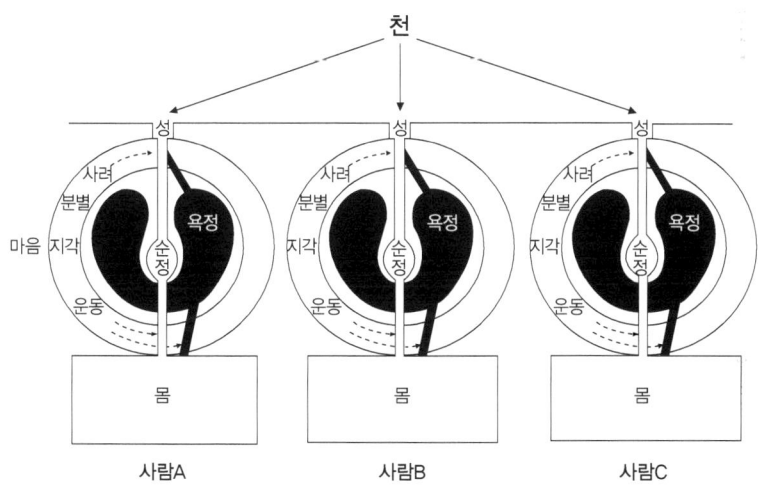

그림 7-1 인간심성에 대한 주자학적 이해

그림 7-1은 주자학적 인간 심성론을 표현하고 있습니다. 윗부분에 보면 하늘과 사람의 본성이 존재론적으로 연결돼 있습니다. 이것은 「중용」 제1장의 "하늘이 명한 것을 일컬어 [인간의] 본성이라고 한다"(天命之謂性)라는 구절을 표현한 것입니다. 만물을 조화롭게 영위하고 만물을 살리는 하늘의 작용이 내 마음속의 본성과 존재론적으로 연결돼 있다는 뜻입니다. 주자학에서는 기본적으로 마음이 성(性)과 정(情)으로 구성되어 있다

고 이해하는데, 성(性)이 정(情)으로 발현될 때 사려, 분별, 지각, 운동으로 대별되는 우리의 의식작용이 개입하고, 그 작용의 결과로 본성이 그대로 순정(純情)으로 발현되거나 또는 어그러진 욕정(慾情)으로 발현됩니다. 감정에서 우리 몸의 행동으로 드러날 때에도 역시 의식작용이 개입합니다. 만약 A라는 사람에게 하늘의 본성이 올곧게 순정으로, 다시 순정이 올곧게 순수한 행동으로 완전히 드러난다면 그 사람은 이 세상에 살지만 하늘로 살아가는 사람이라고 말할 수 있습니다. 그런 마음은 곧 하늘의 마음이요, 천지의 마음이며 나의 마음인 동시에 천만인의 마음이 되는 것이기에 곧 하늘의 마음, 성인의 마음입니다.[17] 그러므로 이 사람은 이 세상 속에서 특정한 '나'로 살아가지만 그 '나'는 개인적인 나(私我)가 아니라 공적인 나(公我) 또는 하늘로 살아가는 나의 존재가 되는 것입니다.

그래서 만약에 내가 완전히 나(公我)로 살아간다면 그 사람의 삶은 하늘의 입장에서 살아가는 사람이므로 하늘의 삶, 진정한 나(公我)의 삶, 이웃(사람 B, 사람 C와 모든 자연만물까지)을 내 몸처럼 사랑하는 삶이 됩니다. 퇴계는 이런 면에서 공아(公我)와 사아(私我)를 구분해 다음과 같이 설명합니다.

'공자께서 네 가지를 단절하셨으니 뜻을 밀어붙이는 것, 반드시 하려는 것, 고집하는 것, 자기(我)가 아니면 안 된다는 것을 단절하셨다'고 했을 때의 아(我)라는 글자는 사사로운 것(私)이다. 공자께서 이른바 '내'(己)가 서기를 원한다면 남을 세워주라'고 했을 때의 기(己)는 공(公)적인 뜻이지만, 안연(安淵)의 나를 극복하고 예로 돌아간다(克己復禮)에서의 기(己)라는 글자는 사(私)적인 뜻이다. 이 여러 글자의 일컬음은 본래 모두 '나'라는 하나의 글자지만 (그 뜻은 경우에 따라) 어떤 때는 공(公)이고 어떤 때는 사(私)가 되므로, 천리(天理)와 인욕(人欲), 득(得)과 실(失)이 나눠지는 것이 하늘과 땅처럼 현격할 뿐만이 아니다. 조그만 차이가 있어도 천리(天理)가 어긋나는 것이니 더욱 살피지 않을 수 없다.[18]

이상에서 보는 바와 같이 퇴계는 천인무간의 조선 성리학의 특징을 더욱 절실하게 표현하여 천아무간으로 이해하면서 성인이 되기 위한 수양적 노력을 그의 경 사상을 중심으로 매우 강조했습니다. 그러면서도 동시에 선비로서, 신하로서 조선을 이상사회로 만들기 위한 노력에도 심혈을 기울였습니다. 이런 퇴계의 노력이 가능했던 이유는, 그가 '천아무간'의 공아(公我)적 차원을 극대화하는 데 중점을 두어 자기 수양과 사회적 실천이라는 두 가지 방면 모두에 힘썼기 때문이었습니다. 즉 퇴계는 스스로의 수양을 누구보다 강조했지만, 그러면서도 '자기(己)'를 개인적 욕심을 추구하는 면(私我, 私己)과 하늘의 품성을 받은 공통적인 면(公我, 公己)으로 구분하고 공아적 차원을 통해 치인지학(治人之學)으로 연결했습니다.

신하의 입장에서 사회를 개혁하는 방법은 모시는 임금을 성왕으로 만드는 것이 가장 빠른 길입니다. 앞서 언급했듯, 퇴계는 선조가 하늘 같은 성왕이 되어 그 마음으로 백성을 다스림으로써 조선의 태평성대를 이루길 바라는 마음으로 「성학십도」를 올렸습니다. 그래서 퇴계는 벼슬하던 시절, 하늘과 사람이 서로 감응하는 이치가 있음을 강조하여 경연(經筵)에 나아가 가뭄이 심할 때에는 임금이 반찬의 가짓수를 줄일 것과 죄인을 사면하는 것을 삼갈 것을 임금께 요청했으며, 또한 가축 전염병이 심할 때에는 임금의 수양과 반성을 요청하기도 했습니다.[19] 경연이란 임금과 당대 최고의 학자들이 함께 만나(원칙은 하루에 세 차례) 유교의 경전을 서로 강독하며 시국의 현안과 문제점들에 대해 토론하고 경전을 통해 그 의미와 적용점을 연구하는 일종의 임금을 위한 강학회(講學會)의 성격을 지닌 것이었는데, 퇴계는 경연관(經筵官)으로 봉직하면서 임금을 성왕으로 만들기 위한 여러 가지 유학의 가르침과 내용을 진언한 것입니다.

또한 퇴계는 53세 때, 당시 명종이 21세가 되자 수렴청정하던 대왕대비에게 임금이 몸소 정사를 다스리게(親政)해 줄 것을 요구하는 「환정교서」(還政敎書)를 지어 올렸으며[20] 말년에는 새로 등극한 17세의 선조에게

「무진육조소」(戊辰六條疏)를 올려 정치의 기본 원리와 당면 과제를 제시했습니다. 「무진육조소」에서 퇴계는 임금이 성왕으로서 조선을 잘 다스려주기를 바라는 마음으로 왕실의 계통을 중히 하고 인효(仁孝)를 온전히 할 것, 참소와 이간을 막아 임금의 생가와 양가 모두를 편안히 할 것, 성학(聖學)을 독실하게 하여 정치의 근본을 세울 것, 도덕과 학습을 밝혀 인심을 바르게 할 것, 심복을 믿어 이목(耳目)을 튼튼히 할 것, 성심으로 몸을 닦고 살펴 하늘의 사랑을 받게 할 것 등을 건의했습니다.[21] 68세 되던 해 12월에는 「성학십도」(聖學十圖)를 완성해 올렸습니다.

이로써 우리는 퇴계가 신하로서 임금을 성왕으로 만들기 위해 자신의 책임을 다하는 아름다운 모범을 볼 수가 있습니다. 이런 면에서 퇴계는 조선 5백 년 유학 역사상 가장 위대한 선비라는 칭호를 얻을 수 있었습니다.

율곡의 생애[22]

율곡은 퇴계보다 늦은 1536년(중종 31년) 음력 12월 26일 강릉부 북평촌(지금의 강원도 강릉시)에서 태어났습니다. 아버지는 이원수(李元秀), 어머니는 사임당 신 씨였습니다. 율곡의 아버지는 당시로는 그다지 높지 않은 육품관인 사헌부 감찰을 역임했는데 지금의 법무부 중견 관리 정도에 해당되는 직책입니다. 어머니인 사임당 신 씨는 7세 때 이미 산수화를 그렸으며 글, 글씨, 경전, 바느질, 수(繡) 놓기, 몸과 마음가짐 등에서 한 치의 흐트러짐도 없는 대단한 분으로 전해집니다. 본래 워낙 영특한 데다 어머니의 철저한 교육 덕택에 율곡은 조선시대 5백 년을 통틀어 가장 천재적인 인물로 통합니다. 조선왕조실록에는 율곡에 대해 다음과 같이 쓰고 있습니다.

(이이는) 성품이 순수하고 근실하였으며, 총명함이 세상에 뛰어났다. 나이 겨

우 7세에 읽지 않은 책이 없었고, 문장과 박학함으로 사람들이 신동이라 했다. 커서는 산수에 노닐면서 시를 읊으며 스스로 얻은 바가 있었고, 원대한 뜻이 있었다. 부친이 죽은 뒤에는 지나칠 정도로 슬퍼하였고, 3년 동안 죽을 먹으며 제사에 바칠 음식을 손수 준비하였다.[23]

이 글에 의하면 율곡은 학문적으로나 인품에서나 부모님 섬기는 데 있어서나 모두의 귀감이 될 만한 분이었음을 알 수 있습니다. 학문적으로는 율곡이 이미 10세 때 쓴 글에서 장자(莊子)를 비판한 것으로 보아 노장(老莊)과 관련된 책도 두루 읽었음을 알 수 있습니다. 율곡이 16세 때인 1551년에 어머니 신사임당이 돌아가시자, 3년 동안 여막(廬幕) 생활을 하며 어머니를 추모했습니다.

율곡은 어머니의 장례를 마친 뒤 인생의 의미에 대해 고민하던 중 금강산에 가서 불교를 공부합니다. 이후 유학적 입장에서 불교를 비판한 내용을 기록으로 남겼습니다. 불교를 공부하고 돌아온 청년 율곡은 자신의 삶에서 새로운 다짐을 할 필요를 느끼고 자경문(自警文, 스스로 경계하는 글)을 지어 수양의 자세를 가다듬습니다. 율곡 또한 퇴계와 마찬가지로 수양을 통해 성인이 되는 데 학문의 목표를 세우고 진력을 다한 학자임을 잘 알 수 있습니다. 이런 면에서 자신이 학문을 통해 이룰 바와 자신의 삶의 태도를 분명하게 세우는 일(立志)이 얼마나 중요한지 새삼 느낄 수 있습니다.

자경문에서는 주로 이기론이나 형이상학적인 논의보다는 수양, 마음공부, 생활의 바른 자세 등을 강조합니다. 이것은 조선조 유학의 기본적인 특성인 구체적이고 실천적인 수양이 율곡에게 그대로 계승됨을 보여 주는 좋은 사례입니다.

율곡의 사상

앞서 언급한 대로 천인무간사상을 계승하는 흐름에서 퇴계가 개인의 수양을 통한 성인 됨을 우선시했다면, 율곡은 천인이 살아가는 이 땅 조선이 왜 태평성대를 이루어 대동사회(大同社會, 요순시대와 같은 가장 태평한 사회)가 되지 못하는가에 대한 안타까움으로 사회 개혁을 위한 노력에 더 중점을 두었습니다. 물론, 앞서 자경문에서 보았듯 율곡 또한 스스로의 수양을 통해 성인이 되고자 하는 데에도 노력을 경주했습니다. 동시에, 정계에도 진출해 벼슬을 통해 적극적인 정치적 도를 실현하는 노력을 기울였습니다.

율곡처럼 당시의 시대 상황을 안타까워하며 선비로서 정계에 진출해 조선을 대동사회로 만들기 위한 노력을 하는 것은 어떤 면에서 유학자의 가장 기본적인 태도입니다. 유학은 기본적으로 수기(明明德)와 치인(親民)을 통해 이상사회 건설(止於至善)을 목표로 하는 사상이기 때문입니다.

벼슬을 통한 유학적 경세론의 실현

우선 율곡은 수기와 치인 중에서도 유학자로서의 치인의 중요성을 강조하면서 조선을 대동사회로 만들기 위해 본인이 벼슬에 적극적으로 나가 유학적 경세론(經世論, 세상을 개혁하기 위한 일련의 활동에 대한 이론)을 펼쳐야 한다는 생각을 항상 가지고 있었습니다. 그래서 율곡은 평생 동안 벼슬길에 나아가 최선을 다해 유학적 정치 이념의 실현을 위해 노력했습니다. 퇴계는 최대한 평생 벼슬을 사양하고 물러나 자신의 수양을 위해 힘썼다면 율곡은 다양한 벼슬을 두루 경험하며 실천한 사상가라고 평가할 수 있습니다.

율곡은 29세가 되었을 때 정6품에 해당하는 직책인 호조 좌랑에 임명됩니다. 당시 통상적으로 문과에 급제를 해도 9품 벼슬을 받고 참상관

(參上官)이 되는 데 최소 7년이 걸렸지만 율곡은 문과에 수석으로 합격해 이 기간을 한꺼번에 면제받고 곧바로 참상관이 됐습니다. 기록상으로 율곡이 처음으로 시험을 치른 것은 불과 13세 때(1548년)였습니다. 이때가 진사과의 초시에 합격했습니다. 21세 때인 1556년에는 한성시(漢城試)의 장원(수석)으로 뽑혔고, 그가 29세 때(1564년) 대과에 장원급제를 합니다. 이것은 율곡이 얼마나 대단한 사람인지 보여 줍니다. 모든 시험을 다해 총 아홉 번을 수석으로 합격했습니다. 그래서 사람들은 율곡을 만나면 '구도장원공'(九度壯元公, 아홉 번이나 장원한 분)이라고 높여서 불렀고, 율곡은 조선 전체에 가장 영민한 학자로 이름을 알렸습니다. 율곡은 호조 좌랑으로부터 시작해 예조 좌랑, 사간원 정언, 이조 좌랑, 사헌부 지평 등 수많은 벼슬을 하며, 지금의 국방부 장관에 해당하는 병조판서 자리에까지 올랐습니다.

임금을 성왕으로[24]

조선을 대동사회와 같은 이상사회로 만들 수 있는 가장 빠른 길은 임금이 성왕이 되어 다스리는 것이기에, 율곡은 임금이 성왕이 되도록 때때로 조언과 상소 등을 통해 신하로서의 역할을 다합니다.

1569년(선조 2년) 6월, 율곡은 정오품 벼슬인 홍문관의 교리(校理) 벼슬을 했습니다. 홍문관은 당시 궁중의 경서와 사적(史籍)을 관리하며, 문서를 처리하고 또한 임금의 자문에 응하는 기관이었습니다. 교리는 왕의 자문에 응하는 임무 때문에 자주 왕에게 조정(朝政)의 옳고 그름을 논하거나 간언하는 역할을 했습니다.

조선시대에는 임금의 자리를 맡게 될 세자의 신분일 때 일찍이 서연(書筵)이라 해서 위대한 사상가들의 가르침을 받고, 임금이 된 후에는 경연관을 통해 보통 매일 아침에 조강(朝講)을 실시하는 것이 원칙이었습니다. 주강(晝講)과 석강(夕講)까지 세 번 강의하는 경우도 많았습니다. 경연관은 앞서 설명한 대로 당대의 가장 훌륭한 학자들이 주로 맡았는데, 퇴계도 경연관을 거쳤으며, 율곡도 당시 홍문관의 교리이자 경연관을 겸했습니다. 그럼, 경연관으로서 율곡이 임금에게 어떻게 말하고 있는지 1569년 8월 율곡이 선조에게 「맹자」를 가르치면서 올린 글을 통해 살펴보겠습니다.

홍문관 교리 이이가 경연의 자리에서「맹자」를 진강하면서 아뢰기를, "…임금으로서는 한 시대의 사조가 어떠한지를 살펴서 그 사조가 잘못되었으면 마땅히 그 폐단을 바로잡아야 하는 것입니다. 오늘날은 권세 있는 간신들이 국정을 마음대로 처리한 뒤를 이어받아 선비의 습속이 쇠약하고 나태해져 한갓 봉급을 받아먹고 자기 한 몸 살찌울 줄만 알았지, 충군 애국하는 마음은 없습니다.…시속의 풍조가 이러하니 임금께서는 마땅히 크게 일을 성취시키겠다는 뜻을 분발하시어 선비의 기풍을 진작시킨 뒤에야 세도(世道)를 변화시킬 수 있을 것입니다."

강(講)이 끝나고 이이가 나아가 아뢰기를, "임금이 다스리려고 하지 않는다면 그만이거니와 만약 다스리려고 한다면 반드시 먼저 학문에 공을 쏟아야 합니다.…현재 민생은 곤핍하고 풍속은 엷고 약해졌으며 윤리는 무너지고 선비의 습속은 바르지 못한데, 전하께서 즉위하신 지 몇 해가 되었는데도 그 다스림의 효과가 나타나지 않는 것은 아마도 전하의 격물, 치지, 성의, 정심의 공부가 지극하지 못한 점이 있기 때문일 것입니다. 만약 이처럼 인습적으로 되어 날로 더욱 퇴폐해진다면 나라 모양이 어떻게 될는지 알 수 없습니다. 원컨대 전하께서는 크게 성취시키겠다는 뜻을 분발하시어 도학(道學)에 마음을 두시고 선한 정치를 강구하시어 장차 삼대(三代)의 도를 일으키려고 한다는 것을 백성들이 환히 알게 하소서. 그런 뒤에 뭇 신하의 선악을 자세히 살피시어 충군 애국하는 자들을 가려 그들과 일을 같이 하시고, 아무 뜻도 없이 평범하게 봉급만 탐하는 자들을 큰 직책에 외람되이 있지 못하게 하심으로써 발탁함이 타당함을 얻고 인물과 자리가 서로 걸맞게 된다면, 경세제민(經世濟民)하는 선비들로서 세상의 소용이 되는 자가 반

드시 나와 나라의 일이 제대로 될 수 있을 것입니다…".[25]

　이 내용은 「선조실록」(선조 2년 8월 16일, 1569년)에 기록된 내용입니다. 위의 글에서 율곡은 매우 신랄하게 선조에게 임금으로서 더욱 학문에 전념할 것과, 충군 애국하는 신하와 그렇지 않은 신하들을 구분해서 다룰 것을 요청하고 있습니다. 사극에서 보듯 대부분의 조정 대신들은 자신들의 기득권 유지를 위해 임금에게 아부하고 그의 치적을 화려하게 포장하기를 일삼는 경우가 많은데, 율곡의 글은 임금의 심기를 건드릴 만큼 매우 가혹하고 비판적입니다. 18세의 어린 임금이 성학을 잘 닦음으로 정치 질서를 바로잡고 조선을 태평성대로 만들기를 염원하는 선비로서의 올곧은 기상을 잘 보여 줍니다.

　앞서 언급한 대로, 율곡의 생애에 걸쳐 조선은 내우외환의 혼란기를 겪고 있었습니다. 율곡이 태어나기 전인 1506년에 중종반정(中宗反正, 중종이 연산군을 몰아내고 임금의 자리에 오름)이 일어났고, 1519년에는 기묘사화(己卯士禍)가 일어나 많은 토지와 권력을 독점해 온 훈구세력이 새로운 개혁을 부르짖는 사림세력의 대표적 인물인 조광조 등을 죽이는 사건이 일어났습니다. 또한 율곡이 9세였던 1545년에는 을사사화(乙巳士禍, 중종의 배다른 아들의 왕위 계승 문제로 발생한 사화, 결과적으로 윤원형 일파가 세력을 얻게 됨)가, 그가 19세였던 1555년에는 을묘왜란(乙卯倭亂, 왜구들이 배 60여 척을 이끌고 와서 전라도를 침략해 분탕질을 한 사건)이, 그가 23세였던 1559년에는 임꺽정(林巨正)의 난이 일어나, 약 3년간 황해도 일대가 소란했습니다. 이에 사회개혁과 정세 안정을 위한 노력에 최선을 다하려 한 것입니다.

　1567년 선조가 16세의 나이로 즉위한 후 약 2년 사이에 해 위에 햇무리가 지는 일이 생기거나, 하얀 무지개가 해를 꿰거나, 천둥이 치고 팔도에 지진이 일어나는 등 여러 가지 자연적인 기이한 일이 발생했습니다. 앞서 목은, 양촌, 회재의 글에서 살펴본 대로, 주자학자들은 자연재해가 임금의 다스림과 밀접한 연관이 있다고 보았기에 그러한 자연적인 조짐들은 결코 반가운 일이 아니었습니다. 그래서 율곡은 앞의 상소를 올린 지 한 달 후(1569년 9월 25일) 다시 선조에게 상소를 올립니다.

> 지금의 천재(天災)와 때로 일어나는 변란(時變)은 옛적에 없었던 바로서 백성들은 두려워 떨며 다시 무슨 일이 있을지 모르고 있습니다. 전하를 위해 헤아려 보건대 널리 좋은 계책을 구하여 시대를 구제하는 데 급급하셔야지 깊숙이 팔짱만 끼고 아무 일도 하지 않으셔서는 안 됩니다. 명종 대왕께서 2백 년 종사(宗社)를 전하에게 부탁하셨는데, 전하께서는 그 우환을 받으신 것이지 그 즐거운 세상을 이어받으신 것은 아닙니다. 2백 년 종사가 날로 위태로워지는데 전하께서는 어찌 크게 떨쳐 일으킬 것을 생각하지 않으십니까.[26]

이 상소문은 시대를 향한 아픔과 절규가 묻어나는 명문입니다. 자신의 자리 유지에만 급급해 임금의 공적을 찬양하는 내용은 눈을 씻고 보려야 찾아볼 수가 없기에, 율곡은 지금까지도 크게 존경받고 있습니다. 34세가 되던 해인 1569년, 율곡은 시대에 대한 개혁 의지를 담아 「동호문답」(東湖問答)이라는 책을 썼습니다. 이 책은 사상적인 내용이 아닌 임금의 정치 도리, 신하의 도리, 당시 정치와 악법의 문제점과 자신이 생각하는 해결책 등을 전체 열한 개 항목으로 나누어 진술하고 있습니다. 그 후에도 율곡은 계속된 상소를 통해 선조에게 자신의 진정을 토로하며 개혁에 대해 천명하지만, 안타깝게도 선조는 우유부단한 태도를 취하며 때로는 율곡이 지나치다고 생각합니다.

그러나 율곡은 조선의 발전과 안정을 위한 자신의 이상과 희망을 접지 않습니다. 계속해서 상소를 올려 정치를 개혁하고 나라를 바로잡을 것을 주장합니다. 가장 대표적인 예가 바로 "을사사화(乙巳士禍)의 가짜 공훈

(僞勳)을 깎기를 논하는 상소"입니다. 을사사화는 당시 윤원형 일파(소윤, 小尹)가 윤임 일파(대윤, 大尹)가 역모를 꾸미고 있다고 무고해서 이들 윤임 일파를 제거한 사건인데, 이 사건과 연관되어 죽은 사람이 무려 백여 명이나 됐습니다. 사실 이 사건은 율곡이 9살 되던 해에 일어난 오래된 사건이었지만 율곡은 이 사건을 매우 중요하게 여겼습니다. 왜냐하면 모든 일에 정정당당하게 행적을 조사해 잘못된 부분을 바로잡지 않으면 조정의 기강이 바로 서지 않는다는 자신의 신념 때문이었습니다. 일제 강점기에 일본에 동조했던 친일파들의 행적을 정확하게 가려 그들의 공적을 깎아야만 공직 사회의 기강이 바로잡힐 수 있다는 것에 비유할 수 있겠습니다.

그러나 율곡의 기대와는 달리 선조는 율곡의 상소를 받고도 개혁적인 입장을 보이지 않습니다. 그러자 율곡은 이 하나의 사안에 대해 무려 마흔한 번에 걸쳐 상소를 올립니다. 선조의 선왕인 명종(明宗) 대에 일어난 을사사화에 대한 율곡의 상소를 인정하고 그대로 시행한다면 선대 임금의 죄를 인정해야 하기에, 선조에게는 쉽지 않은 선택이었을 것입니다. 그래서 끝끝내 선조는 율곡의 상소를 받아들여 개혁하려고 하지 않았습니다. 이후부터 선조와 율곡은 서서히 갈등의 관계로 접어들게 됩니다.

진지하게 생각해 봅시다. 이런 관계를 뻔히 아는 율곡이 이 민감한 주제에 대해 임금에게 무려 마흔 번이나 상소를 올린다는 것은 목숨을 건 행동을 뜻합니다. 더구나 모든 선비들과 동료들도 주저할 정도로 민감한 문제였는데 말입니다. 율곡의 마지막 상소 내용을 한 번 살펴보겠습니다.

지금 을사(乙巳)의 일은 전부가 간사하고 흉악한 자들에게서 나왔는데도 도리어 이전 정부[先朝]의 오점이 되어 버렸습니다. 그러니 여러 신하들이 피를 흘리며 부르짖는 것은 다름이 아니라 바로 선왕을 위한 것입니다. 이익만을 추구하는 근원을 막지 않고, 윤리가 땅에 떨어지면 나라를 부지할 수 없게 됩니다. 그래서 여러 신하들이 마음을 굳게 먹고 극단적인 이론을 말하는 것은 다름이 아니라 나라를 위한 것입니다.…전하께서는 사물의 원리를 추구하여 이치를 밝히시고, 결단을 잘 내리시어, 옳고 그름과 좋아하고 싫어함이 모두 그 올바른 절도를 얻게 한다면 더없이 다행일 것입니다.[27]

이 상소를 올린 후에도 선조가 별다른 반응을 보이지 않자 율곡은 1571년(선조 4년) 병을 핑계로 모든 직위를 사퇴합니다. 그것은 다른 이유도 있겠으나 개혁을 통해 조선을 이상사회로 만들어 보고자 했던 자신의 개혁적 움직임이 벽에 부딪히자 몸과 마음이 지쳐 버렸기 때문으로 해석할 수 있습니다.

향약에 관심을 갖다

그러나 조정은 율곡과 같은 인재를 그냥 내버려 둘 수 없었습니다. 결국 율곡은 다시 청주목사로 부임합니다. 율곡이 청주목사로 부임한 후에, 율곡은 청주에서 향약(鄕約)의 실시에 관심을 기울입니다. 향약은 중국에서 시작되어 조선에서 1517년 이후 본격적으로 실시된 향촌자치규약으로, 퇴계 이황이 1556년 중국의 여씨향약을 참고로 하여 예안향약을 만들고, 율곡이 청주목사로 부임(1571년)하면서 중국의 여씨향약과 퇴계의 예안향약을 기초로 서원향약을 만들어 시행했습니다. 율곡이 만든 향약은 가장 완비되어서, 이후 모든 향약의 모체가 됩니다.

향약은 그 지역에 사는 사람들 스스로가 서로 도덕을 권하고 어려운 일이 있을 때는 서로 돕는 그런 자율적인 선도와 교화기관입니다. 구체적으로는 효도, 형제우애, 남에게 은혜를 베푼 것 등의 선행을 기록하고, 스승을 공경하지 않거나, 정실 아내를 홀대하거나, 제사를 정성껏 치르지 않거나, 기생을 끼고 술을 마시는 행동 등을 기록해서 경계하게 했습니다. 또한 동네에 상(喪)이 나면 서로 도왔고, 나이가 찬 처녀가 가난해서 시집을 가지 못하면 서로 돕기도 했으며, 집안에 환자가 있어 농사를 짓지 못하는 경우가 생기면 서로 도와 김을 매 주기도 했습니다. 물론, 율곡이 청주목사로 재직한 기간이 십여 개월밖에 되지 않기 때문에 얼마나 이 제도가 효과적으로 시행되었는지는 확실하지 않습니다. 그러나 율곡은 지속적으로 향약에 대한 관심을 가졌으며, 가난한 사람을 구제하는 구체적인 내용 등을 보완해 1577년 선조 십 년에 「해주향약」을 펴냅니다.

율곡에게 향약은 조선을 태평성대로 만들기 위한 지식인의 사회적 책무를 담당하려는 시대의식의 발로로 이해할 수 있습니다. 중앙에서 벼슬을 할 때에는 임금을 성왕(聖王)으로 만들기 위해 끊임없이 노력했고, 지방에 와서는 향약을 통해 유교 도덕이 향촌까지 미치는 유교적 이상국가를 만들고자 했던 것입니다.

다시 상소를 올리다

1574년 39세가 되던 해 정월에 율곡은 "만언봉사"(萬言封事)를 다시 선조 임금께 올립니다. 상소한 내용을 선조가 정책에 반영하지 않았음에도 율곡은 계속 상소를 올립니다. 시대를 향한 성왕이 되시기를 선조에게 소원하는, 우국충정을 가진 신하의 간절한 염원이라 해석할 수 있습니다. 조선을 태평성대를 누리는 나라로 만들 수만 있다면 그 어떤 것도 하겠다는, 자신에게 주어진 천명(天命)에 따른 결과로도 해석할 수 있다고 봅니다. "만언봉사"는 말 그대로 만언(대략 11,600자)에 이르는 긴 글로써 임금께 아뢰는 글이라는 뜻입니다. 선조가 다스리던 조정에 잇단 악재가 뒤따르고 시국이 혼란스러워지자, 선조 임금이 당시의 어려운 시국을 타개하기 위해 신하들로부터 의견을 들으려 할 때 율곡이 올린 상소문으로, 당시 조정의 관원이었던 율곡이 문제 해결을 위한 구체적인 대안을 제시했습니다. 결론 부분의 몇 문장을 인용해 보겠습니다.

살펴보건대, 지금의 세상일은 날로 그릇되어 가고 있고, 백성들의 기운은 날로 다해 가고 있습니다. 그것은 권세 있는 간신들이 세도를 부렸을 때보다 더욱 심한 듯하니, 그 까닭은 무엇이겠습니까?…오늘날에는 지나간 정부가 남긴 혜택은 다하고, 권세 있는 간신들이 남겨 놓은 해독이 작용을 일으켜서, 훌륭한 논의가 비록 행해진다 하더라도 백성의 힘은 바닥나 있습니다…오늘의 일은 실로 이와 같으니, 10년이 못가서 반드시 화란(禍亂)이 일어나고 말 것입니다…신은 나라의 은총을 받아 백 번 죽는다 해도 보답하기 어려운 정도이니, 진실로 나라에 이익이 된다면 끓는 가마솥에 몸이 던져지고 도끼로 목이 잘리는 형벌을 받게 된다 해도 피하지 않겠습니다.[28]

율곡은 위의 상소문에서, 국운을 염려하는 애끓는 마음에서 우러나온 우국충정의 태도로 임금께 마음을 다해 외치고 있습니다. 그러나 안타깝게도 선조는 이 상소문을 훌륭하다고 칭찬했지만 본문에서 구체적으로 제시한 수많은 조항들을 실천하지는 않았습니다. 그러자 이 상소문을 올린 지 3개월이 지난 후 대사간 벼슬에 있었던 율곡은 사직의 상소를 올립니다.

이후에도 율곡은 40세가 되었을 때(1575년) 당시 25세의 선조 임금에게 자신의 필생의 작품이라고 할 수 있는 「성학집요」(聖學輯要)를 올립니다. 성학인 유학의 모든 핵심을 요약한 책이라는 뜻인데, 선조 임금이 성군이 되셔서 나라를 다스리기를 바란다는 제왕학(帝王學)적 성격을 지녔습니다.

이후 율곡은 또 다른 수많은 벼슬을 제수받았습니다. 완전히 물러나지도 못하고, 또 용맹 정진하기도 어려운 세월을 보내게 됩니다. 결국 다시 한 번 선조의 명을 받고 1583년 9월, 48세 되던 해에 이조판서에 임명받습니다. 율곡은 무거운 몸을 이끌고 이듬달 그 직책에 부임하는데, 이는 자신의 건강을 회복 불가능의 상태로 만드는 결정적인 계기가 됩니다. 이후 율곡은 관직에 있으면서 앞의 인용문에서처럼 화란이 일어날 것을 대비하여 십만양병설을 주장하기도 했습니다.

율곡은 1583년 모든 관직을 뒤로한 채 한양을 떠납니다. 당시 그의 건강은 형편없이 나쁜 데다가 집이 가난해 끼니도 제대로 잇지 못하는 지경에 이르기도 했습니다. 결국 율곡은 1584년(선조 17년) 1월 16일에 숨을 거두게 됩니다. 임진왜란 이후에 작성된 「선조수정실록」에서는 율곡의 죽음을 다음과 같이 쓰고 있습니다.[29]

이조 판서 이이가 죽었다. 이이는 병조판서로 있을 때부터 과로로 인하여 병이 생겼는데, 이때에 이르러 병세가 악화되었으므로 임금이 의원을 보내어 치료하게 하였다. 이때 서익(徐益)이 순무어사(巡撫御使)로 관북(關北)에 가게 되었는데, 임금이 이이에게 찾아가 변방에 관한 일을 묻게 하였다. 자제들은 병이 현재 조금 차도가 있으나 몸을 수고롭게 해서는 안 되니 만나지 말 것을 청하였다. 그러나 이이는 말하기를, "나의 이 몸은 다만 나라를 위할 뿐이다. 만약 이 일로 인하여 병이 더 심해져도 이 역시 운명이다"하고, 억지로 일어나 맞이하여 입으로 여섯 가지 조항[六條]의 방도를 불러주었는데, 이를 다 받아쓰자 호흡이 끊어졌다가 다시 소생하더니 하루를 넘기고 죽었다. 향년 49세였다. 임금이 이 소식을 듣고 너무도 놀라서 소리를 내어 슬피 통곡하였으며 3일 동안 소략한 반찬을 들었고 위문하는 은전을 더 후하게 내렸다. 백관의 관료들과 관학의 선비들, 병사, 그 밖의 여러 벼슬아치들(庶官), 작은 벼슬하는 이들(吏胥), 종들까지도 모두 달려와 통곡하였으며, 궁벽한 마을의 일반 백성들도 더러는 서로 위로하며 눈물을 흘리면서, '우리 백성들이 복이 없기도 하다'라고 하였다. 발인하는 날 밤에는 멀고 가까운 곳에서 집결하여 전송하였는데, 횃불이 하늘을 밝히며 수십 리에 끊이지 않았다. 이이는 서울에 집이 없었으며 집 안에는 남은 곡식이 없었다. 친우들이 수의(壽衣)와 부의(賻儀)를 거두어 염하여, 장례를 치른 뒤 조그마한 집을 사서 가족에게 주었으나 그래도 가족들은 살아갈 방도가 없었다.[30]

물론, 위의 글은 임진왜란 이후에 작성된 것이고 율곡의 업적을 칭송하는 글로 메워져 있는 것이 사실입니다. 그러나 그 점을 감안하더라도 율곡이 학자로서, 신하로서 살아온 그의 삶의 여정 자체가 역사의 큰 교훈임을 부인할 수는 없습니다. 율곡이 세상을 떠난 지 97년이 되는 1681년(숙종 7년)에 율곡은 마침내 문묘(공자를 모시는 사당)에 배향(유교를 집대성한 공자와 가장 위대한 선비들을 기림으로 유교를 공부하는 학생들에게 공경하게 하는 일)됩니다. 그리고 지금도 율곡은 조선 유교 500년의 역사 속에 퇴계와 더불어 최고의 위대한 학자이면서 동시에 개혁적인 사상가로 칭송되고 있습니다.

생각해보기

퇴계와 율곡의 만남

퇴계와 율곡은 퇴계가 58세, 율곡이 23세였을 때 잠시 만납니다. 퇴계는 사직서를 올리고 경상도 안동에 머무르고, 율곡이 경상도 성주의 처가를 거쳐 강릉의 외가에 가는 길에 퇴계를 만나게 된 것이지요. 이 두 학자는 만나서 당시의 풍습대로 서로 시를 주고받는데, 먼저 율곡이 퇴계에게 시를 올립니다.

> 시냇물은 수사(洙泗, 공자를 뜻함)에서 나뉘고
> 봉우리는 무이산(武夷山, 주자를 뜻함)처럼 빼어났네
> 살림살이는 경전 천 권이요 거처는 두어 칸 집뿐이로다
> 회포를 푸니 맑은 하늘에 달이 떠오르는 듯
> 웃으며 나누는 얘기는 거친 물결을 잠재우네
> 소자는 도를 듣고자 함이니
> 반나절 한가로움 헛되이 보냈다 마옵소서

율곡의 헌시(獻詩)에 대해 퇴계는 다음의 시로 화답합니다.

병든 나는 문 닫고 누워 봄이 온 줄 몰랐는데
그대 만나 얘기 나누니 심신이 상쾌하구나
선비의 높은 이름 헛되지 않음을 알았는데
지난 날 나는 몸가짐도 제대로 못해 부끄럽소
깨끗한 곡식에는 강아지풀 용납할 수 없고
새로 닦는 거울에는 티끌도 침범할 수 없다오
부질없는 이야기는 모두 제쳐 놓고
힘써 공부하여 우리 서로 친해보세

퇴계와 율곡은 이후에도 계속 서신을 주고받았습니다. 「율곡전서」와 「퇴계전서」에 각 다섯 통이 남아 있습니다. 주로 나이가 어린 율곡이 편지를 올려 질문을 하고, 이에 대해 퇴계가 대답을 하는 방식이었습니다. 퇴계는 나이가 어리다 하여 율곡을 하대하지 않았고 서로가 서로를 존대하면서 깊은 학문적인 교류를 가졌습니다.

퇴계와 율곡은 자신들의 학문적인 세계가 뚜렷했지만 서로의 입장을 존중하면서 선비다움의 풍모를 간직한 귀한 교분을 나누었습니다. 생각이 다르면 서로 배척하는 분열된 이 시대에 보여 주는 아름다운 모범이라 할 수 있습니다. 요즘 '멘터-멘티'(mentor-mentee)라는 단어가 자주 쓰입니다. '멘터'란 단지 지식만 전수해주는 교사가 아니라 삶과 영적인 문제까지 깊은 울림을 주는 스승을 말합니다. 멘터와 멘티는 서로를 통해서 더욱 성숙한 존재가 됩니다. 가르침과 배움을 통한 아름다운 교제 때문입니다.

사단칠정논쟁

조선의 가장 위대한 유학자인 퇴계와 율곡은 송대의 주자학을 철저히 계승하여 발전시킨 공로가 있는 조선 유학의 양대 산맥이었습니다. 퇴계는 '내가 성인되기'에 상대적으로 더 관심과 노력을 기울였고, 율곡은 '이 땅을 하늘 만들기'에 더 관심과 노력을 기울였지만, 서로 존경하고 칭송한

두 학자는 사후에도 큰 영향을 끼쳤습니다. 퇴계의 제자들은 주로 경상도 안동을 중심으로 하여 영남에 주로 포진되었고, 율곡의 제자들은 기호지방(지금의 경기, 충청)에서 주로 활동했습니다. 그래서 퇴계학파를 영남학파라고 부르고, 율곡학파를 기호학파라고 부르기도 합니다.

퇴계와 율곡은 기본적인 관심이 서로 달랐을 뿐 아니라, 인간의 심성에 관한 관점이 분명히 달랐습니다. 그래서 서로 간 학문적인 논쟁을 합니다. 이 논쟁이 바로 사단칠정논쟁(四端七情論爭)입니다. 본격적으로 소개하기에 앞서, 두 가지 우선적으로 기억할 점이 있습니다.

첫째, 1559년부터 1566년까지 약 8년간 지속된 이 논쟁은 퇴계와 율곡 두 학자 사이의 것이 아니라, 퇴계와 고봉 기대승(高峰 奇大升; 1527-1572) 사이에서 벌어진 논쟁입니다. 퇴계는 1501년에 태어났고 기대승은 1527년에 태어났습니다. 논쟁을 시작할 당시 퇴계는 이미 조선 최고의 유학자인 원로 학자였고, 기대승은 만 서른을 갓 넘은 신진학자였습니다. 그리고 이는 율곡 이이와 우계 성혼(牛溪 成渾, 1535-1598) 사이에 이 사칠논쟁의 연장선에서, 인심(人心)-도심(道心)이라는 같은 맥락의 주제로 1572년부터 6년에 걸친 서신왕래를 통해 다시 전개됩니다. 율곡은 기대승과 마찬가지로 기일도설(氣一途說)을 주장하고, 성혼은 퇴계와 마찬가지로 이기호발설(理氣互發說)을 주장합니다. 결과적으로 퇴계—성혼이 같은 입장이고 기대승—율곡이 같은 입장입니다. 그래서 이들의 입장을 크게 대별하고 이들의 출신 지역에 근거하여 퇴계—성혼을 영남학파(嶺南學派)로, 고봉—율곡을 기호학파(畿湖學派)로 분류하기도 합니다. 그러므로 퇴율논쟁이란 퇴계와 율곡 사이에 일어난 논쟁이 아니라 퇴계학파와 율곡학파 간의 논쟁이라고 보는 것이 더 정확한 표현이라는 점을 기억할 필요가 있습니다.

둘째, 논쟁이라는 단어가 주는 느낌에 대한 것입니다. 학계에서는 이 논쟁을 '사칠논쟁' '사단칠정논쟁' '사칠리기논쟁' '사칠논변' 등의 다양한 용어로 부르고 있습니다. 논쟁이라는 단어는 주로 '다툼'이나 '말싸움' 등의 부정적인 의미로 쓰일 때가 많습니다. 그러나 퇴계와 고봉의 논쟁은 상호 존중하는 가운데 서로의 생각을 충분히 이해하고 받아들이며 진행된 품격 높은 학문적 토론이었습니다. 그래서 어떤 학자들은 이런 의미를 살리고 부정적인 느낌을 지우기 위해 논리적으로 시시비비를 가린다는 의미의 '논변'이라는 단어를 사용하기도 합니다. 당시 두 학파의 경우는 주자학 자체에서 퇴계와 고봉이 취했던 각각의 입장을 지지하는 경전과 사상적 근거가 있었고, 토론을 통해 애매한 내용을 논리적으로 구별하고 가려낸 것이므로 '논변'이 더 적합한 용어라는 주장입니다. 저도 개인적으로는 '사칠논변'이 가장 적합한 표현이라고 생각합니다만 이 책에서는 학계에서 일반적으로 사용되는 '사칠논쟁'이라는 표현을 사용하겠습니다. 의미만 정확하게 기억해 주시기 바랍니다.

사칠논쟁의 시작

사칠논쟁은 퇴계가 59세, 고봉이 33세 때인 1559년에 시작됩니다. 이 논쟁의 시초는 추만 정지운(秋巒 鄭之雲, 1509-1561)이라는 학자가 1543년에 자신의 동생 정지림을 가르치기 위해 「천명도」(天命圖)와 그 도해를 작성하였는데, 퇴계가 이를 1553년에 보고 정지운을 만나 그 내용 중에 잘못된 점을 지적하면서 "사단은 리에서 발한 것이고 칠정은 기에서 발한 것이다"(四端發於理, 七情發於氣)를 "사단은 리가 발한 것이고, 칠정은 기가 발한 것이다"(四端理之發, 七情氣之發)로 수정하기를 권합니다. 추만 정지운은 퇴계의 조언을 받아들여 고친 후 「천명신도」(天命新圖)를 작성하는데, 이것이 널리 퍼지면서 학자들 사이에 논란이 벌어집니다. 그러던 차에 퇴계가 고봉에게 편지를 보내어 자기 학설의 내용을 설명합니다(많은 학자들은, 고봉이 퇴계의 입장에 반대했거나 고봉이 먼저 퇴계에게 질의를 했을 것으로 추정합니다). 당시 퇴계는 고봉에게 "사단의 발은 순리이기 때문에 선하지 않음이 없고, 칠정의 발은 기를 겸하였으므로 선악이 있다고 하면 병폐가 없지 않겠는가?"(四

端之發 純理故無不善, 七情之發 兼氣故有善惡 未知如此 下語無病否)라고 제안합니다. 그리고 이에 대해 고봉이 편지로 자신의 의견을 진술하면서 이 논쟁은 본격적으로 시작됩니다.

먼저 이 논쟁에서 나타난 주요한 용어를 잠시 풀이해 보겠습니다. 사단(四端)은 맹자가 성선설을 주장하면서 나온 용어입니다. 우리의 본래 마음은 하늘이 준 본성인 선이며 인의예지로 표현할 수 있습니다. 측은히 여기는 마음 등의 사단(측은지심, 수오지심, 사양지심, 시비지심)이 있기 때문에 우리의 마음속에 인의예지의 본성이 있다는 것을 알 수 있습니다. 즉, 이 사단은 '정'(情)에 속하는 것인데, 성(性)이 발하여 정이 되므로 인이라는 본성이 측은지심으로 나타나고 의라는 성이 수오지심으로 나타나는 식으로 우리 마음에서 겉으로 드러나게 됩니다.

칠정(七情)은 본래 「예기」의 「예운편」에서 인간의 감정을 전체적으로 언급하면서 나오는 일곱 가지, 즉 희(喜), 노(怒), 애(哀), 구(懼), 애(愛), 오(惡), 욕(欲)을 말합니다. 그런데 이 일곱 가지는 일반적으로 「중용」에서 언급한 희로애락(喜怒哀樂)의 네 가지 감정으로 말하기도 합니다. 이것도 물론 칠정이란 단어에서 알 수 있듯 정(情)의 문제입니다.

여기서 바로 문제의 핵심이 있습니다. 사단도 정이고 칠정도 정이라면, 이 사단과 칠정의 관계를 어떻게 이해해야 하는가에 대한 의문을 가질 수가 있습니다. 이것이 바로 사단칠정논쟁의 핵심입니다. 본성에 관한 내용은 퇴계나 고봉이나 같은 의견입니다. 그러나 사단과 칠정의 관계를 어떻게 이해하느냐에 대해서는 서로 다른 의견이 있었고, 이것은 좀더 본질적으로 보면 주자의 사상 자체에서도 두 가지 해석 모두 가능한 근거가 있기 때문에 이것이 중요한 논쟁으로 드러나게 된 것입니다.

사단칠정에 대한 주자의 설명

주자의 심성론과 유교 경전에서 나타나는 사단과 칠정에 대한 가장 핵심적인 내용을 몇 가지로 정리해 보겠습니다. 이 문제는 복잡하기 때문에 편의상 번호를 매겨 가면서 본문과 간단한 설명을 덧붙이겠습니다.

1) 惻隱羞惡辭讓是非 情也; 仁義禮智 性也 心統性情.
측은, 수오, 사양, 시비는 정이고, 인의예지는 성이며, 심은 성과 정을 통괄하는 것이다.

2) 情根於性 性發爲情.
정은 성에 근거하고 성이 발하면 정이 된다.

3) 喜怒哀樂 情也; 其未發 則性也.
희로애락은 정이고 그것이 아직 발동하지 않은 것이 성이다.

4) 측은, 수오, 사양, 시비의 정은 인의예지의 본성에서 발현되는 것이므로 사단은 온전히 선하다.

5) 칠정은 인간의 모든 감정 활동을 일반적으로 가리키는 용어인데, 이 칠정 중에는 선도 있고 악도 있다.

1)은 주자의 「맹자」에 대한 해석이고, 2)는 이견이 없는 유학의 성과 정의 관계이며, 3)은 「중용」 장구에 대한 설명입니다. 그런데 주자는 「맹자」의 주석에서는 측은, 수오, 사양, 시비가 정이고, 「중용」의 주석에서는 희노애락도 정이라고 같은 정을 씁니다.

문제는 네 번째와 다섯 번째입니다. 주자는 양자에 대해 같은 '정'이라는 단어를 썼습니다. 그렇다면 같은 '정'이라는 단어를 쓰는데 사단은 온전히 선하고, 칠정에는 선도 있고 악도 있다면 칠정 중의 악을 무엇으로 설명할 수 있을까요? 우리가 생활 속에서 기뻐하거나 슬퍼하거나 하는 칠정 중에는 순수한 마음의 본성에서 유래하는 것도 있지만 선하지 않은 감정도 분명히 있습니다. 본성이 선하다면, 이런 선하지 않은 칠정 중의 감정은 어디서 유래한 것일까요? 그리고 선도 있고 악도 있는 칠정과 선한 사단 사이의 관계를 어떻게 설명할 수 있을까요? 이것이 바로 사단칠정논쟁의 핵심입니다. 그러면 이 문제를 고봉과 퇴계가 서신을 왕래하면서 서로 어떻게 풀어 가는지 한 번 살펴보겠습니다.

서신에 드러난 고봉의 입장은 다음과 같습니다. 우선 고봉은 퇴계가 처음에 주장한 '사단은 리의 발현이고 칠정은 기의 발현이다'는 것에 대해 반대합니다. 반대 근거를 한마디로 요약해 보면 칠포사(七包四)의 입장입니다. 이 단어는 율곡이 사용한 용어로, 칠정은 사단을 포함한다는 뜻입니다. 즉 칠정은 선도 있고 악도 있는 감정의 전체를 표현한 용어이고, 이 전체 감정인 칠정 중에서 선한 것만을 가리켜 사단이라고 이해한 것입니다. 칠정 외에 따로 사단이 있는 것이 아니라는 주장입니다. 그리고 이는 주자의 「중용」 장구에 근거한 주장입니다.

그런데 퇴계의 입장은 고봉과는 다릅니다. 퇴계는 사단과 칠정을 나누어, 사단을 리가 발한 것으로, 칠정을 기가 발한 것으로 애초에 이해했습니다. 사람의 본성을 본연지성과 기질지성으로 나눌 수 있고, 좀더 근원적으로 리가 사람의 본성을 구현하고 기가 사람의 형체를 구성하는 것처럼 사단과 칠정을 각각 리와 기에 배속시켜 이해한 것입니다. 그리고 도덕감정인 사단은 리에서 발현하지만, 일반적인 생리감정인 칠정은 사람의 형체인 기에서 발현한다고 본 것입니다.

앞서 이기론을 설명할 때 저는 이기의 관계가 '서로 나눌 수도 없으며 섞일 수도 없는' 그런 불상리(不相離), 불상잡(不相雜)의 관계라고 설명했습니다. 고봉은 사단과 칠정의 관계를 불상리(不相離) 위주로 보았고, 퇴계는 사단과 칠정을 불상잡(不相雜) 위주로 본 것으로도 이해할 수 있습니다.

사칠논쟁의 핵심[31]

고봉이나 퇴계 두 사람 모두 대학자입니다. 그리고 「맹자」와 「중용」 각각의 경전을 근거로 자신의 입장을 끝까지 견지할 수 있지만 자신과 다른 입장이 있을 수 있음을 서신 왕래를 통해 충분히 인정하고 있습니다. 어느 편이 맞고 틀렸는지의 판단보다 중요한 것은 두 학자가 가진 학문적 관심과, 시대와 인간을 보는 근본적인 관점입니다. 이것을 이해하지 못하고 그저 고봉이 맞느냐 퇴계가 맞느냐 하는 것은 좁은 시각입니다.

퇴계의 입장

먼저 퇴계의 입장 이면에 있는 근본적인 학문적 시각을 살펴보겠습니다. 첫째, 퇴계는 앞서 설명한 대로 4대 사화의 소용돌이 속에 삶을 살았습니다. 출생하기 3년 전에 무오사화가 일어났고, 4대 사화의 마지막 사화인 을사사화는 퇴계가 45세 때 일어났습니다. 이때 수많은 개혁가들과 사상가들이 목숨을 잃었습니다. 그리고 퇴계 스스로도 50세 이후 말년에는 도산으로 은퇴를 합니다. 이것은 현실을 버린 것이 아닙니다. 어지러운 정쟁과 파벌에 섞이기보다는, 과감히 현실을 떠나 참된 진리를 찾는 참된 유학자의 삶을 살면서 인재를 양성하겠다는 굳은 의지로 평가할 수 있기 때문입니다. 죽기 직전에 선조 임금에게 「성학십도」를 올린 것도 퇴계가 비록 초야에 묻혀 있었지만 개혁을 향한 의지가 있었으며, 조정에 대한 우국충정의 마음을 가졌음을 잘 보여 주고 있습니다. 이런 맥락에서 퇴계는 자신의 천아무간사상을 기반으로 한 성인의 삶을 지향한 것입니다. 그렇기 때문에 사칠논쟁에 있어서도 사단과 칠정을 명확히 구분하여 자신의 마음속에 조금도 욕심이 개입되지 않은 순선함을 간직하고자 했던 것으로 이해할 수 있습니다. 이에 퇴계는 인의예지의 성이 그대로 발현한 사단을 리가 발한 것이라고 끝까지 주장하면서 사단과 칠정의 근본적 유래가 다름을 끝까지 견지했습니다. 퇴계의 글 몇 구절을 살펴봅시다.

二者雖曰皆不外乎理氣 而因其所從來 各指其所主與所重而言之 則謂之某爲理 某爲氣.

사단과 칠정이 모두 이기를 벗어나지 않지만 그 근본 유래하는 바(所從來)를 따져서 각각 그 주가 되고 중시되는 바를 지적하여 말하면 하나는 리(理)가 되고 하나는 기(氣)가 된다.

惻隱羞惡辭讓是非 何從而發乎 發於仁義禮智之性焉爾 喜怒哀懼愛惡欲 何從而發乎 外物觸其形而動於中 緣境而出焉爾.
측은, 수오, 사양, 시비는 무엇을 좇아 발하는가? 인의예지의 성(性)에서 발한다. 희, 노, 애, 구, 애, 오, 욕은 어디에서 발하는가? 바깥 사물(外物)이 그 형기(形氣, 신체)에 접촉하여 그것에 의하여 속이 움직여서 외부 환경에 따라서 나온 것일 뿐이다.

大抵有理發而氣隨之者 則可主理而言耳 非謂理外於氣 四端是也 有氣發而理乘之者 則可主氣而言耳 非謂氣外於理 七情是也.[32]
어떤 때는 리가 발하고 기가 그것을 따르므로(理發而氣隨之), 이때는 리(理)를 위주로 하여 말할 수 있다. 이는 리(理)가 기(氣)의 밖에 있다고 말하는 것이 아니며, 사단(四端)이 바로 그러하다. 어떤 때는 기가 발하고 리가 그것을 타므로(氣發而理乘之), 이때는 기를 위주로 하여 말할 수 있다. 이는 기가 리의 밖에 있다고 말하는 것이 아니며, 칠정(七情)이 바로 그러하다.

이상의 인용문에서 보는 바와 같이 퇴계는 사단과 칠정을 철저히 구분해서 설명합니다. 첫 번째 문장의 '그 근본 유래하는 바'가 다르다는 것에 강조점을 두고 있습니다. 그러므로 퇴계의 근본적인 입장은 인간의 순수하고 섞이지 않은 하늘이 내려준 본성이 그대로 발현될 수 있도록 수양하는 것을 가장 중요하게 여긴 것입니다. 그래서 '경'을 강조한 것이지요. 그래서 '천아무간'인 내가 하늘 같은 존재로 살아가기 위해서는 본래의 선한 본성을 확충하고 발휘해야 한다고 본 것입니다. 그래서 퇴계는 겉으로 드러난 선한 행동이 아니라, 겉으로 하는 선한 행동이 근본적으로 선한 본성에서 유래한 것인지에 주된 관심을 두었습니다. 그래서 그것을 신체적이고 물질적인 조건에서 유래하는 것과는 엄연히 다른 것으로 구별하려 한 것입니다. 그래서 마지막 문단에서 퇴계는 '리가 발하고 기가 그것을 따르는 경우'(理發而氣隨之)와 '기가 발하고 리가 그것을 타는 경우'(氣發而理乘之)로 명확하게 구분하고 있습니다. 물론, 처음에 「천명도」를 수정할 당시에는 "사단은 리에서 발한 것이고 칠정은 기에서 발한 것이다"(四端發於理, 七情發於氣)를 고치기는 했으나, 그것은 퇴계가 자신의 입장을 수정한 것이 아니라, 고봉과의 서신 왕래를 통해 좀더 자세하고 정확하게 다듬은 것으로 이해할 수 있는 것입니다. 끝까지 '소종래'의 취지를 살펴 사단과 칠정을 구분해야 한다는 퇴계 사상의 근본적 입장에 대해 류승국 교수는 다음과 같이 정리하고 있습니다.

> 퇴계는 당시에 사화가 연달아 일어나서 올바른 선비들이 죽임을 당하며 부조리가 행하는 사회현실에서, 진실로 선악과 정사의 근원을 밝히고 올바른 진리를 천명함으로써 사람들이 나아갈 바 표준과 방향을 제시하고자 하였다.[33]

앞서 말씀드린 대로 사칠논쟁은 퇴계와 고봉 사이에 일어난 논쟁입니다. 그런데 율곡은 고봉의 입장에 근본적으로 동의하고 있습니다. 율곡은 리와 기가 서로 떨어질 수 없고, 퇴계의 호발설(互發說: 리도 발하고 기도 발한다는 입장, 理發而氣隨之, 氣發而理乘之)에 대해 움직이는 것은 기라는 점을 강조해서 기일도설(氣一途說: 리발이 아닌 기발만을 인정하는 학설)을 주장하고 있습니다.

> 退溪之病 專在於互發二者 惜哉.[34]
> 퇴계선생의 병통은 오로지 호발 두 글자에 있으니 애석하도다.

> 大抵發之者 氣也 所以發者 理也 非氣則不能發 非理則無所發 … 無先後 無離合 不可謂互發也 … 四端是七情之善一邊也 七情是四端之摠會者也.[35]
> 대저 발하는 것은 기요 발하게 하는 것은 리다. 기가 아니면 능히 발할 수가 없고 리가 아니면 발하는 바가 없게 된다…선후와 이합이 없으니 호발이라고 말

할 수가 없다…사단은 칠정의 선한 부분이고, 칠정은 사단을 포함하고 있는 것이다.

위의 두 인용문에서 보는 바와 같이 율곡은 칠정이 사단을 포함한다는 '칠포사'(七包四)의 기본적인 관점과, 리와 기는 서로 분리될 수 없다는 '리기불상리'(理氣不相離)의 관점에서 퇴계를 비판하고 있습니다.

그렇다면, 왜 율곡은 퇴계의 입장을 위의 두 가지 측면에서 비판하고 있을까요? 이 문제를 좀더 쉽게 접근하기 위하여 율곡이 비유로 든 내용을 가지고 설명해 보겠습니다. 율곡은 리와 기의 관계를 말에 탄 사람과 말의 관계에 비유해서 설명하고 있습니다.[36] 이 비유를 생각해 보면, 실제 움직이는 것은 말입니다. 그리고 사람은 말 위에 타서 말의 움직임을 관장합니다. 그렇다면 비유적으로 말은 기에, 말 위에 탄 사람은 리에 비유할 수 있습니다. 그런데 사람이 말 위에 타고 목적지를 향해 가는 경우 세 가지 경우의 수가 존재합니다. 그리고 편의상 퇴계와 율곡을 대별해서 세 가지 경우를 각각 퇴계와 율곡의 사상에 대비시켜 설명하겠습니다. 우선 퇴계의 입장입니다.

퇴계의 관심: 말의 움직임(氣)인가, 사람의 의지(理)인가에 초점
1) 말이 사람의 의지를 따라 목적지로 가는 경우(理發而氣隨之, 純善, 四端). 사람의 의지가 활동을 했고 말은 사람의 의지를 따른 것이기에 '리가 발하고 기가 그것을 따르는 경우'라 표현할 수 있습니다. 가치론적으로는 목적지로 제대로 간 것이기에 선한 것으로 해석할 수 있습니다.

2) 사람은 그냥 타고 있고 말이 자신의 의지로 목적지로 가는 경우(氣發而理乘之, 善, 七情). 이 경우는 말의 의지가 작용해서 간 것이기에 기가 발한 것이고 사람(理)은 말 위에 타고 있기만 한 경우입니다. 목적지에 도착했으므로 선이라고 해석할 수 있습니다.

3) 사람은 타고 있는데 말이 자신의 의지로 목적지로 가지 않는 경우(氣發而理乘之, 惡, 七情). 이 경우는 두 번째의 경우와 같이 기가 발한 것인데, 목적지로 가지 않았기에 가치론적으로 악이라 말할 수 있습니다.

퇴계의 경우는 '그 근본 유래하는 바'(所從來)가 중요합니다. 즉 위의 세 가지 경우에서 실제 움직이는 것은 말의 몸입니다. 그러나 이는 퇴계의 관심이 아닙니다. 말의 몸이 움직이는 '그 근본 유래하는 바'에 해당하는 '의지'가 중요하기 때문입니다. 그러면 그 근본 유래하는 바(의지)는 두 가지로 나눌 수 있습니다. 사람의 의지냐 말의 의지냐 하는 것입니다. 그래서 퇴계의 경우는 첫 번째가, 리가 발하고 기가 그것을 따르는 경우가 되고, 두 번째와 세 번째는, 기가 발하고 리가 그것을 타는 경우라고 표현할 수 있습니다. 그리고 첫 번째와 두 번째도 명확히 구분돼야 합니다. 같은 선이라고 해도 그것의 소종래가 다르기 때문입니다. 그래서 퇴계의 관심은 첫 번째에 있고, 소종래를 가지고 말한다면 사단이며, 본성이 제대로 발현됐다 말할 수 있습니다. 퇴계의 주된 사상인 '천아무간 아내천'의 입장에서 보면, 두 번째의 경우처럼 겉으로 보이는 결과가 선하다 해서 그것이 온전한 선이라 할 수는 없습니다. 내 마음가짐이나 동기 자체가 하늘의 마음, 즉 온전한 선이어야만 그것이 선으로 드러나고 이 경우에만 순선이 되는 것입니다. 겉으로 드러난 결과가 아니라 온전한 하늘의 본성이 사단으로 드러나도록 수양에 가장 힘쓴 퇴계의 입장을 생각한다면 충분히 설득력을 가진다고 볼 수 있습니다.

율곡의 입장

율곡의 경우는 수기보다는 치인에 대한 관심, 조선 땅을 하늘처럼 만드는 일에 우선적인 관심을 가졌습니다. 개인적인 마음가짐이 온전히 선한 것도 물론 중요하지만, 사회를 개혁하려면 사회 속에서 선한 결과와 영향력을 가지는 것이 더욱 중요하다고 봤습니다. 내면의 동기가 아무리 나빠도 결과만 좋으면 된다는 식의 이해가 아니라, 개인적 수양도 물론 중요하지만, 이 땅을 대동사회로 만들기 위해서는 실제 드러나는 선한 행위와 그 결과를 더욱 중시해야 한다는 의미입니다.

위의 비유로 예를 들면, 실제 겉으로 드러나는 효과나 움직임은 의지가 아니라 말의 몸입니다. 말의 의지인지 말 위에 탄 사람의 의지인지는 겉으로 드러나지 않고, 세 경우 모두 실제로 움직임이 겉으로 드러나는 것은 말의 몸이기 때문입니다.

율곡의 관심: 실제 움직인 것은 모두 말의 움직임(氣)이라는 것에 초점

1) 말이 사람의 의지를 따라서 목적지로 가는 경우(氣發而理乘之, 道心, 純善). 이 경우에도 실제 움직이는 것은 '말의 몸'입니다. 즉 '기발이이승지'입니다. 그런데 사람의 의지를 따라 말의 몸이 움직인 것이므로 이 경우는 '도심'이라 할 수 있습니다. 가치론적으로는 목적지에 도달했다는 의미에서 '선'이며 사람의 의지가 작용했다는 의미에서 2)와 구분해서 '순선'입니다.

2) 사람은 그냥 타고 있고 말이 자신의 의지로 목적지로 가는 경우(氣發而理乘之, 人心, 善). 이 경우도 말의 몸이 움직였으므로 당연히 '기발이이승지'입니다. 그리고 말의 의지가 작용했으므로 '인심'이고, 목적지에 도착했으므로 선이라고 해석할 수 있습니다.

3) 사람은 타고 있는데 말이 자신의 의지로 목적지로 가지 않는 경우(氣發而理乘之, 人心, 惡). 이 경우도 말의 몸이 움직였으므로 당연히 '기발이이승지'입니다. 그리고 말의 의지가 작용했으므로 '인심'인데, 목적지에 도착하지 못했으므로 악이라고 해석할 수 있습니다.

율곡의 입장에서는 사회 개혁적인 차원에서 실제적인 효용을 강조했기 때문에 말이나 사람의 의지보다는 구체적으로 움직인 '몸'을 더 강조합니다. 의지는 내면적인 것이라면 '몸'은 실제 행동하는 것이기 때문입니다. 그런데 말 위에 탄 사람은 직접 갈 수가 없고 실제 움직이는 것은 다 말의 몸입니다. 퇴계의 경우를 이기론과 연결시키면, 말의 몸은 관심 밖이었고 초점은 '사람의 의지'였습니다. '그 근본 유래하는 바'(所從來)를 중시했기 때문입니다. 그러나 '실제적 효용'(實功)을 강조하는 율곡의 입장에서는 앞서 든 세 가지 경우 모두가 다 '말의 몸'이 움직인 것입니다. 그러면 퇴계와는 다른 해석이 가능합니다.

그런데, 여기서 또 하나 중요하게 생각할 점이 있습니다. 율곡은 '내가 하늘이 되기'보다는 '이 땅을 하늘 만들기'에 연관된 정치적 실천 이론이기 때문에 매우 구체적이고 실천적인 '인심-도심'의 문제로 전환되고 있다는 점입니다. 율곡은 다음과 같이 말합니다.

> 四端只是善情之別名 言七情則四端在其中矣 非若人心道心之相對立名也.
> 사단은 다만 선한 정의 별명일 뿐이요, 칠정을 말하면 사단은 그 안에 있는 것으로 인심과 도심이 상대적으로 이름 지어진 것과 같지 않다.

이 글에 의하면 율곡은 칠정에 사단이 포함되는 것이고, 칠정 중의 선한 것만을 사단이라고 하기 때문에, 사단-칠정으로 양립할 수 없다는 것입니다. 수학의 집합으로 말하면 사단이 칠정을 포함하는 관계인데 어떻게 따로 분리할 수 있느냐 하는 것이지요. 그런데 위의 인용문에서 인심과 도심은 상대적으로 이름 지어진 것이라고 율곡은 말합니다. 율곡은 계속해서 말합니다.

> 蓋人心道心 相對立名 旣曰道心 則非人心 旣曰人心 則非道心 故可作兩邊說下矣.
> 대개 인심과 도심은 상대적으로 이름한 것이니 이미 도심이라 하면 인심이 아닌 것이요, 이미 인심이라고 하면 도심이 아니다. 그러므로 양변으로 규정하여 말할 수 있다.

더 나아가 율곡은 다음과 같이 말합니다.

理氣之說與之心道心之說 皆是一貫.[37]
이기에 관한 논의와 인심도심에 관한 논의는 모두 하나로 관통된다.

여기서 우리는 율곡이 심성론의 이기에 관한 문제를 인심도심설로 연관시키는 것을 살펴볼 수 있습니다. 그 이유는 율곡이 구체적인 정치적 실천을 개인의 수양보다 강조했기 때문에 구체적으로 겉으로 드러나는 효과를 더 절실하게 표현한 인심도심의 문제를, 눈에 보이지 않는 내면적인 문제의 존재론적 근거를 탐구하는 이기론보다 더 강조한 것으로 이해할 수 있습니다. 인심도심의 문제는 사단칠정과 연관이 되면서도 다릅니다. 사단칠정은 앞서 말씀드린 대로 '정'에 연관된 문제입니다. 그러나 인심과 도심은 '심'에 연관된 문제인데, 인심 도심은 보통 주자학에서는 "의지"(意)가 더해지기 때문에 좀더 실천적인 주제라고 볼 수 있습니다.[38]

두 학자의 입장에 대한 평가

퇴계학파와 율곡학파 사이에 이루어진 이 사단칠정논쟁은 조선 주자학의 역사상 가장 위대한 논쟁입니다. 이 논쟁은 주자학의 가장 심오한 부분인 심성론에 있어 두 가지 해석이 가능한 주자학 자체의 문제점을 이론적으로 끝까지 파악하여 해결한 데 그 학문적 의의가 있습니다. 양쪽 입론의 경전적, 주석학적 근거가 명확하기 때문에, 이 논쟁은 어느 입장이 맞는가에 관심을 두기보다는 경전에서 모호한 부분을 치밀하게 분석해서 각자의 입장에서 막힘없이 풀어냈다는 학문적 위대성을 기억해야 합니다.

또한 퇴계(학파)와 율곡(학파)의 사상적 차이를 고려할 때, 기본적인 두 학자의 학문적 입장 차이를 전체적으로 파악하고 나면 왜 이렇게 복잡한 논쟁을 하고 있는지 정확히 이해할 수 있습니다. '내가 성인 되기'의 입장에 더 강조점을 둔 퇴계는 4대 사화를 거치며 수많은 선비들이 척결되는 끔찍한 시대 상황 속에서 추호도 용납할 수 없는 선악과 그 근원을 밝혀 성인 됨의 수양에 바로 서야 함을 삶으로 강조했습니다. 그래서 끝까지 호발설(互發說)을 견지하면서 사람들에게 올바른 하늘의 기준과 바른 표준을 제시하고자 한 것으로 평가할 수 있습니다. 이에 비해 율곡은 '이 땅을 하늘 만들기'의 근본 입장을 가지고 현실 속에 구체적으로 실천하고 긍정적인 효과를 줄 수 있는 개혁적인 성향을 우선적으로 가진 학자였습니다. 그래서 성리학적 이론이 어떻게 실제 현실적 측면에서 긍정적인 결과로 자리매김할 수 있을 것인가를 중요시하고, 구체적인 움직임인 기를 강조하여 기일도설(氣一途說)을 주장했던 것입니다. 이기론으로 표현하자면 퇴계는 근본적으로 이기가 결코 섞일 수 없다는 부잡성(不雜性)을 강조했고, 율곡은 현실 속에서 리와 기는 결코 분리될 수 없다는 불리성(不離性)을 강조한 것입니다.

조선 역사상 가장 위대한 이 두 학자는 같은 세기를 살았고, 서로 존경하는 관계였지만 위와 같이 분명히 사상적인 다른 점이 있었습니다. 그러나 두 학자는 시대를 누구보다 진지하게 살아갔습니다. 시대를 아파하고 고민했으며, 그에 대한 치유책을 찾기 위해 자신의 학문을 치열하게 살아 내는 데 혼신의 힘을 다했습니다. 자신이 가진 학문적 입장과 유학에 대한 신념을 철저히 추구하면서도 상대방의 논의에 열린 마음으로 귀 기울이는 자세, 그리고 이를 통해 더 깊은 존중과 배움을 가지고 평생을 학문적 신념대로 살아온 이 두 학파처럼 오늘날 우리들도 이런 학문의 자세를 지녔으면 좋겠습니다.

8. 퇴율 이후 조선 유학의 역사

　퇴계와 율곡으로 대표되는 16세기 유학은 조선 주자학의 전성기였습니다. 화담 서경덕(花潭 徐敬德, 1489-1546), 하서 김인후(河西 金麟厚, 1510-1560), 고봉 기대승(高峰 奇大升, 1527-1572), 우계 성혼(牛溪 成渾, 1535-1598) 등이 모두 같은 시대의 인물이었습니다. 그러나 사실 이 시대는 앞서 살펴본 대로 결코 태평한 시기는 아니었습니다. 1498년 무오사화를 시작으로 약 50년에 걸친 사화에서 올곧은 선비들이 수없이 살육을 당하고 추방을 당했습니다. 을사사화(1545) 이후로는 윤원형을 우두머리로 하는 간신들이 권력을 장악하여 백성들을 괴롭히며 가혹한 형벌과 세금을 매겨 민생이 더욱 곤핍해져 갔습니다. 1565년 명종 20년부터는 다시 사림(士林)이 정권을 잡았으나 1575년에는 붕당이 생겨 동인(東人)과 서인(西人)으로, 후에는 남인(南人)과 북인(北人), 노론(老論)과 소론(少論)으로 분열됐습니다. 각고의 수양을 통해 성인의 반열에 올랐다고 칭송받던 퇴계와 정치 개혁을 위해 온갖 노력을 기울였던 율곡은 각각 1570년, 1584년에 세상을 떠났습니다.

　이런 어수선하고 혼란한 시기에 임진왜란(1592년)이 일어납니다. 북방의 만주족도 명나라의 지배로부터 벗어나 17세기 초에는 대국으로 일어섭니다. 1592년의 임진왜란, 1627년 만주에 본거지를 둔 후금(이후 청나라)이 침입해서 일어난 정묘호란, 그리고 청나라의 제2차 침입으로 일어난 병자호란(1636년) 등으로 국토는 폐허가 되고 삽시간에 조선의 국운이 기울게 됩니다. 사대부의 분열과 무책임한 집권층, 허술하기 짝이 없던 군사시설 등 여러 가지 부족한 점 때문에 유학자들이 중심이 된 의병이나 승려들이 중심이 된 승병, 임진왜란 때의 이순신 등의 훌륭한 장군이 있었음에도 나라는 어찌할 수 없는 비참한 지경에 이르렀습니다.

17세기 이후 쇠락해가는 조선의 국운과 마찬가지로 조선의 유학도 위대한 유학자였던 퇴계와 율곡에 견주어 볼 때 사상적으로 몹시 미미한 흔적만을 남겼습니다. 우암 송시열(尤庵 宋時烈, 1607-1689) 등을 비롯한 몇몇 학자들이 있기는 했으나 긴 지면을 할애할 정도의 깊은 사상적 면모를 가졌다고 보기에는 부족합니다. 그래서 몇몇 특성을 중심으로 간략히 언급하겠습니다.

흔히들 17세기를 '예학(禮學)의 시대'라고 부릅니다. 조선왕조는 일찍부터 「주자가례」(朱子家禮)를 들여왔는데 17세기에는 많은 학자들의 예(禮)에 대한 다양한 저술들이 간행됩니다. 당시의 대표적인 예학자들은 정구(鄭逑), 김장생(金長生), 김집(金集), 송준길(宋浚吉), 박세채(朴世采) 등이 있습니다. 예학자들이 이 시기에 주로 활동한 이유는, 양난(임진왜란, 병자호란) 이후 흐트러진 사회질서를 바로잡으려는 목적에서 비롯되었다고 평가할 수 있습니다. 그러나 예에 대한 관심이 당쟁과 연결되어 제한적이고 소모적인 대립을 계속하여, 본래 예가 가진 개인의 덕성의 자연스런 표현이나 사회질서를 더욱 도덕적으로 굳건하게 하는 기능은 거의 상실되었습니다.

그러면 17세기 이후 조선 유학을 크게 주자학적 흐름으로는 퇴계학파와 율곡학파로, 반주자학적 흐름으로는 양명학, 경학, 실학, 서학(천주학)으로 나누어 살펴보겠습니다.

퇴계학파와 율곡학파[1]

조선 중기 이후의 유학은 여러 당파들이 서로 간 당쟁을 격화시켰기 때문에 학문적으로 그 역사를 깊이 살피는 것은 큰 의미가 없습니다. 그러나 학문적 관점에서는 크게 두 학파가 존재했습니다. 바로 퇴계학파와 율곡학파입니다. 퇴계학파는 주로 영남지역에 기반을 두고 있어 영남학파라고도 하는데, 이 학파의 학자들은 조선 초기부터 활발히 중앙에 진출했습니다. 그래서 "조선 인재의 반은 영남에 있다"는 말이 들릴 정도로 초기에는 큰 세력을 형성했습니다. 실제로 조선시대 성균관 문묘에 배향된 18현 가운데 광해군 시대까지 조광조를 제외하면 모두 영남 출신(설총, 최치원, 안향, 정몽주, 김굉필, 정여창, 이언적, 이황)이었다는 것을 보아도 잘 알 수 있습니다. 주목할 만한 것은 1623년에 광해군을 몰아내고 능양군(후에 인조)을 왕으로 옹립한 인조반정 이후로는 문묘 배향 인물이 기호학파 일색이라는 사실인데, 이 예는 조선 초기에는 영남학파가 득세하고, 인조반정 이후에는 기호학파가 득세했다는 것을 잘 보여 줍니다.

구체적으로 영남학파의 학문적 연원을 거슬러 올라가 보면 고려 말에 주자학을 도입했던 안향으로부터 시작해 우탁(禹倬), 권부(權溥), 박충좌(朴忠佐), 정몽주(鄭夢周), 이숭인(李崇仁), 정도전(鄭道傳), 권근(權近), 길재(吉再) 등으로 이어집니다. 이를 계승한 김종직(金宗直), 김굉필(金宏弼), 정여창(鄭汝昌), 김일손(金馹孫) 등도 이후 영남학파 형성에 영향을 미친 학자들입니다. 영남학파의 특징은 김굉필이 실천유학의 내용을 담은 「소학」(小學)을 중시하면서 구체적으로 나타나기 시작했습니다. 즉 철학적인 면도 중요하지만, 그보다도 유학 사상을 삶 가운데 구체적으로 나타내는 실천적이고 윤리도덕적인 면을 강조한다는 점입니다. 퇴계가 경(敬)을 강조한 것이나 남명 조식(南冥 曺植)이 경의(敬義)를 중시한 것도 이 특징의 연장선상에 있습니다. 퇴계 이후에도 영남학파는 퇴계의 리(理) 중심의 이기론을 계속 계승하면서 조선 말기까지 자신들의 학맥을 이어갔습니다. 퇴계의 제자 중에서 유성룡(柳成龍), 김성일(金誠一), 이덕홍(李德弘) 등이 좋은 예입니다. 이들의 학풍은 정구(鄭逑), 이현일(李玄逸), 이재(李栽), 이상정(李象靖), 유치명(柳致明), 이진상(李震相) 등으로 계속 이어졌습니다.[2)]

퇴계와 더불어 영남학파의 양대 산맥을 이루는 조식 선생의 학문도 기억할 필요가 있습니다. 퇴계와 같은 1501년에 태어나 1572년에 생애를 마감한 조식은 불의와 타협하지 않았으며 현실 정치의 잘못에 대해 서슴없는 비판을 가했고, 퇴계와 마찬가지로 실천적 유학의 특성을 강조한 학자입니다. 조식 선생의 학문은 정인홍(鄭仁弘), 김우옹(金宇顒), 정구(鄭逑) 등으로 이어지지만, 애석하게도 이 학풍은 인조반정 이후로 단절되고 맙니다.

기호학파는 학맥상 율곡학파이며, 경기, 호서(지금의 충청)지역을 단위로 붙여진 명칭입니다. 기호학파는 서인 계열이 중심이며, 주자, 이이, 성혼, 김장생, 송시열로 이어지는 자신들의 학맥을 도통(道統)이라고 주장했습니다. 그러면서도 이 학맥에 퇴계 이황을 넣어 자신들의 학맥의 보편성을 주장하기도 했습니다. 이 학파는 비판적이고 합리적인 사고를 지니면서도 주자학에 대해서는 매우 깊은 종교적 신심에 가까운 열정을 지녔습니다. 그래서 주자의 저술들에 보이는 부정합적인 요소들을 가려내 정론을 세우는 작업을 무엇보다 중요하게 여겼는데, 그 결과 「주자대전차의」(朱子大全箚疑) 등의 작품을 펴냈습니다.

송시열에 이르러 가장 번성했던 기호학파는 이후에 내부적으로 여러 학파로 나뉘는데, 그중 가장 대표적인 것이 낙론(洛論)과 호론(湖論)이었습니다. 특히 낙론과 호론은 기호학파 내부의 논쟁이면서도 조선 주자학의 역사에서 사단칠정론 이후 가장 큰 논쟁 중 하나인 "인물성동이론"(人物性同異論, 사람과 사물의 본성이 같은가 다른가에 대한 논의) 등으로도 나타나서 주자학 내의 모순된 듯한 내용을 명확하게 정리했습니다. 이 논쟁은 기호학파 내의 한원진과 이간 사이에 벌어진 논쟁인데, 주제 그대로 사람의 본성과 자연만물의 본성 사이에는 어떤 같고 다른 점이 있는가를 논의한 것입니다. 두 학자는 서로 입장은 다르지만 인간이 자연에 대해 도덕적인 책임을 지닌 존재이므로 모든 자연을 잘 보전하고 존중해야 함을 강조했습니다. 지금으로부터 약 4백여 년 전에 이미 이러한 논의가 있었다는 점은 우리 선조들의 사상적 지평이 매우 넓었음을 보여 주며, 최근 생태계에 대한 인간의 도덕적 책임을 강조했다는 점은 현재의 생태계의 위기 상황에서 환경윤리에 좋은 통찰을 주는 매우 깊이 있는 논의라고 평가할 수 있습니다.[3]

반주자학적 경향의 대두[4]

양명학

중국 유학사에서의 신유학에는 송대의 주자학과 명대의 양명학이라는 큰 흐름이 있습니다. 그러나 조선 유학은 주자학 일색이었다고 해도 과언이 아닐 정도로 주자학이 주도권을 쥐었습니다. 그렇다면 양명학은 어땠을까요? 사실 양명학은 퇴율 이후 주자학이 미미한 영향력을 행사하던 조선 후기에조차도 거의 주목을 받지 못했으며, 제대로 공인되지도 못한 채 몇몇 학자들에 의해 간접적인 영향을 미칠 뿐이었습니다.

조선시대 최초로 양명학에 관심을 가진 학자는 남언경(南彦經)과 이요(李瑤)라고 전해집니다. 그러나 양명학을 학문적으로 연구하고 문집을 남긴 학자에는 장유(張維, 1587-1638)와 최명길(崔鳴吉, 1586-1647)이 있습니다. 양명학은 임진왜란 이후에 조금 더 활발하게 논의됐습니다. 임진왜란 당시 명나라에는 양명학이 성행했는데, 명나라 사람들이 원군으로 조선에 오면서 접촉할 기회가 많았고, 또 참담한 전쟁을 겪으면서 무기력한 대응으로 일관했던 주자학에 대한 비판적인 분위기가 고조되었기 때문입니다. 그러나 임진왜란 이전에 당대 최고의 주자학자였던 퇴계가 「전습록변」(傳習錄辨)을 지어서 이론적으로 양명학을 비판했고, 그의 제자인 조목(趙穆), 유성룡(柳成龍) 등도 계속하여 비판했기 때문에 여전히 양명학은 비판의 대상이었습니다.

조선 최대의 양명학자는 하곡 정제두(霞谷 鄭齊斗, 1649-1736)입니다. 정제두는 강화도에서 주로 활동하면서 양명학에 관심 있는 학자들과 연구했습니다. 그래서 이들을 통칭해 강화학파(江華學派)라고 부르기도 합니다.

경학[5]

조선의 유학은 주자학이었기에 당연히 경전에 대한 해석도 주자의 주석이 가장 중요한 자리를 차지합니다. 그러나 이런 주자학 일변도의 경향이 강화되자 이를 폐쇄적이라고 비판하면서 독자적인 태도로 경전을 해석하는 경향이 발생했습니다. 이런 반주자학적 경전 해석의 대표적인 인물로는 윤휴(尹鑴, 1617-1680)와 박세당(朴世堂, 1629-1703)을 들 수 있습니다. 이 두 학자가 활동하던 시기는 앞서 말씀드린 대로 양난의 소용돌이 속에서 주자학이 예학 중심으로 화석화되고 교조화되던 시기였습니다. 두 학자는 이런 시기에 시대의 혼란을 극복하기에는 주자학에만 치우친 학문적 분위기로는 문제가 있다는 비판의식을 가지고 있었습니다.

먼저 윤휴는 22세 되던 해에 퇴계와 고봉, 율곡과 우계 사이에 있었던 사칠논쟁에 대해 자신만의 독자적인 학설을 펼쳐 주목을 받습니다. 이후에도 그는 주자학으로 점철된 학문이 아니라 자신의 고유한 학문적 입장을 가지고 저술활동을 하는데, 무엇보다 「대학」과 「중용」, 「효경」에 대해 독특한 해석을 한 점이 특징이라 하겠습니다.

박세당은 32세에 과거에 급제하여 여러 해 벼슬을 했지만 40세부터 74세로 세상을 떠날 때까지 서울 교외에서 농사를 지으며 저술과 강학을 한 학자입니다. 박세당의 대표적인 저술은 「사변록」(思辨錄)인데, 그는 이 책을 통해 주자의 사서집주(四書集註)에 대해 직접적으로 비판했습니다. 무엇보다 주자학 중심의 학풍만 강조되던 시대에 실사구시적(實事求是的)인 태도로 고전의 본뜻을 찾아보려고 했기 때문에, 이후에 주자학 일색인 조선 유학의 한계를 넘어서고자 하는 탈주자학적, 진보적 학문 촉진에 선구적인 역할을 했습니다.

실학

실학도 양난 이후 상황과 연결해서 이해할 수 있습니다. 16세기에는 사화가 계속되어 조정이 혼란하고, 학문적으로는 주자학 중심의 순수한 흐름이 점점 교조적으로 변해갔습니다. 문명적으로 얕다고 멸시하던 일본에게 국토가 무참히 유린당하는 임진왜란이 일어나고, 또 오랑캐라고 비난하던 만주족이 세운 청나라에게 치욕을 당하면서 조선은 총체적 난국을 겪었습니다. 관리들은 점점 타락하여 사리사욕만 챙기고, 더불어 재정 위기도 발생했습니다. 그런데 엎친 데 덮친 격으로 농토 부족으로 농촌의 경제가 파탄이 나서 각지에서 혼란이 생겼습니다. 이런 때에 주자학은 시대를 개혁할 만한 동력을 점점 상실해 가고 있었습니다.

이런 혼란한 시기에 예수회 선교사들이 전하는 서양의 과학 기술, 그리고 종교에 관한 소식이 중국을 통해 조선으로도 전해졌습니다. 이미 1614년에 편찬된 이수광(李睟光, 1563-1628)의 「지봉유설」(芝峯類說)에 서양의 종교와 과학 기술이 소개되기도 했습니다.

이런 중에서 실학(實學)이라는 학문적인 흐름이 생겨나기 시작했습니다. 그러나 정작 실학의 성격을 규명하는 데는 생각보다 복잡한 문제가 많았습니다. 예를 들어 조선시대 실학의 시초나, 전통 주자학과 실학의 관계, 실학과 근대화의 관계 등에 대해서는 다양한 의견이 존재하기 때문입니다. 일반적으로 실학은 대체로 17세기 중엽부터 시작해 19세기 초반까지 이어졌다고 봅니다. 실학은 급변하는 시대 속에서 주자학이 그 역할을 제대로 감당하지 못함에 따라, 당시의 현실적인 문제를 타개할 수 있는 실사구시적인 해결책을 제시하고자 했으며, 유학적 경세론을 바탕으로 부국강병과 개혁을 실시한 흐름으로 이해할 수 있습니다.

원래 실학이라는 용어는 유학자들이 불교나 도교를 비판할 때 "유학은 실학(實學)이고 불교나 도교는 허학(虛學)"이라고 비판했던 데서 그 용례를 찾을 수 있습니다. 원래 유학을 실학으로 부르는 이유는, 공(空)이나

무(無)를 핵심 사상으로 삼은 불교나 도교에 비해 유학이야말로 일상생활 속에서 도를 실천하고 인륜 도덕을 확립한다는 점을 강조했기 때문입니다. 그런데 이런 유학(당시 주자학)이 점점 현실 속에서 요청하는 그런 실제적인 학문이 되지 못하자, 당시의 학풍을 비판하면서 '실학'이 등장한 것으로 이해하시면 됩니다.

실학 이론은 대체로 반계 유형원(磻溪 柳馨遠, 1622-1673)에서 시작하고, 학파는 성호 이익(星湖 李瀷, 1681-1763)에서 시작하는 것으로 봅니다.[6] 실학에는 크게 두 개의 학파가 있다고 보는데, 성호학파는 이익에서 시작해 안정복(安鼎福, 1712-1791), 황덕길(黃德吉, 1750-1827), 허전(許傳, 1797-1886) 등으로 이어지고, 북학파는 홍대용(洪大容, 1731-1783), 박지원(朴趾源, 1737-1805), 박제가(朴齊家, 1750-1805) 등으로 이어집니다. 그리고 다산 정약용(茶山 丁若鏞)은 이 두 개의 학파를 종합한 학자이고, 이어서 추사 김정희(秋史 金正喜, 1786-1856), 최한기(崔漢綺, 1803-1877) 등을 거쳐 개화사상으로 이어졌습니다.

실학자들은 기존의 성리학과 여러 가지 면에서 큰 차이를 보입니다. 우선 유학은 기본적으로 수기치인의 학문입니다. 그런데 유학에서는 수기와 치인을 강조할 때, 수기가 되지 않은 상태에서 치인만 하겠다고 나서서 벼슬이나 하려는 태도를 가장 심각하게 다루며 비판합니다. 그러다 보니 논리적으로 수기를 치인보다 더 중요하게 다루게 됐습니다. 그런데 치인을 위한 노력이 필요한 시대적 상황에서도 '치인을 하기 전에 수기에 더욱 노력한다'는 평계로 사회 개혁보다는 수기에만 집중했습니다. 수양이라는 명분으로 개혁해야 할 사회는 버려두고 기존 질서와 기득권에 안주할 위험이 항상 도사리고 있었습니다. 그것이 당시 주자학자들의 문제였습니다. 양난 이후 국정은 혼란하고 민생경제는 피폐해졌지만, 일차적 피해는 양반들이 아닌 농민과 서민에게 돌아갔기 때문에, 어려움을 피부로 느끼지 못하는 양반들 대부분은 그저 지금의 상태에 안주하는 경향이 팽배했습니다.

사정이 이렇다 보니, 현실의 삶에 도움을 주기보다 자신의 안녕만을 추구하는 당대 주자학자들의 움직임을 비판하면서 실학자들은 구체적인 개혁안을 통해 사회의 현실 문제를 해결함으로써 조선을 살기 좋게 만드는 실질적 '치인' 활동에 힘을 썼습니다. 토지제도 개혁안, 상공업 분야 진흥책, 과거제도나 신분제도의 혁파, 과학기술 분야에 대한 관심 등 다양한 영역에서 활발한 활동을 했습니다. 실학자들의 구체적인 활동을 몇 가지로 분류해 보면 다음과 같습니다.

1) 토지제도 개혁안: 토지 겸병과 지주-소작제도의 확대를 막고 직접 생산자인 농민에게 농토를 돌려주기 위한 개혁, 농업 생산력 향상, 조세제도와 신분제도의 개혁까지 광범위한 개혁 도모(유형원의 균전론, 이익의 한전론, 박지원의 한전론, 정약용의 여전론, 정전론)

2) 상공업 진흥책: 양난 이후 농토의 수확량 감소로 가장 중요한 국가 세입원인 토지세가 줄어들자, 상공업 활성화를 통해 국가 경제 발전 도모-지배계급의 경제 기반을 위협하는 이론이었기 때문에 큰 반대에 부딪힘, 무위도식하는 양반의 수 증가에 따른 신분제도에 대한 비판, 직업과 사회신분을 분리할 것을 주장, 사농공상 각 계층의 기능적 유기성 강조

3) 과학기술: 새롭게 소개된 서구의 학술을 수용하고 연구, 특히 천문역법, 수학, 의학 등에 큰 관심

4) 문화: 자주적인 의식을 가지고 우리나라의 역사와 문화에 대한 연구를 활발히 진행, 고대사에 대한 관심, 발해사에 대한 연구, 요동 지역에 대한 관심 고조됨

실학과 주자학: 천인분리와 천인무간

앞서 조선 유학의 가장 중요한 특성이 천인무간의 전통이라고 설명했습니

다. 목은 이색-양촌 권근-회재 이언적으로 내려오는 사상의 개요를 설명한 후에, '내가 하늘 됨'에 우선적 관심을 기울인 퇴계와 그 학파, '이 땅을 하늘 만들기'에 우선적인 관심을 기울인 율곡과 그 학파를 설명했습니다.

그러나 실학은 천인무간의 전통적인 조선 주자학과 매우 다른 경향을 보입니다. 이는 실학의 자연관이 주자학의 자연관과 다르다는 것에서부터 시작합니다. 중국 유학이나 실학 이전의 조선 유학은 '천'(天)으로 대표되는 자연을 다룰 때 우선은 하늘과 인간이 존재론적으로 연결돼 있다는 전제하에 하늘의 뜻대로 살아가는 인간의 삶을 지향합니다. 하늘의 뜻은 모든 만물과 더불어 조화롭고 평화롭게 살아가는 것이기에, 인간이 가져야 할 삶의 자세도 자연히 도덕과 윤리적 가치에 초점을 맞춥니다. 그래서 천인무간사상을 전제로 내가 하늘 같은 존재가 된다거나, 이 땅을 하늘처럼 만들고자 하는 사회적 책임을 다하는 자세가 강조되는 것입니다. 우리는 이를 퇴계와 율곡을 다루며 확인했습니다.

그러나 시대와 정세가 변하여 자연을 도덕적인 관점에서 바라보지 않고, 자연현상 자체를 과학적으로 탐구해 삶에 가치 있게 이용하려는 서구의 과학 문물을 접하면서 전혀 다른 자연관이 탄생합니다. 내부적으로는 양난 이후 침체된 국가경제와 사회를 개혁할 필요성이 함께 만나서 더 이상 도덕적으로 자연을 바라보는 관점에서 벗어나 객관적으로 연구하자는 흐름이 생겨난 것입니다. 실학자들은 이 흐름을 따라 자연을 인간과 분리된 객관적인 존재로 여기고 이를 이용하자는 주장을 펼쳤습니다. 주자학적 천관과 실학자들의 천관을 대비시킨 다음의 인용문을 보면 그 차이를 확연히 볼 수 있습니다.

> 해는 임금의 상징이요, 달은 신하의 상징입니다. 그 운행하는 길이 같고 모이는 도수가 같기 때문에, 달이 해를 가리면 일식이 되고, 해가 달을 가리면 월식이 되는 것입니다. 달이 희미한 것은 괴변이 되지 않으나, 해가 희미

한 것은 음이 왕성하고 양이 약한 까닭으로서 아랫사람이 윗사람을 능멸하고 신하가 임금을 거역하는 형상입니다. 정자(程子)는 '하늘의 덕과 임금의 도는 그 핵심이 자기 마음을 조심하는 데 있다'고 했습니다. 아! 지금 우리 동방의 동물과 식물이 다 자연의 길러줌에 힘입은 것은 어찌 우리 성스러우신 임금께서 마음을 조심하는 데 달려 있지 않겠습니까?[7)]
　율곡 이이, 「천도책」(天道策)

음양론에 얽매이고 리(理)와 의(義)에 빠져서 천도를 살피지 못한 것은 앞선 유학자들(先儒)의 잘못이다. 달이 해를 가리면 일식이요, 지구가 달을 가리면 월식이다. 경도와 위도가 같아서 달, 지구, 해가 일직선상에 놓여 서로 가리면 일식이나 월식이 되는 것이다. 이것이 천도가 운행하는 법칙이다. 이러한 달, 지구, 해의 운행법칙은 세상의 치란(治亂)과 관계가 없다.[8)]
　홍대용, 「의산문답」(毉山問答)

　주자학과 실학은 같은 유학이지만 우리가 생각하는 것보다 훨씬 그 차이가 큽니다. 실학의 과학적 세계관과 경험 세계에 대한 관심은 기철학(氣哲學)에 대한 관심으로 자연스럽게 발전합니다. 앞서 퇴계학파와 율곡학파가 논쟁을 벌인 이기론이 심성론(사단칠정)에 관한 문제였다면, 기철학은 심성론과는 아무런 관계가 없는 철저히 경험적이고 현실중심적인 세계관을 반영한 철학적 흐름입니다. 그래서 홍대용, 정약용, 최한기 등의 실학자들은 주자학의 핵심 중의 핵심 이론인 성선설 자체를 문제 삼기도 합니다.
　실학은 당대의 시대를 변혁시키고 개혁하려는 의지를 가진 중요한 학문적 흐름입니다. 물론 개화사상이 실학자들의 철학적 면을 그대로 철저하게 계승했다고 보기는 어렵지만, 실학과 개화사상이 어느 정도 연관이 있다는 점도 기억할 필요가 있습니다.

서학의 수용과 갈등

중국을 통해 서양의 문물이 소개되고 예수회 선교사들이 중국에 들어오면서, 인접 국가인 조선도 자연스럽게 영향을 받았습니다. 서양은 15-16세기 무렵 중세 봉건주의에서 탈피했고, 항해술과 상업 자본이 발달하면서 식민지 개척에 열을 올렸습니다. 16세기 초엽부터 포르투갈의 상인이 중국과 일본에 상륙했고, 1540년에 창립된 예수회가 극동지방의 선교를 활발히 진행해 중국은 이때부터 서구의 근대문화를 접합니다. 이런 과정에서 예수회의 신부 마테오 리치(Matteo Ricci, 1552-1610)가 1582년 중국 광동에 도착한 후 본격적으로 예수회의 선교가 진행되었습니다. 상당수의 천주교 선교사들이 명말청초에 중국에 와서 근대 서양의 과학 문물을 소개하자, 자연스럽게 중국에 왕래하던 사신들을 통해 조선의 지식인들에게도 이런 사실이 전해지게 되었습니다.

곧 이수광에 의해 「천주실의」가 조선에 소개되고, 서양의 근대지도, 천리경, 자명종, 천문학 서적 등이 자연스럽게 전해지면서 학문적 관심에서 천주교를 연구하기 시작했습니다. 천주교가 서양에서 전래되었다고 해서 '서학'(西學)이라고 불렀는데, '서학'은 신앙을 가지고 천주교를 믿는 단계가 아니라, 서구의 종교에 대해 학문적 관심을 가지고 대하는 태도를 뜻했습니다. 시간이 지나면서 지식인들과 민중들 사이에서 학문적 관심에서 천주교를 연구하던 단계를 넘어서 신앙으로 천주교를 대하는 일이 발생했습니다. 1686년(숙종 12년)과 1758년(영조 34년)에는 천주교 신도들이 제사를 우상숭배라 하여 폐지하는 일이 벌어졌고, 천주교 신앙에 대해 상대적으로 관용적이던 정조 때는, 당시 몰락한 양반 세력이었던 남인 계통의 양반들 중에서 천주교 신앙에 접근하는 학자들의 숫자가 많아지기 시작했습니다. 이른바 양반 지식인들이 학문적으로만 대하던 서학을 천주교로, 즉 신앙의 대상으로 삼기 시작한 것입니다. 정조 초부터 이벽(李檗,

1754-1785), 권철신(權哲身, 1736-1801), 권일신(權日身, ?-1791), 이가환(李家煥, 1742-1801), 이승훈(李承薰, 1751-1801), 정약전(丁若銓, 1758-1816), 정약종(丁若鍾, 1760-1801) 등이 교리 연구를 위해 집회를 가지기 시작했고, 마침내 1784년 이승훈이 북경에서 영세를 받게 되었습니다. 이 해가 한국천주교회의 원년입니다.

그러나 천주교가 양반들과 민중들 사이에 급격하게 퍼지면서 조상 제사에 관한 문제로 인한 갈등이 심각하게 대두되었습니다. 유교의 종교성은 제사를 모시는 데서 가장 잘 드러나는데, 이 제사를 우상숭배라며 배격하자 기존의 양반 세력과 조정에서 가만히 있을 리가 없었습니다. 여러 차례에 걸쳐 천주교에 대한 대규모 박해가 일어나고, 천주교로 개종한 양반들은 이에 대해 상소를 올리는 등 대립이 격화되어 갔습니다. 그러는 과정에서 유교와 천주교가 상대를 이해하는 지평이 넓어졌다고는 하지만, 실제로는 자신들의 입장에서 상대방의 종교를 편의대로 해석한 면이 더 많았습니다.

한 가지 기억할 것은 실학자들과 천주교를 믿는 양반들의 관계입니다. 두 부류의 양반들은 기존 조선의 주자학적 세계관과 당시 주자학자들을 비판한 면에서는 같지만, 그 관점에 약간의 차이가 있었습니다. 실학자들은 유학자로서의 정체성을 가지고 유학 자체에 대한 비판을 주로 했던 반면, 천주교인들은 주자학으로 대변되는 유학적 세계관 자체와 그 종교적 특성 자체를 부정했습니다. 실제로 안정복 등의 실학자들은 천주교를 아주 신랄하게 비판했습니다. 서학(천주교)은 표면적으로는 배척과 비판을 심하게 받았으나 내부적으로 깊이 살펴보면 조선사회의 전통적인 신분제도를 붕괴시키고 근대로 넘어가는 중간 과정에서 나름대로의 엄청난 영향력을 행사했다고 평가할 수 있습니다.

4부
현대 사회와 유교

9. 현대 사회에 미치는 유교의 영향력
10. 서구 지성계의 유교 신드롬
11. 중화의 힘, 유교

지금까지 유교의 핵심 내용 및 중국과 우리나라 유교의 역사를 함께 살펴봤습니다. 유교가 과거 중국과 우리나라에 실로 엄청난 영향을 미쳤음을 볼 수 있었습니다. 그런데 지금 오늘을 살아가는 우리에게 유교는 어떤 모습으로 비춰질까요? 유교하면 가장 먼저 조선시대, 갓, 도포, 남존여비 등 진부한 옛날 사상이 떠오르지는 않는지요? 토익, 토플시험이나 어학연수 등에 비하면 「논어」, 「맹자」를 읽고 도산서원을 방문하는 일은 시대에 뒤처지는 것처럼 느껴지지 않으십니까? 얼핏 보기에는 그럴 수도 있습니다. 유교는 케케묵은 이야기이고 조선시대가 아닌 오늘날에는 그다지 큰 힘이 없어 보입니다.

그러나 20세기 초반까지 최근세 5백여 년을 강력하게 지배해 왔던 유교는 우리가 의식하지 못할 뿐 우리의 내면과 문화 곳곳에 뿌리를 내리고 그 영향력을 행사하고 있습니다. 게다가 유교는 지금 이른바 '유교 르네상스'라 할 만큼 중국뿐만 아니라 서구에서까지 활발히 주목받고 있으며 이에 대한 관심이 점점 더 확대되고 있습니다.

4부에서는 유교가 우리 사회에 미치는 영향, 서구 사회의 유교에 대한 관심, 현대 중국의 유교부흥운동을 살펴보며 '지금 여기'에서의 유교의 모습을 조명해 보겠습니다.

9. 현대 사회에 미치는 유교의 영향력

우리나라가 유교 문화권의 대표적인 나라지만, 겉보기에 제사를 제외하면 지금 우리 사회에 유교가 큰 영향을 주지는 않은 듯합니다. 과연 그럴까요? 우선 다른 종교와 비교했을 때 유교가 어떤 위치를 차지하고 있는지 살펴봅시다.

구분 총괄표	단체	교당수	교직자수	신도수			
				종교 단체제출자료집계 (단위: 명)		인구 및 주택센서스집계 (단위: 천명)	
				(1992.12.21)	(1989.12.31)	(1995.11.1)	(1985.11.1)
불교	39	11,561	26,037	28,985,223	20,696,948	10,321(23.2)	8,060(19.9)
개신교	168	58,046	98,905	14,463,301	11,888,374	8,760(19.7)	6,489(16.0)
천주교	1	1,019	10,151	3,057,822	2,632,990	2,951(6.6)	1,865(4.6)
유교	1	234	17,577	10,263,946	10,184,976	211(0.8)	483(1.2)
천도교	1	280	5,551	1,120,623	1,079,944	28(0.1)	27(0.07)
원불교	1	418	9,630	1,195,331	1,124,483	87(0.2)	95(0.23)
대종교	1	102	342	468,780	498,995	8(0.02)	11(0.03)
기타 종교	21	2,947	177,177	6,737,383	3,527,308	232(0.5)	175(0.43)
계	233	74,607	345,365	66,292,409	51,634,018	22,598(50.7)	17,203(42.5)

표 9-1. 종교별 교세현황

위의 표는 한국갤럽조사연구소에서 1998년 발간한 「한국인의 종교와 종교의식: 제3차 비교조사」라는 책의 198쪽에 나온 내용입니다. 참고로 2004년도의 조사보고서에는 전체 종교의 현황을 한눈에 알아보게 한 표가 없어, 3차 연구(1997년)의 자료를 인용했습니다. 교단, 교당의 숫자, 교직자의 숫자는 각 종교 단체로부터 제출된 자료에 의한 것(1996. 12. 31. 기준)입니다. 그리고 오른쪽 열의 인구 및 주택센서스 집계는 통계청에 의한 공식 집계입니다. 오른쪽 열 괄호 안 숫자는 총인구 중 그 종교인의 비율을 뜻합니다.

위의 표에서 보듯이, 한국에는 매우 다양한 종교적 전통이 공존하고 있습니다. 그중 본인의 종교가 유교라고 대답한 사람의 숫자는 매우 적습니다. 그렇다고 해서 유교의 영향력이 적다고 단순히 말하기는 어렵습니다. 이에는 두 가지 이유가 있습니다.

첫째, 종교 단체가 제출한 자료의 총계를 보면 우리나라 총인구보다 종교 인구의 합이 훨씬 더 많습니다. 즉 우리나라 사람들은 삶의 자세와 도덕은 유교의 영향력을, 작명이나 죽음과 연관해서는 불교의 영향력을, 결혼식이나 현대적 삶의 방식은 기독교적인 영향력을 받습니다. 어느 한 종교가 그 사람의 일생을 지배하기도 하지만, 한 가지 종교 전통에 올인하지 않고 다양한 종교적 전통을 공유하는 사람들의 숫자가 많습니다. 그래서 위의 통계만으로 유교 인구가 적기 때문에 유교적 영향력이 적다고 말할 수는 없습니다.

둘째, 각 종교의 '신자'의 기준을 명확히 정하기가 생각보다 쉽지 않습니다. 흔히 개신교에서는 교적부의 교인등록 현황, 천주교에서는 영세신자 현황, 불교에서는 절에 보관된 회원등록을 기준으로 합니다. 그러나 유교나 무교, 민간신앙은 신자의 기준이 따로 없으며, 종교적 소속감이 개신교, 천주교, 불교에 비해 약하고, 그것을 구체적으로 정하기도 어렵습니다. 예를 들어 유교의 종교적 소속감의 기준을 조상 제사로 정한다면, 다른 종교를 가진 사람들도 대부분 유교인으로 포함할 수 있어 유교신자 수가 엄청나게 많아집니다. 그래서 통계 처리를 할 때 종교 소속을 종교 지표로 이용하는 것은 정확하지 않습니다. 종교 단체 소속 여부는 종교 성향과는 관계없는 단순 지표로밖에 볼 수 없는 경우가 많이 있기 때문입니다.

그러면 실제로 유교가 우리 사회에 미치는 영향력은 얼마나 될까요? 갤럽의 2004년 조사 중에서 몇 개의 통계만 인용해 보겠습니다.

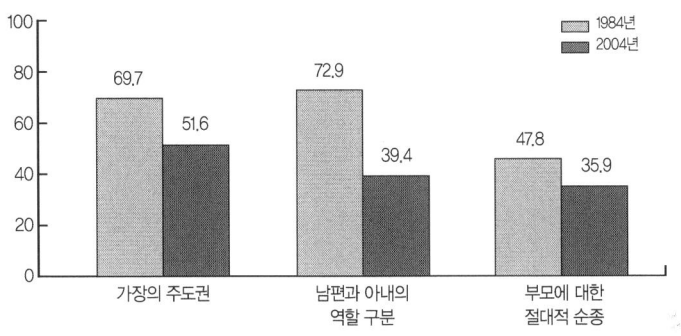

그림 9-1. 유교적 성향 – '그렇다'고 긍정하는 경우

유교사회의 가부장적 특징을 보여 주는 '집안의 남자 어른이 주도권을 가져야 가정 질서가 선다'는 의견에 대해 동의하는 응답(51.6%)은 1984년 조사결과보다 18.1%포인트 감소하였다. 남녀유별(男女有別)을 의미하는 '남편이 하는 일과 아내가 하는 일은 마땅히 구분되어야 한다'는 의견에 긍정하는 응답(39.4%)은 20년 전에 비해 무려 33.5%포인트나 줄어들었다. 전통적인 충효사상(忠孝思想)을 드러내는 '자식은 자기 생각보다 부모의 뜻에 따르는 것이 온당하다'는 의견에 대해 '그렇다'는 응답 비율이 35.9%로 나타나, 지난 1984년 조사결과와 비교해 11.9%포인트 감소하였다.

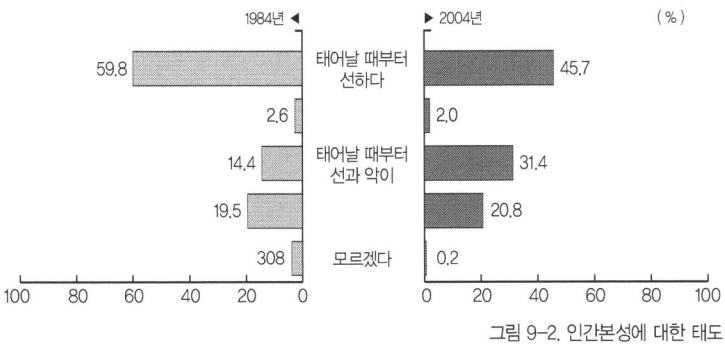

그림 9-2. 인간본성에 대한 태도

인간 본성이 '태어날 때부터 선하다'는 성선설을 긍정하는 응답 비율이 45.7%로 가장 높았다. 그다음으로 '태어날 때부터 선과 악이 있다' 31.4%, '태어날 때부터 선하지도 악하지도 않다' 20.8%, '태어날 때부터 악하다' 2.0% 등의 순으로 나타났다. 지난 1984년 조사결과와 비교해 보면, 성선설을 긍정하는 응답 비율(59.8%)은 14.1%포인트 감소하였다.

종교인별로 보면, '태어날 때부터 선하다'는 성선설을 지지하는 입장은 불교인이 52.5%로 가장 높게 나타났고, 다음으로 천주교인(46.5%), 개신교인(35.5%) 순으로 나타났다. 연령별로 보면, 고연령 일수록(특히 50세 이상) 성선설을 지지하는 비율이 높게 나타났으며 전 연령에 걸쳐 성악설(태어날 때부터 악하다) 지지비율은 매우 낮은 편이었다.

단위 %

구분	태어날 때부터 선하다	태어날 때부터 악하다	태어날 때부터 선과 악이 동시에 있다	태어날 때부터 선하지도 악하지도 않다
전 체	45.7	21.4	6.7	46.5
종교인별				
불 교 인	52.5	0.5	22.6	24.0
개 신 교 인	35.5	6.6	37.3	20.6
천 주 교 인	46.5	.0	37.7	14.9
연 령 별				
18 - 24 세	32.3	3.9	34.1	29.6
25 - 29 세	38.1	1.6	37.0	23.3
30 - 39 세	42.1	2.5	34.9	20.5
40 - 49 세	48.6	2.5	33.7	14.9
50 세 이상	56.8	0.2	22.7	19.7

표 9-2. 인간의 본성에 대한 태도: 응답자 특성별

종교인별로 보면, '태어날 때부터 선하다'는 성선설을 지지하는 입장은 불교인이 52.5%로 가장 높게 나타났고, 다음으로 천주교인(46.5%), 개신교인

(35.5%) 순으로 나타났다. 연령별로 보면, 고연령일수록(특히 50세 이상) 성선설을 지지하는 비율이 높게 나타났으며 전 연령에 걸쳐 성악설(태어날 때부터 악하다) 지지비율은 매우 낮은 편이었다.

위 통계들이 시사하는 바를 두 가지로 정리해 보겠습니다. 하나는 유교인의 숫자에 비해 유교적 영향력은 우리나라의 개인과 사회에 여전히 강하게 작용한다는 점입니다. 우리는 자칫 서구화된 문명사회에 살면서 유교로 대표되는 전통문화의 영향력이 이제 거의 희미해졌다고 느낄 때가 많습니다. 겉으로는 거의 없어진 듯 보입니다. 하지만 아무리 우리의 '의식'이 서구화되었다 해도, 한국 사람과 사회는 여전히 '무의식적으로' 숱한 유교적 영향을 받고 있습니다. 명절만 되면 그렇게 교통체증이 심해도 꼭 고향을 찾아가는 수많은 차량의 행렬을 서양 사람들은 도무지 이해할 수 없는 대목입니다. 외국에서 유학을 할 때도, 선생님들 앞에서 한국 학생들의 태도는 좀 다릅니다. 옷매무새부터 단정하게 하고, 인사할 때도 꼭 두 손과 발을 모으고 경의를 표하는 학생들은 죄다 한국인들입니다. 그렇다면 유교의 종주국인 중국도 우리와 비슷하지 않느냐고 질문할 수 있습니다. 그러나 중국은 공산화를 경험하면서 유교를 적대시하여 그 전통을 거의 말살해 버린 경험이 있기에 유교적 전통이 가장 순수하게 보존된 나라는 바로 우리나라입니다. 급격한 서구화의 엄청난 영향력을 무시할 수는 없지만, 기독교가 들어오기 직전의 5백 년을 지배한 유교는 우리의 무의식적인 바탕에 깊숙이 자리 잡고 있습니다.

다른 하나는 인간의 본성에 대한 태도입니다. 저는 학교 수업시간에 성경의 인간 이해가 성선설, 성악설, 성무선악설 중 어디에 가까운지에 대한 질문을 자주 합니다. 성악설이라는 대답이 가장 많습니다. 교회에서 아담의 타락, 원죄, 죄인 등을 강조하기 때문입니다. 그런데 표 9-2에 나타난 개신교인의 대답은 '태어날 때부터 선하다'는 응답이 '태어날 때부터 악하다'는 응답보다 무려 5배 이상 많습니다. 물론, 성경의 인간관이 어떤 입장을 취하는지는 한마디로 단정 지어 말할 수 없는 복잡한 사안입니다. 그러나 늘 '인간'하면 '죄인'을 떠올리는 개신교인들에게도 성선설이 압도적으로 많다는 것을 어떻게 설명할 수 있을까요? 많은 설명이 가능하겠지만 우선 유교적인 성선설의 영향력이 지대하다는 것을 부정할 수는 없습니다. 태어날 때부터 선하다는 입장을 지지하느냐 하는 데 대한 대답도 1984년에 비해 떨어지기는 했지만 서구 사회와 비교해 보면 무척이나 높은 수치입니다. 역시 유교적 영향력으로 설명할 수 있는 내용입니다.

물론 위의 통계 수치가 보여 주듯 우리 사회에서 유교적 영향력이 점점 줄어들고 있다는 점을 부정할 수는 없습니다. 서구화가 급속도로 진행되면서 유교가 미치는 영향이 약해진 것은 사실이지만, 앞으로 짧은 시간 안에 쇠하지는 않을 것으로 보입니다. 2천 년대 초반까지는 서구화가 우리의 목표였지만 21세기에 접어들면서 물질만능주의, 인간존엄성 파괴, 다원화된 가치에 대한 무비판적인 긍정 등의 이유로 사회 윤리와 개인도덕의식이 타락하고, 인간 소외, 노인 문제 등 서구화가 낳은 엄청난 부작용들의 부정적인 영향력이 사회 문제로 심화되고 있기 때문입니다. 물론 서구화의 부정적인 면이 유교에 대한 긍정적인 평가를 직접적으로 이끌어 내지는 않겠습니다만, 사회에 만연한 문제점들의 해결방안을 모색하면서 우리가 간과했던 전통적 가치에 대한 새로운 관심이 고조될 것으로 보입니다. 또한 중국에서 시작된 유교 르네상스와 서구 지식인들 사이에 일고 있는 유교 철학에 대한 관심 때문에 유교에 대한 긍정적인 재평가가 앞으로 계속 이루어지리라고 예상합니다.

제가 유교 철학을 전공한 성균관대학교에는 본대학원뿐만 아니라 주로 직장인들을 위해 야간에 개설되는 특수대학원인 유학대학원이 별도로 운영됩니다. 몇 년 전부터 유학대학원 석사나 박사과정에 모 대기업의 CEO 출신들, 현직 국회의원 등이 대거 입학해서 공부하고 있습니다. 특히 서구 자본주의와 기업의 세계적 경쟁력에 대해서는 국내 최고의 전문가들인 대기업 사장단이 유학대학원에 진학하는 의미는 현장에서 느낀 서구식 자본주의의 한계를 넘어설 만한 새로운 대안을 우리의 전통을 바탕으로 찾고자 하는 일종의 시도라고 볼 수 있습니다. 또한 최근에 인문학 열풍이나 전통 고전강독에 대한 사회 저명인사들의 관심 등은 우리가 늘 접하는 뉴스입니다. 서구화의 문제가 심각해질수록 유교적 영향력은 더욱 반등할 여지가 충분히 있다고 봅니다.

한국 유교의 과제

사실 아직도 유교라고 하면 케케묵은 이야기라고 생각하는 일반인들, 특히 젊은 대학생들의 숫자가 여전히 많습니다. 영어 원서를 끼고 다녀야 대학생다운 것이고, 「논어」나 「맹자」는 답답한 소수들만의 전유물인 것처럼 여기고 있는 것이 가슴 아픈 현실입니다. 물론, 저는 이 자리에서 전통과 인습만을 간직하자고 생떼를 쓰는 것이 아닙니다. 21세기를 살아가는 우리의 현실에서도 여전히 유교는 귀한 통찰을 주고 있으며, 유교의 고전들이 얼마나 소중한 자산인지를 들려줄 수 있는 '유교(유학)의 현대화'가 꼭 필요하다는 이야기를 하고 싶은 겁니다. 그리고 이런 유교의 현대화는 유교에 관심을 가진 현대인들에게 '충분히 읽혀질 수 있는 책'으로 서술되어야 합니다. 유교를 설명한 대부분의 책들은 너무 어렵고 한자가 많아 이해가 거의 불가능하거나, 아니면 너무 깊이가 없고 얕아서 별로 도움이 되지 않는 경우가 많습니다. 물론 최근에는 이 두 가지 문제점을 보완한 저작들이 나오기는 하지만, 여전히 너무나도 부족한 실정입니다.

저는 어떤 면에서는 의도적으로 유교의 훌륭한 점을 부각시키려 애썼습니다. 대부분 유교라고 하면 너무 고루하고 답답하며, 현대적이지 못하다는 부정적인 선입견이 굉장히 강하기 때문입니다. 사실 이 책에서는 언급하지 않았지만 유교의 부정적인 면이 많은 것도 사실입니다. 그렇다면 이 책에서 설명한 대로 유교가 그렇게 긍정적이고 훌륭한 사상적 전통인데 왜 오늘날 대부분의 사람들은 유교에 대해 부정적인 이미지를 먼저 떠올릴까요? 이 역시 책을 따로 써야 할 만큼 복잡한 문제이지만, 유교가 부정적인 이미지를 가지게 된 가장 큰 이유는 우리 사회의 부정적인 문화 중에서 천민자본주의, 졸부근성, 한탕주의 등이 유교적 양반 문화의 왜곡과 밀접하게 관련돼 있기 때문입니다.[1] 16세기 조선 유학의 중흥기를 거치고 임진왜란과 병자호란의 양난을 겪은 후, 조선의 유학은 점점 쇠락의 길을 걷게 됩니다. 이런 과정에서 양난으로 국가재정이 바닥나자 조정에서는 돈 많은 중인(中人) 계층에게 돈으로 벼슬을 주는 납속보관(納粟補官)이나 돈을 받고 공명첩(空名帖)이라는 양반 증서를 팔게 됩니다. 그러면서 점차 상민이나 천민까지도 양반을 지향하는 분위기가 점점 고조됩니다. 다음 표는 조선후기로 갈수록 양반의 수가 얼마나 많아졌는지를 잘 보여줍니다.

연대	양반호	상민호	노비호	합계(%)
1729년(영조 5년)	26.29	59.78	13.93	100
1765년(영조 41년)	40.98	57.01	2.00	100
1804년(순조 4년)	53.47	45.61	0.92	100
1867년(고종 4년)	65.48	33.96	0.56	100

표9-3. 조선시대 시기별 신분변동: 울산호적의 경우[2]

그런데, 이렇게 양반의 수가 많아지면서 수기치인에 힘쓰는 선비문화로서의 양반문화가 발달한 것이 아니라, 자기 가문이 무시당하지 않도록 족보를 만들고 분묘를 화려하게 치장하고 자기 과시를 위해서 관혼상제를 으리으리하게 지내는 식의 문화가 점점 팽배해졌습니다. 양반문화의 고상한 정신과 내용은 사라진 채 껍데기만 남은 허례허식의 양반문화가 자리 잡게 된 것이지요. 그러다 과거제도조차 폐지되고 신분이 해방되자 이런 흐름은 한층 가속화되고, 부정적인 양반문화가 해방 이후의 근대화 과정에서 천민자본주의, 졸부근성, 한탕주의 등으로 나타났습니다. 이 상황에 서구의 거대 자본주의 문화가 대거 유입되면서, 전통적인 유교문화의 장점과 서구문화의 유기적인 결합에 대한 차분한 논의와 그 결과가 미처 도출되지 못한 상태에서, 위와 같은 부정적인 문화만 잔뜩 우리사회에 만연하게 된 것입니다. 그래서 '유교'라는 단어에서 고상한 양반과 지식인이 가진 장점은 고스란히 사라지고 답답하고 고루하고 비현대적이고 딱딱하다는 부정적인 이미지가 고착된 실정에 처하게 된 것입니다.

그러므로 오늘날의 유교가 부정적인 이미지를 벗으려면, 사회개혁과 사회정의를 위해 노력했던 선비들의 기상을 본받아 현대 사회에 적용해야 합니다. 앞서 살펴본 퇴계나 율곡은 그 시대의 가장 개혁적인 사상가라고 해도 과언이 아닐 정도로 사회개혁과 개인의 수양에 앞장섰던 인물입니다. 이것은 유교 자체의 관심이 이 땅을 대동사회로 만드는 것이기 때문입니다. 그런데, 지금 유교의 중앙조직인 성균관이나 지방의 조직인 향교가 하는 일은 사실 미미한 수준으로, 유교 자체의 종교적 의례(공자에 대한 제사를 봄·가을로 지내는 석전[釋奠] 등)를 제외하고는 한문교육, 전통 예절 교육, 전통 혼례 등이 대부분입니다. 율곡처럼 추상같은 의지로 공무원의 부정부패 문제, 정치개혁 입법 문제 등을 해결하기 위해 적극적으로 나서는 유교 학자는 거의 없습니다. 유교의 가장 핵심적인 제도가 가정이므로 유교계는 이혼에 대한 교화 선도 사업, 가정폭력 금지, 청소년 보호 문제, 입시과열 문제, 건전한 가정의례 등에 좀더 큰 목소리를 내어 사회안전망을 구축할 수 있어야 합니다.[3] 이뿐 아니라 사회제도 개혁 등에 앞장서서 '민심이 천심'이라는 맹자의 핵심 사상을 지금 이 시대에 구현할 수 있어야 합니다.

물론, 이런 일을 적극적으로 행하기 위해 필요한 유교인이 턱없이 부족한 것이 솔직한 현실입니다. 젊은 청년들 중에 유교에 관심을 가진 사람들은 거의 없습니다. 소수의 전공자나 전통문화를 계승하는 열의를 가진 소수의 젊은이들이 고작입니다. 이 문제가 해결되지 않으면 사실 위에서 지적한 문제도 결코 해결해 내기가 어렵습니다. 더구나 서구화가 가속되는 시대에 유교의 현대적 의미를 젊은이들이 이해하고 공감할 수 있도록 재해석돼야 합니다. 그렇게 되기 위해 조금 더딘 발걸음일지라도 유교경전을 젊은 세대들이 이해할 수 있는 언어로 풀어내야 하고 젊은 세대들이 겪는 취업 문제, 사회적 부의 균등한 분배 문제, 비인간화와 소외 문제 등에 대해 유교가 설득력 있는 대답을 제시할 수 있어야 합니다. 청년들이 귀 기울이는 유교, 그것이 바로 유교가 현대화에 성공하는 가장 중요한 첩경이 될 수 있기 때문입니다. 그렇다고 해서 유교를 섣불리 기독교나 불교처럼 종교화해서 종교적 시스템을 다시 갖추자는 주장은 아닙니다. 급속하게 변화되는 사회의 변화를 제대로 읽어 내지 못하고 여전히 전통적 사상과 전통적 예절이 중요하다고만 외쳐서는 유교가 설득력을 가지지 못하게 되고, 그렇게 되면 점점 젊은 세대로부터 유교는 외면당할 수밖에 없습니다. 왜 오늘날에도, 왜 젊은 세대에게도 유교가 의미가 있고 필요한지를 공감할 수 있는 논리로 유교 사상을 현대화하기 위해 한글세대를 위한 유교 입문서도 필요하고, 현대 사회에서 중요한 이슈나 특성에 대한 공감할 수 있는 유교적 풀이도 필요하다는 뜻입니다

아울러, 한국 유학을 국제화해야 합니다. 유교 철학을 전공하는 동시에 한국 유학의 특성을 영어로 표현할 수 있는 국제적인 학자들을 배출해야 합니다. 한국과 미국 양국에서 유교 철학을 공부하면서 느낀 점은, 국내의 학자들의 유교 철학 자체에 대한 이해나 사상적 깊이는 비교가 안 될 만큼 훌륭합니다. 그러나 안타까운 점은, 한국 학자 분들 중에 자신들의 깊이 있는 사상과 한국 유학의 특성을 국제어인 영어로 표현하지 못하는 분들이 많다는 점입니다. 그래서 훌륭한 한국 유교 철학자들의

책을 영어로 번역하는 전문기구가 필요하다고 생각합니다. 한국 유학의 중요한 특성에 대해 영어로 쓰인 책이 많지 않아, 외국인이 한국 유학에 관심을 가져도 소개해 줄 만한 책이 부족합니다. 예를 들어 조선 5백 년의 유교 학자 가운데 단편적으로라도 영어로 번역되어 소개된 학자는 여태까지 퇴계와 율곡밖에 없습니다. 가까운 중국과 비교해 보아도, 유교의 종주국이라고 알려진 중국은 공산화를 경험했기에 유교의 정신적 유산이 거의 파괴되었으므로, 유교의 가장 순수한 전통이 보존된 한국 유학은 영어로 번역되어 제대로 소개되면 세계적인 주목을 받을 수 있습니다. 그러나 안타깝게도 현재 우리나라 정신문화 속에 남아 있는 유교적 통찰도 전혀 외국에 소개되어 있지 않습니다. 현재처럼 동서양의 문명이 만나 통합과 소통을 통한 새로운 흐름을 추구하는 시대적인 경향성을 보더라도 한국 유학은 시급하게 국제화할 필요가 있습니다. 그리고 그 첫걸음은 한국 유교 역사와 사상적 특성, 학자들에 대한 국제적 번역이 되어야 합니다.

이기동 교수는 사서삼경에 대해 자신의 철학적 안목으로 풀어 쓴 「강설」(講說) 시리즈를 완간했는데, 이 책은 주자의 주석이나 여러 학자들의 견해를 주로 소개한 기존의 사서삼경에 대한 해설서와는 달리, 본인의 깊은 사색과 통찰로 얻은 이해와 경전 본문에 대한 철저한 해석을 바탕으로 집필한 책입니다. 한국의 유교 철학자의 저술로 세계 어느 학자와 견주어도 손색이 없는 대단한 역작입니다. 이런 책들을 번역하는 것은 개인의 저작을 영어로 출판하는 것 이상의 중요한 의의가 있습니다. 이 저작뿐 아니라, 한국 유학을 잘 소개할 수 있는 좋은 학자들의 작품을 엄선해 영어나 독일어, 프랑스어, 중국어 등으로 번역해야 합니다. 그렇지 않고서는 지금도 "한국의 주자학은 중국 주자학의 아류"라고 생각에서 벗어나지 못하는 서구의 많은 지식인들의 잘못된 편견을 깨뜨릴 수가 없기 때문입니다.

최근 학계의 가장 큰 키워드 중의 하나는 '소통'입니다. 한국 유학도 소통할 수 있어야 합니다. 현대 사회에 유교가 어떤 통찰을 줄 수 있을지에 대한 소통, 서구화와 영어에 더 익숙한 새로운 세대와 유교적 가치관의 소통, 국내와 국제학계 간의 소통을 위해서도 우리가 가진 유교적 유산에 대한 깊은 연구와 국제화의 노력이 필요합니다. 그렇게 되어야만 한국의 유학은 세계적인 주목을 받게 될 것이고, 이 시대에 꼭 필요한 위대한 사상적 전통으로 자리매김할 수 있을 것입니다.

10. 서구 지성계의 유교 신드롬

저는 9장에서 영어로 한국 유학의 특성이 소개돼야 한다고 주장했습니다. 이런 결론을 내리게 된 이유는 현재 서구의 학자들이 유학 사상에 대해 엄청난 관심이 있기 때문입니다.

서구는 지금 포스트모던적 사유 구조의 극점이라고 할 수 있는 해체주의 이후 새로운 사상의 흐름을 찾고 있습니다. 더구나 선도적인 학자들은 전공을 불문하고 지금과 같은 글로벌한 시대에 동서양의 사상적 흐름이 만나 어떤 새로운 사상적 지형도를 그려 낼 수 있을지 고민하고 있습니다. 서구 학자들의 이런 고민은 동양학 연구자들에게는 상당히 반가운 소식입니다. 20세기 중반까지만 하더라도 서구 학자들은 서구중심주의적인 입장을 철저히 견지하면서 동양학에는 교양이나 작은 관심 정도로 흥미를 가졌지만, 지금은 전공을 막론하고 앞선 지식인이라면 동양적 종교 전통인 유교나 불교, 노장 정도는 기본적으로 알아야 하는 시대가 되었습니다.

서구 학자들 중에서도 특히나 철학자들, 신학자들, 윤리학자들이 유교 철학에 많은 관심을 가지고 있습니다. 이들의 관심을 환영하면서도, 사상적이고 종교적인 측면에서 한 가지 꼭 기억해야 할 포스트모던적 특성이 있습니다. 그것은 서구의 포스트모던적 사유의 특성은 다원화와 상대성을 철저히 인정한다는 것입니다. 그것도 현상적으로 다양성을 인정하는 것이 아니라, '근본적 다원성'을 인정한다는 데 그 특성이 있습니다. '근본적 다원성'이라는 용어는 독일의 사상가 볼프강 벨쉬(Wolfgang Welsch)가 그의 책에서 포스트모던적 다원성을 규정하면서 지칭한 용어입니다.

포스트모던적 다원성은 전체 지평 내에 존재하는 일개 내부 현상을 의미하는 것이 아니라 존재하는 모든 지평이나 틀 또는 지반에 맞닿아 있다. 포스트모던적 다원성은 수많은 지평에 영향을 미치고 틀이라는 것이 얼마든지 다양할 수 있다는 것을 알게 해 주며 다양한 지반 위에서 작동한다.…포스트모던적 다원성은 뿌리에까지 닿아 있기 때문이다. 그러므로 이 책에서는 포스트모던적 다원성을 '근본적 다원성'이라고 지칭한다.[1]

다소 어렵게 들릴지 모르지만, 간단히 설명하면 포스트모던시대에 말하는 다원성은 그저 나름대로 쿨하게 "나와는 생각이 다르지만 인정할게!" 정도의 다양성에 대한 긍정보다 훨씬 깊습니다. "나와는 생각이 다르지만"이라는 말은 포스트모던적인 사고방식에서는 기분 나쁜 표현입니다. 애초부터 모든 것은 다 상대적이라 각각 다 다른 것이 당연한데, 뭔데 네가 그것을 인정하고 말고 하느냐 하는 식의 사고방식이 바로 포스트모던식의 다원성인 근본적 다원성입니다. 상대방을 인정한다, 하지 않는다는 표현 자체가 폭력적이라는 것이지요. 자신만의 잣대를 가지고 상대방을 평가하는 것 자체가 포스트모던적이지 않다는 의미입니다. 쉽게 말하면, "너 이거 해!", "너 이거 하지 마!" 하는 표현 자체가 근본적으로 허용될 수 없다는 것이 포스트모던적인 근본적 다원성입니다. 동성애도 그 사람의 취향인 것이고, 사이비 종교에 심취하는 것도, 그 어떤 일탈적인 행위도 다 각 개인의 생각에 따른 행동일 뿐입니다. 그러한 행동에 대해 윤리적인 잣대를 가지고 이래라저래라 하는 것 자체가 폭력적이라는 주장입니다. 이런 의미에서 벨쉬의 표현대로 포스트모던은 "근본적 다원성이 사회의 근본 상황으로 실현되고 인정되는 역사적 국면"인 것입니다.[2]

이런 식의 포스트모던 사유구조는 분명히 긍정적인 면이 있습니다. 모두가 각자의 생각과 사고방식대로 자유로운 삶을 추구합니다. 그리고 이런 근본적 다원성에 대한 긍정 자체는 기존의 폭력적이고 억압적인 사회구조 속에서 표출되지 못한 자유로운 사유와 특성을 드러내는 긍정적인 면이 있습니다. 그러나 문제는, 그러한 근본적 다원성이 주도적인 흐름이 되면서 사회에 반드시 있어야 할 보편적인 윤리의식이나 도덕성, 질서 등이 설 자리가 크게 줄어들었다는 점입니다. 이것이 현대 서구의 학자들이 고민하는 윤리적 문제입니다. 그러나 서구의 포스트모던적인 사유 구조 속에서는 이 문제에 대한 해답을 찾기가 아주 어렵습니다. 이미 해체주의까지 경험한 마당에, 무슨 근거로 다시 보편성·객관성·도덕성을 말할 수 있느냐 하는 근본적인 질문에 봉착하기 때문이지요.

그래서 서구는 동양에 관심을 기울이기 시작합니다. 물론, 교통과 과학문명의 발달로 동서양이 물리적으로 점차 하나 되고 있다는 점 위에서 설명한 학문적인 흐름에서, 동양의 윤리와 도덕의식에 관심이 높아졌던 것입니다. 동양의 사상적·종교적 전통 중에서도 유교가 윤리와 도덕을 통한 사회질서 유지와 개인의 덕, 사회의 질서와 예의 등을 강조하기 때문에, 현대 서구의 학자들이 유교에 주목하게 된 것입니다.

물론, 태극, 무극 등의 매우 형이상학적이고 심오한 개념이나 이기론, 사단칠정론, 본성론, 인성론 등에 대한 심도 있는 깊은 통찰 등도 아주 매력적인 주제로 평가받고 있습니다. 그렇지만 불교나 노장과 비교해 볼 때 유교가 특히 서구의 지성인들에게 매력적으로 다가가는 가장 큰 원인이, 윤리적이고 도덕적인 측면이라는 것은 부정할 수 없는 사실입니다. 그래서 서구의 학자들은 공자, 맹자도 좋아하지만 특히나 순자에 주목합니다. 순자의 예 사상이 서구의 예의를 강조하는 문화와 비슷하면서도, 사회질서 확립에 큰 도움을 얻을 수 있으리라 생각하기 때문입니다.

 생각해보기

잊을 수 없는 하버드에서의 경험

제가 미국에 보스턴 대학교에 유학을 가서 유교와 기독교에 관한 비교 연구로 박사과정 중이던 때의 일입니다. 보스턴은 미국의 학문적 중심지라고 해도 지나치지 않은 지역입니다. 2004년 봄 학기 당시 저는 지도교수의 권유로 인근 하버드 대학교에서 유교 윤리라는 과목을 수강하고 있었습니다. 미국에서 활동하는 가장 명망 높은 유학자인 뚜웨이밍(杜維明) 교수의 강의였습니다. 수강 신청을 정식으로 한 열두 명은 교수와 테이블에 앉아 있고 나머지 청강생들은 각자 알아서 의자를 갖고 테이블 없이 뒤쪽에 앉게 했는데도 수많은 학생들이 3시간 내내 서서 청강을 할 정도로 인기가 높은 강의였습니다.

한 학기를 잘 보내고 마지막 시간이 되었습니다. 현대 사회에서 유교가 어떤 의미가 있는가에 대해 강의하던 중에, 하버드 옌칭 도서관 1층 입구의 한 강의실에서 강의를 하던 뚜웨이밍 교수가 일어나 강의실의 한쪽 벽면을 가득 채운 병풍을 가리켰습니다. 그러면서 학생들을 향해 이 병풍이 무엇인지 아느냐고 물었습니다. 제가 잘 아는 병풍이었습니다. 하지만 학생들 사이에는 아무런 대답이 없었습니다. 뚜웨이밍 교수는 말했습니다.

이 병풍은 16세기 중국의 곁에 있는 조선이라는 나라(지금의 남한)에 살았던 이퇴계라는 분의 작품인 「성학십도」입니다. 이 작품은 조선 주자학의 가장 위대한 작품입니다. 그리고 동시대를 살았던 이율곡이라는 또 한 분의 위대한 유학자가 있습니다. 이 두 분은 주자가 다소 모호하게 해석한 내용을 가장 정확하고 예리하게 분석했습니다. 이 두 분의 사상을 알지 않고는 주자학의 핵심을 안다고 할 수 없습니다. 특히 이퇴계는 유학의 핵심이 무엇인지, 유학자의 삶이란 어떠해야 하는지를 가장 잘 보여 주신 분입니다. 그 시대의 유학의 정신을 알고 싶으시다면 퇴계와 같은 학자의 태도를 꼭 기억하고 공부할 필요가 있습니다.

저는 그 강의 시간 마지막에 느꼈던 그 전율을 지금도 잊을 수가 없습니다. 그때 그 백여 명 중에 유일한 한국 학생이었던 저는 누구에게도 말할 수 없는 벅찬 감동을 안고 행복하게 그 강의실을 나설 수 있었습니다.

11. 중화의 힘, 유교

최근 중국에서는 유교가 다시 부흥하고 있습니다. 급속한 자본주의와 개혁개방 정책으로 엄청난 서구화의 물결을 경험하고 있는 중국에서 유교가 다시 부흥하는 것은 다소 어울리지 않는 듯 보이기까지 합니다. 그러나 여기에는 우리가 생각해 보아야 할 중요한 몇 가지 중국 및 세계사적인 변화가 있습니다. 이 문제를 지금부터 살펴보겠습니다.

20세기 후반 중국의 변화와 문제의식

1949년에 중화인민공화국이 탄생한 이래 마오쩌둥은 계급투쟁론이나 고립경제론을 고수해 왔는데, 이 결과 중국의 경제는 계속 침체일로를 겪었습니다. 이런 상황에서 중국 대륙의 개혁개방은 1978년 덩샤오핑이 등장하면서 시작됐습니다. 이 운동은 사실 모택동 시대의 대약진운동이나 문화대혁명으로 황폐해진 경제를 부흥시키자는 덩샤오핑의 정책을 말합니다. 1978년 당시 덩샤오핑이 들고 나온 비유가 그 유명한 흑묘백묘론(黑猫白描論)입니다. "검은 고양이든 흰 고양이든 쥐만 잘 잡으면 된다"라는 뜻입니다. 그러니까 중국의 경제 성장을 위해서라면 사회주의 계획경제만 고집할 것이 아니라 시장경제도 적용이 필요하다는 매우 실용적인 정치노선을 가리키는 용어입니다. 그래서 이때부터 중국은 덩샤오핑의 개혁개방 정책을 통해 경제성장을 도모하게 됩니다. 1978년 12월에 개최된 중국공산당 제11기 중앙위원회 제3회 전체회의에서 개혁개방이 제안됐고, 이는 그후 시작된 중국 국내 체제의 개혁 및 대외 개방정책의 중심용어가 됐습니다. 당시 덩샤오핑이 4대 현대화(농업, 공업, 과학기술, 국방)와 경제 발전을 시대적 과업으로 규정하면서 각 단계별로 비전을 제시하여 이를 계속 추구함으로써 이후 중국경제는 엄청난 발전을 이루게 됩니다.

그래서 현대 중국은 경제적으로 서구의 시장경제와 자본주의를 어느 정도 수용하고 있습니다. 그래서 개혁과 더불어 대외개방정책을 실시해 1980년부터 차례로 광둥성의 선쩐, 주하이, 샨터우, 푸젠성의 아모이 및 하이난 성에 다섯 곳의 경제특구를 설치했고, 1984년에는 따롄, 진황도, 톈진, 옌타이, 칭다오, 연운항, 난통, 상하이, 닝보, 원저우, 푸저우, 광저우, 잔장, 베이하이의 열네 개 연해 도시를 개방했습니다. 물론 이런 개방은 지금도 계속되고 있습니다. 그러나 이런 개방정책이 계속된다고 해서 중국이 완전히 서구화할 수는 없습니다. 이른바 중국적 가치와 서구의 경제 발전모델을 결합시켜서 새로운 거대 중국을 형성하여 세계 초강대국이 되는 것이 중국의 야심입니다.

급격한 경제적인 성장을 이루면서 중국은 자본주의의 단맛을 보기 시작했습니다. 그리고 세계에서 가장 큰 나라인 중국 시장은 서구 자본주의의 각축장이 되기에 충분한 조건을 갖추어 가기 시작했습니다. 물론, 1989년의 천안문사건과 같은 아픔도 있었지만, 오늘날 우리가 보는 중국의 발전은 대단하다는 표현으로도 부족할 만큼 위협적인 성장을 하고 있습니다.

그러나 중국 경제의 발전에는 밝은 면만 있는 것이 아닙니다. 도시와 농촌의 경제적 차이가 점점 더 커지고, 또 가난한 사람과 돈이 많은 사람들 사이의 계층 간 위화감도 더욱 커져 가고 있습니다. 너무 급속한 경제성장의 후유증인 인권탄압, 윤리의식의 타락 등도 상당히 심각한 수준입니다. 사회주의 경제만으로는 이 시대에 불충분하다고 해서 개혁과 더불어 개방을 부르짖었는데, 개방정책으로 서구식의 자본주의를 도입해 보았더니 당장 경제 발전에는 엄청난 효과가 있으나, 경제적 삶이 나아질수록 함께 성장해야 할 윤리의식이나 도덕성이 점점 타락상을 보인다는 것이 현대 중국의 고민입니다. 물론 어떻게 보면 당연한 것입니다. 갑자기 돈을 많이 벌게 된 사람은 흥청망청 쓰고 싶고, 함께 가난했다가 갑자기 부자가 된 사람을 바라보는 가난한 사람은 질투와 미움이 생기기 쉽기 때문입니다. 이것이 개인 간에, 도시와 농촌 간에 점점 더 심화되는 것이 지금 중국의 실정입니다. 경제적 부의 축적으로 발생하는 여러 가지 사회 문제에 대한 신속한 대안 마련이 바로 중국이 당면한 가장 심각한 문제점이라고 할 수 있습니다. 이런 문제를 해결하기 위해 노력하는 중국 공산당과 지식인의 관심은 두 가지로 요약할 수 있습니다.

중국 유교의 부흥

우선, 경제적으로는 삶이 윤택해졌지만 그 이면의 사상적 공백이나 윤리적인 타락을 보완해야 했던 중국 공산당은 종교 활동 금지와 신앙 군중 박해를 계속할 수 없게 됐습니다. 그래서 1978년 개혁개방 이후로 각종 종교가 급격히 부흥했지만 그 이전과 같은 심각한 종교 탄압은 없었습니다. 게다가 급속한 사회 변동으로 인해 새로운 가치관의 필요성을 느낀 중국 지식인들도 서구사회의 발전의 동력이 된 기독교를 비롯한 다양한 종교 연구에 대한 관심이 더욱 높아졌습니다.[1] 그때부터 특히 기독교와 유교에 대한 연구가 엄청나게 활발해졌습니다. 마르크스의 이론에 의하면 '종교는 인민의 아편'이라 당연히 금지해야 할 대상인데, 사회주의를 표방한 중국이 종교를 연구하고, 이것을 공식적으로 허용해 버렸으니, 경이적인 일이었습니다. 그러나 중국에서의 연구는 마르크스의 이념에 입각하여 진행되지는 않았으며, 좀더 실제적인 내용, 예를 들어 종교가 어떻게 사회를 통합하는 기능을 하는지, 종교와 민주주의, 종교와 자본주의 발전이 어떤 관계에 있는지 등에 대한 관심을 가지고 종교를 다룹니다. 더 이상 '종교는 아편'이 아니라 '종교는 문화다'라는 인식이 1980-1990년대를 거쳐 점점 확산되었습니다.

그런데 왜 굳이 유교에 대한 연구를 활발히 했을까요? 바로 사회통합의 필요성을 유교에서 찾았기 때문입니다. 앞서 언급한 대로 지금 중국에는 빈부 격차, 도농 격차, 기성세대와 젊은 세대 간 격차 등 수많은 갈등과 충돌이 곳곳에 산재돼 있고 때로는 폭동, 높은 이혼율과 가정의 파괴 등 심각한 사회 문제를 일으키기도 합니다. 중국은 지속적으로 서구 자본주의 국가들의 뒤를 따라 경제 발전을 도모해야 하지만 동시에 윤리적인 타락과 퇴폐적 문화는 받아들일 수 없다고 생각합니다. 그러면서 사회 체제가 더 성숙하고 도덕적이며 안정적인 방향으로 나아갈 수 있기를 염원하고 있는 것입니다.

그렇다면 어떤 동양의 종교가 이 역할을 가장 잘할 수 있을까요? 불교나, 노장사상, 도교는 사회통합 기능이나 사회질서에 대한 관심이 적습니다. 그렇다면 유교는 어떻습니까? 유교야말로 앞서 공자와 맹자, 주자 등에서 보았듯이 개인의 수양과 사회적 질서 확립을 통해 조화롭고 평화로운 사회를 유지해 나가려는 학문적·종교적 전통입니다. 그러니 중국 공산당이 유교적인 가치를 전면에 내걸고 사회통합을 유지하고 중국 발전을 꾀하는 것은 어쩌면 당연한 것입니다. 현대 중국의 지도자들이 구체적으로 어떻게 유교를 정치와 사회통합에 결합시키려 하는지 구체적인 사례를 들어 살펴보겠습니다.

장쩌민

덩샤오핑의 뒤를 이어 1993년부터 2003년까지 중화인민공화국 주석의 자리에 있었던 장쩌민(江澤民, 1926-)은 덕치론(德治論)을 내세웠습니다. 사회주의는 공산당 중심의 감시체제로 사회를 유지해 나가는데, 장쩌민이 덕치론이라는 유교적인 정치사상을 내세운 것은 어떤 면에서는 중국의 획기적인 정치사상의 변화를 잘 대변한다고 할 수 있습니다.

후진타오

후진타오(胡錦濤, 1942-)는 장쩌민의 자리를 계승해 2003년부터 2013년까지 중화인민공화국을 다스렸습니다. 후진타오는 주석의 자리에 오르면서 "입당위공 집정위민"(立黨爲公 執政爲民)을 주장했습니다. 이는 "(공산당의) 집권은 인민을 위한 것"이라는 뜻인데, 이것은 자신의 지도부가 지향한 정책방향을 잘 설명해 주고 있습니다. 계속해서 "이인위본"(以人爲本: 국민을 근본으로 함), "조화사회"(和諧社會) 등을 내걸면서 이른바 "공자의 부활"로 명명할 만큼 유교사상을 더욱 강화했습니다.

시진핑

시진핑(習近平, 1953-)은 2012년 11월 15일 중국 공산당 총서기 신분으로 첫 대국민 연설을 하면서 "중화민족의 위대한 부흥이라는 '중국의 꿈'(中國夢)을 실현하겠다"고 취임 일성을 밝혔습니다. 지금 중국은 관리들의 부패가 너무나도 심각해서 중국 정부가 밝힌 통계에 의하면 2008년-2012년 사이에 부패와 비리사건으로 처벌받은 관리가 14만 3천 명에 이른다고 합니다. 이러한 고속 성장 뒤에 감춰진 부패와 도덕성 상실, 사회적 타락을 시진핑은 유교, 불교, 도교 등 전통적인 사상과 종교로 메우려 하는 정책을 펼쳐 나가고 있습니다. 그러한 종교 중에서도 도덕적 질서와 사회통합을 가장 강조하는 종교적 전통이 유교이기 때문에, 시진핑은 유교를 매우 강조하는 정책을 계속해서 펼쳐 나가고 있습니다. 시진핑은 취임 1주년이 되던 2013년 11월에는 공자의 고향인 산둥성 취푸시 쿵푸(孔府·공자의 후손들이 살고 있는 저택) 내 공자연구원에 들러 연구 성과를 담은 책과 간행물을 두루 살펴보면서 이후 가진 기자간담회에서도 "공자와 유가사상을 연구해 역사 유물주의 입장을 견지하는 가운데 오늘의 현실에 맞게 받아들여야 한다"며 "훌륭한 것, 진실한 것을 취하고 심도 있게 연구해 새로운 시대 여건에서 긍정적인 작용을 할 수 있도록 해야 한다"고 강조했습니다. 시진핑이 제창한 핵심 내용인 중화민족의 부흥 도모, 윤리적인 타락 방지, 도덕적 사회질서 확립을 강조하는 한 중국에서 유교에 대한 관심은 계속 고조될 것이라고 예견할 수 있습니다.

공자학원 설립

유교를 부흥시키는 추세는 세계 최강국으로 우뚝 서려는 야심을 가진 중국의 방향을 잘 보여 주고 있습니다. 가장 대표적인 것이 바로 공자학원(孔子學院)입니다. 공자학원은 2004년부터 전 세계에 중국 언어와 중국의 문화를 알리기 위해 설립된 단체입니다. 이 단체는 2012년 말 현재 1백 개 국가와 지역에 4백 개의 공자학원과 5백 개의 공자학당을 설립했습니다.[2] 불과 9년 만에 9백여 개의 공자학원과 공자학당이 설립됐다는 것은 중국이 자국 문화를 전파하기 위해 얼마나 노력하는지, 중국의 힘이 얼마나 거대한지를 잘 보여 주는 통계라 하겠습니다.

전 세계적으로 자국 문화를 알리기 위한 센터의 건립은 이미 있었던 일입니다. 통계에 의하면 프랑스의 '알리앙스 프랑세즈'(프랑스문화원)가 120년간 1,110개, 영국의 '브리티시 카운슬'(영국문화원)이 70년간 230개, 독일의 '괴테 인스티튜트'(독일문화원)가 50년간 128개를 설립했습니다.[3] 이에 비하면 공자학원은 엄청난 속도로 퍼지고 있다고 볼 수 있습니다.

중국어 교육과 중국 문화를 소개하는 단체의 이름에 '공자'를 붙인 것에는 매우 중요한 의미가 있습니다. 전 세계에 '중국=유교=공자'라는 도식을 각인하는 효과가 있기 때문입니다. 이것은 앞서 등소평의 뒤를 이어 장쩌민-후진타오-시진핑으로 이어지는 유교 부흥운동, 이른바 "신중화주의"(新中華主義)와 밀접한 연관이 있습니다. 인구와 국토, 그리고 경제력으로만 중국을 드러 낼 것이 아니라 문화로도 최강국의 지위를 확보하겠다는 중국의 의도를 읽을 수 있기 때문입니다.

베이징올림픽과 유교의 부흥, 그리고 신중화주의의 개막

2008년 베이징올림픽 개회식을 기억하시는지요? 제가 볼 때 개회식의 주제는 "공자의 부활"이었습니다. 총연출을 했던 장이머우(장예모) 감독은 중국 5천 년 역사의 과거, 현재, 미래를 모두 개회식에 담았다고 인터뷰를 했습니다. 첫 장면은 부(缶)라는 악기를 2,008명이 연주하면서 공연을 펼칩니다. 이들이 부르는 노래가 바로 공자의 사상이 담긴 「논어」 「학이편」의 "벗이 있어 먼 곳에서 찾아오니 이 또한 기쁘지 아니한가"(有朋 自遠方來 不亦樂乎)입니다. 그 후 "역사의 자취"(Footprints of History)라는 제목으로 29회 올림픽을 상징하는 스물아홉 개의 불꽃이 베이징올림픽 주경기장을 향해 터져갑니다. 불꽃은 중국이 자랑하는 발명품인 화약을 상징합니다. 중국 문명의 힘을 보여 주는 초반의 한 장면이라고 해석할 수 있습니다. 그리고 얼마 후에는 중국의 56개 소수민족을 대표하는 56명의 어린아이들이 중국 국기를 함께 가지고 나와서 함께 등장합니다. 이른바 중국 내부의 화합을 상징하는 것으로 해석할 수 있습니다. 그리고 이어서 중국 소수민족 출신 224명의 합창단원들이 중국 국가인 의용군행진곡을 부릅니다. 소수민족 전체가 중국의 국기인 오성홍기(五星紅旗) 앞에서 하나임을 강조하는 것을 세계가 보게 하는 효과를 기대한 것입니다. 그리고 그로부터 약 15분 후 중국의 문명을 소개하면서 공자의 제자 3천 명이 등장합니다. 역시 이때에도 「논어」의 구절인 "사해 안에 있는 모든 사람은 그의 형제이다"(四海兄弟)를 노래하면서 등장합니다. 그리고 이들이 다양한 모습으로 아우러지다가 만드는 글자가 바로 "和"(조화)입니다. 전 세계인의 화합을 상징하는 것입니다. 이런 "조화"의 사상은 바로 후진타오 국가주석이 조화로운 사회를 내세운 것과 일맥상통하는 것입니다. 베이징올림픽 전체의 슬로건이 또한 "하나의 세계, 하나의 꿈"(同一個世界, 同一個夢想, One World, One Dream)이었는데, 중국이 유교와 공자를 통해 이런 조화의 사상을 세계에 표현했다고 해석할 수 있습니다. 이른바 "신중화주의"를 만천하에 알리는 상징적인 의미가 있기 때문입니다. 실제로 올림픽 폐막일인 2008년 8월 24일 중국의 관영 신화통신은 베이징올림픽을 두고 "신중국의 탄생이 동아시아의 환자로서의 중국 역사에 종언을 고했다"고 정의했습니다. 어떤 의미에서는 한 국내 일간지의 표현대로 중화 르네상스 시대가 열렸다고 볼 수도 있겠습니다.

중화유장 편찬

「중화유장」(中華儒藏)이란 용어를 들어 보셨습니까? 이는 중국의 대규모 '학술문화공정'으로, 불교의 대장경처럼 유교의 대장경에 해당하는 경전을 집대성하는 거대한 프로젝트를 말합니다. 이 프로젝트는 2004년부터 2020년까지 총 16년에 걸쳐 북경대학교 유장편찬위원회를 중심으로 중국 정부에서 실시하는 프로젝트입니다. 한 개인이나 단체가 아닌 중국 정부가 주관한다는 것에 주목할 필요가 있습니다. 「중화유장」 사업에는 중국뿐만 아니라 한국과 일본, 그리고 베트남 등지의 유교 관련 문헌도 수집 대상에 포함됩니다.

그런데 「중화유장」의 규모가 실로 어마어마합니다. 해인사 팔만대장경의 글자 수가 약 5천2백만 자인데, 유장은 15억 자가 목표라고 합니다. 이 프로젝트는 정화(精華)편(2억 자 분량)과 대전(大典)편(15억 자 분량)의 두 단계로 진행 중입니다. 「유장」 「정화」편에서 한국 유학의 문헌 중 2천4백만 자 분량이 될 예정이라고 하고, 일본 문헌은 1천6백만 자 정도인 것으로 알려졌습니다.[4] 이 거대한 작업을 긴 시간을 투자하여 국책사업으로 진행한다는 것은 중국 정부가 유교의 부흥을 중요하게 생각하고 있다는 것을 보여 줍니다.

유교 부흥의 두 얼굴: 학문적 관심과 신중화주의

이상에서 살펴본 중국에서의 유교 부흥을 우리는 어떻게 평가할 수 있을까요? 두 가지 면을 함께 봐야 합니다. 첫째는 유교에 대한 학문적인 관심입니다. 대내적인 면에서는 앞서 설명한 대로 유교는 중국의 급격한 경제 발전과 함께 윤리의식 고양과 사회 안정을 위해 가장 중요한 틀을 제공할 수 있습니다. 개인의 수양을 위한 인(仁), 상호관계 속에서 실천해야 할 예(禮), 공동체와 직장 등에서 적용할 수 있는 삼강오륜, 교육과 정치 시스템에 적용할 수 있는 여러 가지 다양한 프로그램이 유교에 이미 존재합니다. 특히나 이것이 중국의 역사 속에서 이미 실현된 적이 있다는 점이 매우 중요합니다. 유교를 기틀 삼아 다스렸던 한대 이후 수많은 왕조의 명멸을 통해 그 교훈을 얻는다면, 유교는 중국 사회의 안정을 위한 중요한 사상적 기틀이 될 수 있습니다. 이런 측면에서 유교는 동북아의 안정이나 세계 평화를 위해서도 의미 있는 역할을 할 수 있으리라고 봅니다.

그러나 중국에서의 유교의 부흥을 이렇게 낭만적으로만 보아서는 결코 안 됩니다. 중국이라는 나라가 전 세계에서 차지하는 비중이 점점 커지고 있음에 주목해야 합니다. 그리고 이와 더불어 공자학원이나 베이징 올림픽, 과학기술의 발전 등을 연결해 본다면 유교 부흥은 "신중화주의"의 중요한 사상적 이데올로기가 될 수 있습니다. 저는 개인적으로 공자학원은 공자의 사상을 연구하거나 중국의 문화를 알리는 순수한 의미로만 그 역할이 한정되지 않으리라 봅니다. 분명히 중국의 패권과 신중화주의의 기치를 세계 각국에 알리는 선봉장 역할을 하게 될 것입니다. 베이징 올림픽에서 보았듯이 "화"(和)의 기치를 높이 들면서 중국이라는 나라가 얼마나 대단한지를 보여 주는 문화적 첨병이 될 것이라고 생각합니다.

해체주의 이후 재구성을 위한 유교

제가 보는 견지에서 지금 경제적으로 가장 발전한 유럽이나 미국은, 사상적으로 '포스트모더니즘 이후에 서구 사상은 어디로 갈 것인가?'하는 것이 앞서 나가는 지식인과 리더 그룹의 가장 큰 화두로 보입니다. 포스터모더니즘은 기존의 전통적이고 힘을 가진 사상이나 내용들을 다 허물어뜨리고 다원성이 존중받는 사회로 만든 긍정적인 면이 있습니다. 그래서 포스터모더니즘의 극한인 해체주의까지 와 버린 것이 서구의 사상적 흐름입니다. 해체주의란 말 그대로 기존의 권위를 가진 모든 것을 다 해체하자는 주장입니다. 물론, 해체주의는 기존의 폭력적이고 억압적인 구조를 해체하는 여러 가지 순기능이 있습니다. 그러나 해체주의에만 안주할 수는 없습니다. 모든 것을 다 해체하고는 살아갈 수 없기 때문입니다. 기존의 집이 많은 문제가 있고 하자가 연속해서 발생한다면 그 집을 헐어 버리는 것은 의미 있는 일입니다. 그러나 허물고 난 후에는 다시금 살아갈 새 집을 지어야 합니다. 이른바 해체 후에는 재구성이 필요합니다.

그러면 해체주의 이후에 어떤 사상을 통해 사회질서와 보편적 질서의 확립, 도덕과 윤리의 필요성, 새로운 학문적 토대를 구성할 수 있을까요? 서구 사상계는 지금 이 질문에 대한 다양한 대답을 모색하고 있습니다. 이 점은 앞에서도 간략히 언급한 내용입니다. 그래서 서양은 현재 동양에 무척이나 관심이 많습니다. 해체 이후 재구성의 논리를 서구에서 찾을 수 없으니 새로운 사상적 대안을 찾고자 동양에 관심을 가지는 것이지요. 그래서 노장사상, 유교, 불교 등이 최근 20-30년 전부터 서양에서 엄청난 주목을 받고 있습니다.

이런 서구 사상계의 한계와 새로운 방향에 대한 모색은 중국의 지식인들에게 유교의 필요성을 알리는 굉장히 좋은 기회가 되고 있습니다. 중국 정부는 「중화유장」등에서 보듯 정책적으로 많은 지식인들과 협조하여 중국의 막강한 경제력과 더불어 유교를 신중화주의와 연결시켜 적극 홍보하고 있습니다. 물론, 전략적으로 신중화주의는 뒤에 감추고 유교의 필요성과 사상적 내용만을 전하고 있는데, 이런 면에서 공자학원이 신중화주의 확산에 중요한 첨병의 역할을 할 것이라는 점입니다.

그러면 이제 좀더 명확한 결론에 도달할 수 있습니다. 서구에서는 자본주의의 한계와 새로운 길과 해체주의 이후의 도덕과 질서 확립을 위한 새로운 종교적 전통에 대한 모색이 한창인데, 이러는 가운데 중국은 엄청난 경제적인 발전을 거두고 있습니다. 서구의 지성인들이 비서구사회를 통해 대안을 찾으려 할 때, 이미 엄청나게 커진 중국의 영향력과 전 세계 어느 곳에나 있는 화교들을 통해 중국의 문화를 이미 접했기 때문에, 중국에 우선적으로 주목할 수밖에 없습니다.

그런데, 중국에는 유교가 있습니다. 국내 문제를 해결하는 것에서도, 서구의 포스트모던적 사상을 극복할 수 있는 새로운 사상적 대안의 하나가 되기에도 손색이 없는 유교는 바로 중국의 사상적 전통입니다. 그러니 '공자의 부활'은 이런 세계사적인 흐름에서 엄청나게 고조되고 있고, 앞으로도 고조될 수밖에 없다고 저는 봅니다. 그리고 그 거대한 서막을 전 세계를 향해 공포한 것이 베이징올림픽이었다고 해석합니다. 실제로 베이징올림픽은 중국 젊은이들의 배타적 민족주의를 고조시키는 작용을 강하게 했습니다. 중국 정부에서는 올림픽 기간 동안에 중국 젊은이들의 민족주의가 애국적 열정으로 너무 강하게 비춰질까 봐 이성적이고 합법적인 한도 안에서만 민족주의를 표현하도록 했고, 정부 차원의 인터넷 검열을 통해 이들의 행동에 대해 수위를 조절했다고 합니다.

이런 전체적인 면을 생각해 본다면, 앞으로도 유교는 중국에서 더욱 발전할 것입니다. 학문적인 면뿐 아니라 신중화주의를 내세우는 가장 효과적인 수단으로서 유교가 강조될 것으로 봅니다.

중국의 기독교 연구

이제 최근 중국의 유교 부흥과 연관해 중국 내의 기독교에 대한 새로운 동향과, 이에 대해 한국 그리스도인들이 가져야 할 자세에 대해 몇 가지를 함께 생각해 봅시다.

우선, 지금 중국에서는 기독교에 대한 연구가 엄청나게 활발히 일어나고 있습니다. 세 가지로 분석할 수 있다고 봅니다. 첫째, 중국 내에서 유교, 불교, 도교 등 여러 종교문화가 번성하면서 기독교에 대한 연구도 함께 활발해지고 있다는 점입니다. 둘째, 중국이 사회 안정과 경제 발전을 추구하면서 서구 자본주의를 모델로 삼았는데, 서구 사회의 경제 발전과 사회 안정의 주요한 원인의 배후에는 기독교 정신이 있다는 점을 발견한 데 있습니다. 그러니 단순히 자본주의의 제도나 시장 경제를 들여오는 것만이 아니라 서구 사회의 발전의 가장 중요한 사상적 배경이 된 기독교를 제대로 이해하지 않고는 서구 사회를 제대로 이해할 수 없다는 면에서 기독교에 관심을 가지게 된 것입니다. 이것은 중국사회과학원의 기독교연구센터 성립대회에서 발표한 리우지(劉吉) 부원장의 발언을 통해 살펴볼 수가 있습니다.

> 기독교(천주교, 동방정교회, 개신교를 포함하는 광의의 기독교)는…오늘날 전 세계에서 신앙인 수가 가장 많은, 가장 큰 종교이다. 부단히 연화(演化)되어 가는 관념 형태, 정신전통, 문화현상, 조직 군체(群體)와 생활방식으로서의 기독교는, 인류 사회에 대하여 큰 영향을 생산했을 뿐 아니라 지금도 계속하여 거대하고도 심원한 영향을 생산하고 있으니, 이 세계를 알려고 할 때, 종교를 알지 않을 수 없고, 더욱이 기독교를 알지 않을 수 없으며, 우리가 인류 자신을 인식하려고 할 때 마찬가지로 종교를 인식하지 않을 수 없고, 더욱이 기독교를 인식하지 않을 수 없다.[5]

세계를 알려면 종교를 알아야 하고, 종교 중에서 기독교 연구가 필수적이라는 리우지의 발언은 지금 현재 중국 사상가들이 기독교에 큰 관심을 가지고 있는 이유를 잘 보여 줍니다. 셋째, 중국의 기독교 연구는 매우 독특한 성격을 지니고 있습니다. 그것은 기독교를 하나의 문화현상으로 이해하고 있다는 점입니다. 이것을 '문화 기독교'라고 중국에서 부르고 있는데, 기독교에 대한 연구가 주로 기독교를 아직 믿지 않거나 교회에 가입하지 않은 학자들에 의해 주도되고 있습니다. 이것은 세계 기독교 연구사에 있어서 독특한 중국적 현상입니다. 그리고 이런 연구가 가능한 이유는, 중국 지식인이 기독교 연구가 목적이 아니라, 이 기독교 연구를 통해 중국이 더 강한 강국이 되고자 하는 수단으로 기독교를 연구한 데 있습니다. 70년대 개혁개방 이후에 80년대까지 중국의 지식인들이 외쳤던 구호가 "중화(中華)여 진흥(振興)하라"였던 것에서 잘 알 수 있습니다.[6] 말하자면 신중화주의를 위한 수단으로서 기독교를 연구한 것으로 이해할 수 있다고 봅니다.

중국, 한국 기독교를 주목하다

그런데, 2천 년대에 접어들면서 중국의 기독교 연구자들 사이에 하나의 중요한 변화가 생겼습니다. 기독교와 기독교 신학에 관심을 가진 중국의 유수한 학자들이 서방 교회에 대한 관심에서 한국 기독교에 대한 관심으로 관심의 축이 점점 바뀌고 있다는 점입니다. 이는 북경대학이나 복단대학, 청화대학 등 중국의 저명한 대학의 유수한 교수들의 강연이나 대화, 현지 연구자들과 토론하면서 얻은 제 나름의 결론입니다. 물론, 중국이 서구 기독교에 대한 연구에서 완전히 결별했다는 뜻이 아닙니다. 서구 신학의 고도의 형이상학적 논리와 서구 기독교 역사에서 배워야 할 점이 그렇게 몇십 년간의 연구로 마쳐질 정도로 가볍지 않기 때문입니다. 그리고 신학의 중심은 여전히 미국과 독일을 비롯한 서구입니다. 이 점을 간과하고 평가절하 하는 것은 분명히 잘못된 것입니다.

그러면, 왜 중국의 기독교 학자들은 한국의 기독교에 관심을 점점 기울이고 있을까요? 우선 첫째로는 중국 내의 기독교 신자 수가 증가하고 있는데, 이런 현상을 사회통합과 연결시키려는 통찰을 한국 기독교를 통해 얻기 위해서입니다. 지금 중국에서는 그리스도인의 숫자가 엄청나게 증가하고 있습니다. 삼자교회 뿐 아니라 가정교회도 그 신자 숫자가 얼마인지를 정확히 언급하기가 힘듭니다. 그런데 중국 그리스도인은 하층민이 많다는 특성이 있으며 그 규모가 점점 커지고 있습니다. 현재 중국에서는 공식적으로 법으로 허가된 장소에서 진행되는 종교 활동만을 합법적인 종교 활동으로 인정하고 보호한다는 기본 정책을 유지하고 있습니다. 그래서 이른바 지하교회나 가정교회는 법적으로는 불법이 되는 것입니다. 그 점을 알면서도 대충 눈감아주는 것이 지금 중국 공산당의 종교 정책입니다.

그러면 어차피 다 알고 있는데 기독교를 아예 공식적으로 인정하면 되지 않을까 하는 질문을 가질 수 있습니다. 그런데 만약에 가정교회 등을 다 공식적으로 인정하게 되면, 중국에서는 당장에라도 연합으로 수천 명이 모이는 교회가 매우 많아질 것은 분명합니다. 그렇게 되면 교회의 세력이 지나치게 커질 것을 중국 공산당은 두려워합니다. 수천, 수만 명이 모이는 교회가 여럿 생겨난다는 것은 조직을 통제하고 관리해야 할 공산당 당국자들에게는 엄청난 부담으로 다가옵니다. 더욱이 교회는 사회정의와 소외된 자들에 대한 관심, 특히나 인권 유린이나 사회의 부정직한 면에 대해 개혁하려고 하는 특성이 있습니다. 그래서 선교사들과 연관된 교회들을 다 인정해 주게 되면, 중국 사회의 어두운 면, 즉 중국이 급격한 경제 발전의 이면에 있는 중국의 추악한 면이 공론화될 수도 있고, 현재와 같이 급속한 발전을 이룬 인터넷이나 매체를 통해 전 세계에 알려질 수가 있는 것입니다. 그래서 이런 것이 두려운 것이 중국 공산당의 고민입니다. 공인하자니 위의 문제가 두렵고, 그냥 두자니 뻔히 그리스도인들의 숫자가 늘어나는 것이 보이고, 강제로 억압할 수는 없다는 것이 당국자들의 고민입니다.

그렇다면, 중국 공산당과 중국 내 기독교 연구자들에게 있어서 방향은 분명합니다. 향후 기독교를 어느 정도 인정하되, 중국의 국가발전에 도움이 되는 방향으로 기독교를 인도할 묘수를 찾는 방법입니다. 종교를 통해 사회가 상층민과 하층민, 한족과 타민족으로 분리되고 갈등이 증폭되는 것이 아니라, 종교를 통해 어떻게든 사회 화합을 촉진하는 수단으로 이용하려는 것이 중국 정부의 공식적인 종교의 기능에 대한 입장이기 때문입니다. 이런 대내적인 차원뿐만 아니라, 전 세계 열방을 향해서도 중국의 힘을 과시하고 드러내는 데 종교가 도움이 되기를 바라는 것입니다. 인권유린이나 소수민족에 대한 차별 등의 중국의 치부는 드러내지 않게 하면서도, 그리스도인이 더 애국적이고 더 사회 발전과 안정에 기여할 수 있도록 할 수 있다면 정부 당국자 입장에서는 더할 나위 없이 좋은 길입니다. 지금처럼 마냥 통제만 할 수는 없다는 것을 누구보다도 잘 알고 있기 때문입니다.

이런 관심을 가지고, 이런 문제의식에 해답을 추구하고자 그동안 중국의 기독교 연구자들은 부단히 서구의 유명한 신학자들과 세미나를 개최하기도 하고, 신학을 연구했으며, 중국으로 불러서 토론하기도 했습니다. 물론, 많은 도움을 받았겠지만 중국내 기독교 연구자들은 여전히 그 대안을 찾기에 부족하다고 느낀 것입니다. 그 이유는 신학자들이 뛰어나지 않아서도 아니고, 서구의 신학의 발전이 형편없어서도 아닙니다. 무엇보다 서구 기독교문명과 서구의 신학적 전통은 지금 중국 사회와 중국 교회의 현실과는 너무도 달라서, 그 적용점을 찾기가 쉽지가 않다는 데 있습니다.

신중화주의를 향한 꿈, 기독교에 대한 공인, 국가발전에 이바지할 수 있는 기독교. 이런 여러 가지 중국 기독교 학자들의 관심을 충족시켜 줄 수 있는 교회가 바로 한국교회일 수 있다는 데서 중국 기독교 연구자들의 관심이 한국으로 이동한 것입니다. 그 가장 근본적인 이유는 한국 기독교의 초창기 역사로부터 시작됩니다. 여러분들도 잘 아시다시피, 우리 한국의 기독교는 초기부터 그리스도인이 곧 애국자요, 기독교 선교사들과 기독교 지도자들에 의해 한국 사회가 발전을 이루어 왔다고 해도 과언이 아닙니다. 초기 선교사들은 학교와 병원을 지어 우리나라의 근대화에 큰 기여를 했습니다. 3·1운동 당시에는 지극히 적은 기독교 인구에도 불구하고 민족대표 33명 중에서 16명이 그리스도인일 정도로 기독교 지도자는 곧 애국자였습니다. 조만식, 이상재, 서재필 등 무수한 민족의 지도자들은 대부분 그리스도인이었고, 이들은 곧 민족의 미래를 누구보다 걱정하는 애국자들이었습니다.

그래서 적어도 한국 기독교의 초기 발전은 기독교의 발전이 곧 조국 근대화 과정이었다고 해도 과언이 아닙니다. 그리고 지식인과 유학파 등 민족의 지도자들이나 소위 선각자들이 대부분 그리스도인들이었습니다. 이들이 농촌계몽운동과 교육사업, 애국계몽운동을 벌인 덕택에 한국 기독교는 민족의 종교로 자리매김할 수 있었던 것입니다.

그래서 중국의 기독교 연구자들은 한국의 기독교 역사를 통해 이 점을 배우고자 합니다. 같은 동아시아 문명권이고, 지리적으로나 문화적으로 매우 많은 공통점이 있으면서도 기독교를 통해 국가의 근대화와 발전을 이룬 나라가 한국이므로, 한국 기독교의 역사를 통해 중국 국가발전과 지도자 양성의 요람으로서의 교회가 될 수 있는 길을 모색하고자 하는 것입니다.

중국 선교를 위한 새로운 선교정책

이렇게 지금은 중국 선교를 위한 좋은 기회라고 볼 수 있습니다. 그러나 이런 때일수록 한국 교회는 차분하게 중국 선교정책을 돌아볼 필요가 있습니다. 단순한 물량 공세나, 중국 교회는 한국 교회에 의존하지 않으면 안 된다는 식의 안일한 태도를 버려야 합니다. 신학교나 교단 정책 입안자들은 중국 공산당이 필요로 하는 것, 중국 그리스도인들의 정서, 선교사들의 의견, 신학자들의 시각을 전체적으로 평가하고 중장기적인 계획을 세워 선교를 해야 합니다. 이 과정에서 한국 기독교는 중국 선교에 대한 기존 관점을 새롭게 하고 교단 간의 협력선교를 강화하면서, 한국 기독교가 중국 기독교에 긍정적으로 영향을 끼치는 동시에, 진정한 복음의 문호를 개방할 수 있는 차분한 방법을 찾을 수 있어야 합니다.

물론, 중국의 종교 정책 자체가 기독교 복음화가 아니라 중국이라는 나라의 발전에 보탬이 되는 식으로 기독교를 인정하려 하기 때문에 경계해야 한다는 의견도 있습니다. 옳은 말씀입니다. 중국의 종교 정책은 사회주의 중국의 체제 유지에 위협이 되지 않는 선에서만 종교를 허용하고 있기 때문입니다. 이 점에 대한 경계는 아무리 해도 지나침이 없을 것입니다. 그러나 동시에 한 가지 분명히 기억할 것이 있습니다. 이 점을 경계한다고 해서 더 나은 선교의 기회가 올 때까지 마냥 기다리는 것은 좋은 태도가 아니라는 것입니다. 선교는 모든 것이 준비됐을 때 하는 게 아닙니다. 여러 가지 준비가 부족하고 상황도 열악하지만 해야 하기에 하는 것입니다. 교회가 있어 선교하는 것이 아니라, 선교를 지향하며 모인 곳이 교회라는 점을 알아야 합니다. 교단별 선교현황을 늘리고 교회를 개척하는 숫자가 중요한 것이 아니라, 중국 종교정책 당국자의 입장을 비판적으로 이해하면서 어떻게 효과적인 복음 전도의 방안을 수립할 수 있을지를 장기적인 안목과 전문가를 통해 접근해야 합니다. 각개전투식, 그리고 물량 중심적 선교는 중국 선교를 병들게 할뿐이라는 것을 기억하시기 바랍니다.

5부
유교와 기독교, 그 어울림과 변주곡

12. 신학자가 공감하는 유교의 가르침과 향기
13. 조상 제사에 대한 그리스도인의 태도
14. 신학자의 눈으로 본 유교

드디어 이 책의 마지막 장에 이르렀습니다. 이 장에서는 유교와 기독교를 비교해 보면서 어떻게 서로 조화를 이룰 수 있을지, 그리스도인으로서 유교의 어떤 면을 배워야 하는지, 그리고 어떤 관점에서 유교를 비판적으로 성찰할 수 있을지에 대해 살펴보겠습니다.

저는 예수 그리스도가 인류의 유일한 구원자임을 굳게 믿습니다. 그러나 다른 종교인들을 우상 숭배자로만 규정하여 종교적 우월의식을 갖는 것은 잘못된 태도라고 생각합니다. 기독교가 위대한 종교라고 믿는다면, 다른 종교인들과 비종교인들을 더욱 사랑하고 열린 마음으로 대화하는 것이 성숙한 신앙인의 태도이기 때문입니다. 보수적인 신앙인일수록 다른 종교에 대해 공부하는 것을 꺼려 합니다. 그러나 내가 믿는 기독교가 구원의 종교이고 위대한 종교라면 다른 종교를 연구하는 일을 꺼릴 이유가 없습니다. 다른 종교를 연구한다고 해서 내 신앙이 흔들린다면, 그것은 내 신앙이 아직 보잘것없거나 내 믿음에 대해서 불안한 요소가 있기 때문일 것입니다. 저는 유교를 공부하면서 더 성숙하고 반듯한 그리스도인의 모습이 무엇인지를 깨닫게 되었고, 유교를 공부하면서 성경을 더 깊이 읽게 되고 기독교를 좀더 객관적으로 바라보게 되었습니다.

이 장에서는 그리스도인이 유교에서 배워야 할 점을 정리해 보았습니다. 그리고 그리스도인이 어려워하는 조상 제사 문제를 어떻게 이해해야 하는가에 대해서도 다루겠습니다. 마지막으로는 그리스도인으로서 유교를 어떠한 관점에서 바라보아야 하는가에 대해 비판적으로 성찰할 것입니다.

12. 신학자가 공감하는 유교의 가르침과 향기

그리스도인이 유교에서 배워야 할 점[1]

유교는 다른 종교 전통에 비해서 일상적인 삶 속에서 거룩한 삶을 지향하는 학문성을 강조하는 종교적 전통입니다. 이 장에서는 이러한 유교의 기본적 특성을 중심으로 유교를 통해 배워야 할 점 세 가지를 살펴보겠습니다.

학문하는 바른 태도

앞서 저는 유학의 목표가 성인(聖人)이 되는 데 있다고 말씀드렸습니다. 우리는 유교를 통해서 가장 먼저 올바른 학문 태도를 배워야 합니다. 유교는 매 순간 성실하고 공경한 삶의 태도로 내 삶의 올바른 변화를 추구하는 공부인 성덕지학을 지향합니다.

우리 모두가 느끼는 대로 우리나라의 교육 현실은 마치 브레이크 없는 자동차와 같습니다. 무작정 앞만 보고 달리면서 아이들을 몰아붙이고 있습니다. 우리가 가는 방향이 과연 옳은지는 누구도 확신을 못합니다. 다들 말로는 '이건 아닌데…' 하면서도, 실제로는 가만히 있으면 내 아이만 뒤처진다는 불안감에 입시 사교육 대열에 합류하여 아이들을 벼랑으로 내몰고 있는 안타까운 실정입니다. 아이들에게 바른 삶의 태도를 갖게 하는 교육은 온데간데없이 오직 '성적 지상주의' 구호 아래 아무런 주목도 받지 못하고 있습니다.

우리 조상들은 어떻게 교육했을까요? 우리 조상들은 공부의 내용보다는 공부하는 태도와 몸가짐을 바로 하기 위해 어릴 적부터 「동몽선습」, 「소학」, 「대학」 등을 차근히 가르쳤습니다. 성덕지학은 본문에서 여러 번 다루었기 때문에 여기서 재론하지는 않겠습니다만, 배운 만큼 삶의 태도가 성숙하기를 추구하는 유교식의 바른 학문 태도는 분명히 우리가 회복해야 할 태도입니다. 물론, 조선시대의 교육이 무조건 다 훌륭했다고 단정할 수는 없습니다. 그 시대에도 과거 시험에 수많은 부정행위와 폐해가 있었습니다. 그러나 가르침과 배움의 기본 목적이 인격 도야를 통한 성인(聖人) 됨에 있다는 사실만큼은 반드시 기억해야 합니다. 이른바 명문대 진학과 스펙 쌓기, 돈벌이가 목적이 되어 버린 우리 현실과는 그 지향점이 매우 다르다는 점을 분명히 기억해야 하겠습니다.

과거에 서당에서는 보통 5-7세에서부터 15-16세까지 공부한 다음, 서원, 향교, 성균관 등과 같은 고등교육기관에 진학하곤 했습니다.[2] 그런데 서당이든 상위 고등교육기관이든 하나같이 인성, 정서, 감성, 신체적 능력, 미적 감각 등 인간의 다양한 측면을 계발시켜 전인적인 인격도야를 추구했습니다. 서당에서는 글을 읽고 뜻을 밝히는 강독 시간에 「천자문」부터 시작하여 「동몽선습」, 「명심보감」, 「소학」, 「사서」, 「삼경」 등을 가르쳤는데, 이 중 8세가 되면 누구나 공부해야 할 가장 중요한 책이 「소학」이었습니다. 「소학」은 이른바 일상생활 속에서 어떻게 인간이 바른 삶을 살아가야 할 것인가에 대한 내용을 담은 책입니다. 소학에서는 "쇄소응대진퇴지절" (灑掃應對進退之節)이라 하여, 물 뿌려 마당 쓸고, 어른들에게 공손히 대하고, 나아가고 물러날 때에는 공경심을 유지하는 것을 기본으로 삼았습니다. 이 외에도 그림, 음악, 춤, 활쏘기 등도 가르쳤습니다. 이러한 인간의 다양한 측면을 계발하는 공부는 서당 교육뿐만 아니라 평생에 걸쳐 지속되었습니다.

옛 서당에서는 훈장과 학생들이 24시간 함께 생활하였는데, 졸업식 때는 졸업장 대신에 학생의 특징을 파악해서 상징적인 동물을 한 마리씩 주기도 했답니다. 그 광경을 인용해 봅니다.

> 한양의 한 서당에서 학업을 마치는 필업식(畢業式)이 열렸다. 훈장은 공부를 무사히 마친 제자들에게 칭찬과 격려의 말을 한 다음, 졸업장을 주기 위해 제자들을 하나하나 불렀다. 첫 번째로 불려 나간 김 아무개는 떨리는 마음으로 훈장 앞에 섰다. 그런데 훈장은 졸업장은 주지 않고 닭을 건네는 것이 아닌가. 닭을 받아든 김 아무개는 멍한 표정으로 훈장을 바라보았다.
> "너는 게으른 편이니, 새벽을 여는 이 닭처럼 부지런해져라."
> 그제야 훈장의 뜻을 알아들은 김 아무개는 감사의 인사를 하며 물러났다.
> 김 아무개 다음으로 불려 나간 최 아무개는 훈장에게 이런 말을 들었다.
> "너는 매사에 행동이 느리니, 뒷간에 매어 놓은 말을 몰고 가거라."
> 물론 뒷간에 말은 없었으나 최 아무개는 자신의 결함을 일러 주며 교훈을 하는 스승의 가르침을 깊이 새겼다.[3]

특이하고 재미있는 졸업식 풍경은 훈장이 아이들 하나하나의 특성을 정확히 파악한 다양한 계발식 교육이 이루어졌음을 알게 해 줍니다.

물론 그렇다고 해서 제가 지금 한문으로 된 유교경전 읽기를 다시 시작하자고 주장하는 것은 아닙니다. 그러나 지금 이 나라에서 벌어지고 있는 끔찍한 현상들을 치유하려면 우선 교육을 바로잡는 일에서부터 시작해야 한다고 봅니다. 공자가 말년에 교육을 강조한 이유도 그 때문입니다. 나뭇잎이 병들어 간다면 그 원인이 나뭇잎에 있을까요? 나뭇잎에 영양제를 주입한다고 나뭇잎이 다시 살아날까요? 잎이 병들면 잎이 아니라 뿌리부터 치료해야 합니다. 더 이상 망가질 데가 없는 우리의 처참한 교육 현실을 근본부터 바꾸기 위해서라도, 성덕지학과 인성 교육을 강조하는 유교의 통찰은 오히려 오늘날 더 주목할 가치가 있다고 생각합니다.

수기와 치인을 함께 강조하기

두 번째로 유교를 통해 배워야 할 것은, 개인 삶의 수양과 공공의 유익을 위한 실천을 함께 강조하는 유교의 태도입니다. 8세가 된 어린아이(小人)가 읽은 책이 「소학」이라면, 15세가 되어 큰 사람(大人)가 되었을 때 읽은 책인 「대학」은 다음과 같은 문장으로 시작합니다.

> 大學之道 在明明德 在親民 在止於至善.
> 대학이라는 책에서 가르치는 것은 내 마음속의 밝은 덕을 밝히는 데 있고, 남을 나처럼 사랑함에 있으며, (나와 이웃이 함께) 지극히 선한 상태에 머무는 데 있다.

위의 구절에 따르면 공부의 목적은 세 가지입니다. 우선 내 마음속에 있는 밝은 덕을 더 밝히기 위해서입니다. 출세도, 명성도, 편안한 삶도 아닌 내가 받은 하늘의 품성에 따라 아무런 부끄럼이 없이 살아가는 '신독'(愼獨, 홀로 있음에도 삼가는 자세)하는 태도입니다. 다음으로 친민(親民)이 있습니다. 민(民)은 백성, 이웃, 남을 가리키는 말이고, '친'(親)은 어버이라는 뜻도 되는데, 결국 학문의 두 번째 목표는 남을 나처럼 사랑하는 것입니다. 학문의 세 번째 목표는 지극히 선한 상태에 머문다는 뜻의 '지어지선'(止於至善)에서 찾을 수 있습니다. 이를 유교식으로 표현하면, 이 땅을 지상낙원인 대동 사회(大同社會)로 만든다는 뜻입니다.

그런데 '명명덕', '친민', '지어지선'이 단계적으로 완성해야 하는 시간적 선후관계가 아님을 반드시 기억해야 합니다. 내 마음속의 밝은 덕을 다 밝힌 후에 남을 나처럼 사랑하고, 그다음에야 아름답고 이상적인 사회가 이루어지는 게 아닙니다. 내가 스스로를 수양(修己)한 만큼 남들과 화목하게 되고(治人), 그 자연스런 결과로 사회 전체가 아름다워지는 것입니다. 유교의 용어로 하면 수기가 된 만큼 치인이 되는 것입니다. 명명덕한 만큼 친민이 되고, 그 결과로 지어지선이 되는 것이지요. 그러니 '선비'는 내가 입신양명해서 나와 내 가족만 행복하기를 바라는 사람이 결코 아닙니다. 나의 입신양명이 공공의 이익과 이웃의 행복과 연결될 때에만 '제대로' 출세한 것이고, 비로소 '선비답다'는 칭호를 얻게 되는 것입니다.

의병 활동을 하던 선비들은 수기와 더불어 치인에 힘쓴 선비상(像)을 보여 주는 좋은 예입니다.[4] 예를 들어 고경명(高敬命, 1533-1592)은 1552년에 진사가 되었고, 1558년에는 식년문과에 장원급제하여 여러 관직을 두루 거친 선비입니다. 그가 은퇴 후 고향에 내려간 이듬해인 1592년에 임진왜란이 일어났을 때 60세의 몸으로 그의 두 아들과 함께 의병 6천 명을 이끌고 전투에 참전했다가 전사하였습니다. 장원급제한 선비였던 고경명이 칼을 들 수밖에 없었던 이유를 그가 직접 쓴 휘호 "세독충정"(世篤忠貞)에서 알 수 있습니다. 세독충정은 '대대로 독실히 충성을 다함'이라는 뜻으로 서경에서 나온 말입니다. 고경명은 이 세독충정을 통해서 참된 선비는 돈독한 자세로 나라에 충성하고 자신이 깨달은 바를 곧게 지킬 줄 아는 이라는 것을 사람들에게 일깨웠습니다. 그뿐 아니라 사후에도 그의 참된 선비정신을 본받아 큰 아들 종후(從厚)를 비롯하여 수많은 사람들이 의병을 일으키게 됩니다. 수기는 치인을 통해 드러나고, 배움은 나의 인격 도야만이 아니라 세상을 위한 것이라는 유교의 가르침을 잘 보여 주는 예라 하겠습니다.

일상 속에서 거룩한 삶을!

세 번째로 우리가 유교를 통해 배워야 할 점은 일상의 삶 속에서 거룩한 삶을 추구하는 유교적 영성을 들 수 있습니다. 유교에서는 수양의 가장 좋은 여건이 바로 내가 숨 쉬고 생활하는 바로 이 공간(집)이고, 매일 만나는 나의 가족과 모든 이웃과 모든 자연이며, 하늘이 내게 주신 매일의 24시간 입니다. 이보다 더 좋은 여건은 없다고 가르칩니다. 매일 아침 눈을 떠서 잠자리에 들 때까지 만나는 모든 사람들이 내 삶의 스승입니다.

설사 어린아이라 해도, 지나가는 길손이나 매일 만나는 가족이나, 마음씨 고약한 사람이라 할지라도 그들과 나누는 대화, 몸짓을 통해서도 내 허물을 반성하고 내 삶의 태도를 반성하는 것이 유교식 영성입니다. 바람 부는 만큼만 자신의 몸을 흔드는 나뭇잎을 보면서 나 자신이 도(道)와 하나 되지 못함을 안타깝게 여기는 것, 주인을 향해 꼬리 치는 강아지를 보면서도 모든 사람들을 마음 열고 맞아 주지 못하는 스스로의 삶을 반성하는 것이 유학자의 삶입니다. 늘 경전을 읽으며 내 삶을 반성하고, '어제보다 나은 오늘, 오늘보다 나은 내일이 되도록 늘 노력'(일신우일신, 日新又日新)합니다. 우리네 조상들(유학자들)은 늘 이러한 삶을 위해 노력했던 것이지요.

이러한 삶은 거룩하다기보다는 세상 속에서 도덕적으로 살기 위해 노력한 것으로 비쳐질 수 있습니다. 그러나 유교는 단순히 도덕적 수준을 넘어, 일상의 순간순간에 의미를 부여하여 일상을 거룩하게 하는 종교전통을 지향합니다. 유교에서는 하늘의 작용을 성(誠)으로 표현합니다. 낮과 밤이 바뀌고, 사계절이 바뀌고, 계절에 따라 자연만물이 변화하는 것은 늘 성실하기 때문입니다. 그리고 그러한 하늘의 성실을 본받는(誠之) 태도가 인간의 가장 자연스런 태도입니다. 그리고 '성지'는 곧 '공경'(敬)이므로, 유교 수양론의 핵심은 공경에 있습니다.

유교의 수양공부는 아침 일찍 일어나서 밤늦게 잠들 때까지 일상생활 속의 모든 일에서 나태와 방탕을 이겨 내고 경건함으로 자신을 단속함으로써 '천'과 일치를 이루어 나가는 것입니다. '경'은 인간의 마음을 순수하게 하고 집중시키며(주일무적), 항상 각성시킴(상성성)으로써 '천'을 지향하는 신앙적 태도입니다. 반면에 '성'은 '천'과의 일치를 실현하고 유지하는 신비적 체험이라 할 수 있습니다. 곧 '경'을 통하여 인간은 '천'을 초월적 대상으로 만난다면, '성'을 통하여 인간은 '천'과의 일치를 실현함으로써 '천'을 내재적 존재로 만나는 것입니다.[5]

한국 유학의 역사에서 소개드렸던 「성학십도」(聖學十圖: 유학의 핵심 내용에 대한 열 개의 그림)에서 마지막 아홉 번째와 열 번째는 각각 경재잠(敬齋箴), 숙흥야매잠(夙興夜寐箴)입니다. 이 두 개의 교훈집(箴-성경의 잠언과 같은 '잠'자 임)은 퇴계 이래 조선조 선비들의 삶의 자세에 대한 가장 중요한 가르침으로서 선비들이 늘 암송하고 실천했던 내용입니다. 특히 이는 천주교가 전래된 조선 후기에 당시 선비들(권철신, 권일신, 이벽, 정약전, 정약종 등)이 1777-1779년 사이에 경기도 광주 소재 사찰 주어사(走魚寺) 천진암(天眞庵)에서 천주교를 공부하러 비밀리에 모였을 때 암송했던 내용(새벽에는 숙흥야매잠, 해 뜨면 경재잠)이기도 합니다.[6]

경재잠(늘 공경한 태도로 몸과 마음을 반듯하게 할 것을 강조하는 잠언)은 앞서 소개하였으므로(주자학의 거경궁리론 참조), 여기서는 숙흥야매잠을 살펴보겠습니다. 숙흥야매란 '아침에 일찍 일어나고 저녁에 늦게 자리에 누움'이란 뜻이니, 선비들이 아침 일찍 잠자리에서 일어나면서부터 저녁 늦게 잠자리에 들 때까지 어떤 자세로 살아야 할 것인지를 잘 보여 주는 글입니다. 이 글은 원래 남당(南塘) 진무경(陳茂卿)이란 사람이 저술하여 자신을 경계한 것인데, 일찍이 서원에서는 이 글을 학생들에게 외우고 익혀서 실행하게 했다고도 합니다. 경재잠이 공부를 해야 할 경우를 많이 언급한다면, 숙흥야매잠은 공부를 해야 할 때를 시간적인 흐름을 따라 풀이해 놓은 것입니다.

숙흥야매잠(夙興夜寐箴)

닭이 우는 새벽녘에 깨어나면 생각이 차츰 일어나기 시작한다. 어찌 그 사이에 고요하게 마음을 안정시키지 아니할 수 있겠는가! 때로는 지난날의 허물을 반성하고, 때로는 새롭게 얻은 어떤 것들을 추려내어 차례에 맞게 조리를 세워 뚜렷하게 그리고 묵묵히 알도록 하여야 한다. 근본이 서게 되면 이른 새벽에 일어나서 세수하고 머리를 단정하게 빗고 의관을 단정하게 하고 조용히 앉아 자신의 몸가짐을 가다듬는다. 그리고 마음을 이끌기를 마치 떠오르는 햇살같이 환하게 한다. (그렇게 되면) 엄숙하고 가지런하며 밝고 고요해진다.

　　바로 이때에 책을 펼치고 성현(聖賢)을 대하게 되면, 공자께서 자리에 계시고 안자(顏子)와 증자(曾子: 공자의 두 수제자)가 앞과 뒤에 자리하고 있다. 성현(聖賢)이 말씀한 것을 고맙고 고맙게 귀담아듣고, 제자들이 질문하는 것을 몇 번이고 참고하여 바르게 한다. 여기서 얻은 지식을 사물에 비추어 보고 실지로 경험하여 본다. 이렇게 되면 하늘의 이치(天理)가 환하고 밝게 눈에 들어온다. 지식을 사물에 비추어 보고 나면 내 마음이 여일하게 되니, 마음을 고요하게 하고 사념(邪念)에서 벗어난다.

　　움직임과 고요함이 순환하는 때를 오직 마음만이 보게 되는 것이니, 고요할 때에는 보존하고 움직일 때에는 잘 살펴서 둘이나 셋으로 갈라지는 일이 없게 한다. 책을 읽다가 여가를 이용하여 간간이 피로를 풀고 정신을 가다듬어 감정(情)과 본성(性)을 평안케 한다. 날이 어두워지고 사람이 짜증스러워지면 어두운 나쁜 기운이 쉽게 타고 들어오게 되니, 재계하고 가다듬어 정신을 밝게 이끈다. 밤이 깊어 잠을 잘 때에는 손을 가지런히 하고 발을 모으며 아무런 생각을 하지 말고 심신(心神)을 푹 잠들게 한다. 야기(夜氣)를 잘 기르게 되면 정(貞)이 다시 원(元)으로 돌아오게 되니, 생각을 계속 여기에 두고 끊임없이 계속 노력한다.

　　과거 선비들이 생업보다는 수양에 전력할 수 있었고, 유학자들의 여유로운 삶을 지금으로서는 누리기 어렵다는 차이를 인정하더라도, 경재잠과 숙흥야매잠은 우리의 공부하는 모습을 돌아보기에 손색없는 훌륭한 글임에는 분명합니다. 늘 바쁘다는 평계로 제대로 스스로를 돌아보고 수양하지 못하는 우리들에게 어떠한 삶의 자세를 가져야 하는지를 잘 보여주고 있는 글입니다.

　　이렇게 유교의 학문관과 생활 태도는 우리의 일상에서 늘 접하는 순간순간을 가장 진실하고 충실하며 경건하게 살아가는 '일상의 영성'이 얼마나 중요한가를 잘 가르쳐주고 있습니다. 성경에서 말하는 '항상 기뻐하고 쉬지 말고 기도하며 범사에 감사하는' 삶의 태도를 실천하기 위해 힘쓰는 것이 바로 유교입니다.

유교의 가르침은 물과 같은 가르침입니다. 자극적이지 않고 늘 우리 가까이에 있습니다. 그러면서 가장 평범하지만 가장 중요한 가르침으로 우리 곁에 서고자 합니다. 한없이 부드럽고 늘 낮은 곳을 향해 흘러가는 유약(柔弱)함입니다. 그러나 때로는 추상(秋霜)같은 절개와 분노로 죽음도 두려워하지 않는 꼿꼿한 기상을 자랑하기도 합니다. 마치 큰 파도나 해일이 물의 또 다른 모습인 것과 같습니다.

저는 복음서를 읽으며 복음서에 등장하는 예수님의 모습에서 유교가 지향했던 최고의 유학자인 성인(聖人)의 전형(典型)을 봅니다. 예수님은 오는 사람은 누구도 마다하지 않으시고 고쳐주셨습니다. 개구쟁이 어린아이도, 외로움에 빠진 사마리아 여인도, 몸이 아파 찾아오는 사람도, 딸아이의 병을 고쳐 달라고 온 아버지도, 이스라엘 사람이든 이방 사람이든 우리 주님은 마다하지 않으시고 만나 주시고 고쳐 주시고 어루만져 주셨습니다. 그러면서도 서릿발 같은 매서움을 지닌 분이셨습니다. 성전에서 장사하던 사람들을 향한 꾸짖음에서, 칼로 순간의 무서움을 극복해 보려던 베드로에게 칼보다 더 날카로운 위엄으로 조용히 꾸짖으셨지요. 죽음까지도 달게 받으시던 주님에게서는 천명(天命)에 순종하는 소리 없는 무서움을 배웁니다.

생각해보기

학문하는 자세와 기상

제가 학부 2학년 때니까 20년도 훨씬 더 지난 일입니다. 제가 속한 동아리에서는 중국 철학사를 공부했는데, 매주 중국 철학사 세 권을 순서대로 읽으면서 발제와 토론을 했습니다. 그때 제 임무는 방돌이였습니다. 매주 달력 뒷장에 다음 주 세미나 범위와 발제자, 장소 등을 쓴 방(榜)을 붙이는 것이 제 임무였습니다. 그때 즐겨 써 넣었던 글귀를 소개합니다.

學必如聖人而後已.
배움은 반드시 성인의 경지에 다다른 후에야 그만두어야 한다.

篤信好學 篤信不好學 不越爲善人信士而已.
독실히 믿고 또 배우기를 좋아해야 한다. 독실히 믿기만 하고 학문하기를 좋아하지 않으면 (그 사람은) 착한 사람과 어진 선비 그 이상은 될 수가 없다.

위의 두 구절은 송대의 유학자 장횡거가 한 말인데, 옛 선비들의 학문하는 자세를 잘 보여 줍니다. 요즘은 다들 취업이니 뭐니 해서 전공 관련 서적 외에는 아예 책을 읽지 않는 것이 대세인데, 장횡거는 공부한 만큼 자신의 삶을 성찰해서 성인이 되기 위해 노력하는 학자의 기상을 잘 보여 줍니다. 기왕 학자의 기상이라는 말을 언급한 김에, 다산 정약용의 「여유당전서」에서 몇 구절을 발췌하여 번역해 봅니다(주어가 사나이로 되어 있는데 자신이라고 생각하시고 읽으시면 좋겠습니다).

男子漢胸中 常有一副秋隼騰霄之氣 眼小乾坤 掌輕宇宙 斯可已也.
사나이의 가슴속에는 늘 가을 매가 하늘로 치솟아 오르는 기상이 있어야 하며, 하늘과 땅을 작게 여기고 우주를 자신의 손바닥 안에 있는 것처럼 여겨야 옳다.

陸子靜曰:"宇宙間事 是己分內事 己分內事 是宇宙間事." 大丈夫不可一日無比商量.
육상산은 "우주 사이의 일은 곧 나의 일이요, 나의 일은 곧 우주 사이의 일이다"라고 했는데, 대장부라면 날마다 이런 생각을 해야 한다.

男子須有鷲猛猾賊之氣象 搪揉而入於穀率 乃爲有用之物 良善者 只足以善其身而已.
사나이는 모름지기 사나운 새나 굳센 도적의 기상이 있어야 하나니, 그 기상을 바로잡아 법도에 맞도록 하면 유용한 인재가 된다. 양순하기만 한 자는 고작 자기 한 몸만을 선하게 하는 데 그칠 뿐이다.

13. 조상 제사에 대한 그리스도인의 태도

조상 제사에 대한 신학적 이해와 비판을 한두 마디로 정리하기는 매우 어렵고 복잡한 문제입니다. '유교의 제사관'이라는 문제만 하더라도, 여러 측면을 다루어야 합니다. 공자 이전의 제사 이해, 공자의 제사 이해, 공자 이후의 제사 이해, 주자학의 제사 이해, 그리고 이 주자학이 전래되어 꽃을 피운 조선시대의 제사 이해가 다 조금씩 다릅니다. 게다가 조상 제사에 대한 유교의 이해를 역사적으로 다 다루었더라도, 과연 오늘날 제사를 지내는 사람들이 그러한 유교식 이해를 하고 제사를 지내는가는 또 다른 문제이기 때문입니다. 여기서는 제사 문제에 대해 몇 가지 핵심 사항에 대하여만 간략히 다루어 보겠습니다.[1]

조상 제사의 의미

'제사'(祭祀)를 「유교 대사전」에 찾아보면 '제사'가 아니라 '제례'(祭禮)로 되어 있음을 확인할 수 있습니다. '제례'는 "조상을 받들어 추모하는 의식 또는 신령(神靈)에게 음식을 바치며 기원을 드리는 행사"이고, 명절 등에 지내는 '차례'는 "음력 매달 초하룻날과 보름날, 명절, 조상의 생일 등에 간단히 지내는 제사"라고 설명되어 있습니다. 그러니까 '차례'도 넓은 의미에서 '제사'의 범주에 들어가는 것이지요. 유교에서 가장 중요한 경전인 「논어」 세 번째 편 「팔일편」(八佾篇)에서는 제사에 대해 다음과 같이 언급되어 있습니다.

祭如在 祭神如神在.
(공자께서) 제사를 지낼 때에는 제사를 모시는 대상이 마치 앞에 와 계시듯 여기시고 제사를 지내셨으며, 신에게 제사를 지낼 때에는 마치 그 신이 와 계신 듯 여기시고 제사를 지내셨다.

吾不與祭 如不祭.
(공자께서 말씀하시기를) 내가 함께 제사를 지내지 않으면 제사를 지내지 않은 것과 같다.

앞 문장에서 '여'(如)라는 글자가 중요한데, "마치…인 듯이 여기다"라는 뜻입니다. 할아버지 제사를 지낸다면, 할아버지의 귀신이 '마치 이 자리에 실제로 강림해 있는 듯이 여기면서' 제사를 지내는 '정성 어린 태도'를 강조하는 것입니다. 뒤 문장도 마찬가지인데, 자연신에게 제사를 지낼 때에도 정성이 필요하다고 말합니다. 그리고 공자는 자신이 함께 제사하지 않으면 제사 지내지 않은 것과 같다고까지 하면서 자신의 정성스런 태도를 보여 주고 있습니다.

이 본문에 대해 쓴 주석 중에 다음과 같은 구절이 등장합니다. "有其誠則 有其神 無其誠則 無其神." 즉 "제사를 모심에 정성을 다해서 모시면 제사를 지내는 대상이 있는 듯이 느껴지는 것이고, 제사를 모심에 정성이 없으면 제사를 지내는 대상이 없는 것이다." 좀더 풀어서 설명해 보겠습니다. 「논어」나 「예기」에 의하면, 옛날 선비들은 제사를 모심에 있어서 열흘 전부터 준비하곤 했는데, 제사 지내기 열흘 전부터 일주일간 제사를 모실 곳을 깨끗이 청소하고 주위를 정돈하고 몸가짐을 단정하게 하였습니다. 이를 유교에서는 '계'(戒)라고 합니다. 그렇게 일주일을 보낸 후에, 제사 모시기 삼 일 전부터는 아예 제사를 지낼 곳에 제사를 모실 후손이 들어가서 그곳에서 침식을 하며 제사를 모실 분의 유품과 유물을 보면서 과거를 추억하고 좋은 기억을 떠올리면서 제사를 정성껏 준비하였습니다. 이 과정을 유교에서는 '재'(齋, 齊)라고 부릅니다. 그렇게 열흘을 준비한 후에 제사를 지내면, 제사를 지내는 후손과 제사를 모시게 되는 대상이 같은 핏줄이라 후손이 정성을 다하면 교감할 수 있다고 합니다. 이로써 '여'(如) (마치…인 듯이 여기다)가 가능하다는 것이 유교 제사의 논리입니다. 이런 면에서 보면 유교에서 지내는 제사의 가장 핵심 되는 사상은 한마디로 '정성'(精誠)임을 알 수 있습니다.

유교에서 조상 제사의 기능과 중요성

그러면 왜 유교에서 제사가 그렇게도 중요할까요? 두 가지 면에서 살펴볼 수 있습니다. 첫 번째로 사상적인 면입니다. 앞서 살펴본 대로 공자의 사상에서 가장 중요한 것은 '인'(仁)입니다. 仁은 사람(人)과 둘(二)이 합쳐진 글자이며, 서로 다른 두 사람이 서로 의지하며 사랑하는 모습을 나타냅니다. 두 사람 중 한 사람을 '나'라고 생각하면 다른 한 사람은 '상대방'이므로, '인'은 '남을 나처럼 사랑하는 마음'(仁者 愛之理)이라는 뜻이라고 이미 말한 바 있습니다. 그리고 남을 나처럼 사랑하는 마음이 가장 자연스럽게 겉으로 드러나는 형식이 바로 예(禮)라고 강조한 바도 있습니다.

인(仁)의 마음과 예(禮)의 형식을 실천하려면 나를 제외한 남들 가운데서 나와 가장 가까운 남에게서부터 시작해야 하는데, 그중 가장 가까운 분이 바로 나를 낳아 주신 부모님이라고도 말한 바 있습니다. 그리고 이렇게 낳으시고 기르신 부모님에 대한 사랑은 부모님이 살아 계실 때로 한정될 수는 없습니다. 부모님을 사랑하는 자식이라면, 부모님께서 돌아가신 후에라도 늘 부모님을 그리워하며 추모하는 것이 자연스러운 감정이기 때문입니다. 이러한 사상이 더욱 발전되어 돌아가신 부모에 대한 감사와 추모가 '제사'라는 형식을 빌려 나타나게 된 것입니다. 그리고 이 제사는 비단 부모에게만 한정되지 않고 조상들에게도 확장되어, '자신의 근원에 대한 감사의 마음과 추모의 마음'(보본추원, 報本追遠)으로 반복적으로 행해지게 된 것입니다.

두 번째로, 제사의 중요성을 종교적인 면에서도 살필 수 있습니다. 조선 시대 사대부가에서는 일 년에 몇 번이나 제사를 지냈을까요? 고조부(부-조부-증조부-고조부의 사대)까지 돌아가신 날 지내는 기제사(忌祭祀)와 오대조 이상의 조상들을 일 년에 한두 번씩 한꺼번에 지내는 시향(時享)을 포함하여 제사의 종류는 참으로 많습니다. 그래서 조선조 사대부가에서 일 년에 지내야 하는 제사는 무려 40회 이상(크고 작은 것을 모두 합해서)이나 되었습니다. 물론 이 중에 큰 제사는 보통 열 번 정도였습니다. 대가족사회에서 그렇게 많은 제사를 준비하고 지낸다는 것은 여간 많은 인력과 정성과 경제력이 필요한 일이 아닐 수 없었습니다.

그런데도 왜 그렇게 목숨처럼 제사를 지냈을까요? 그것은 유교가 종교로서 기능하는 가장 중요한 예식이 제사이기 때문입니다. 유교는 효를 강조하고 예와 질서를 존중합니다. 그것이 사회 질서를 유지하는 근간이기 때문입니다. 사실 국가란 확대된 가족이라고 할 수 있습니다. 그래서 한자어에서는 나라 '국'(國) 다음에 집 '가'(家)를 사용합니다. 이러한 국가의 기반이 되는 가족제도를 잘 유지하기 위한 의식이 바로 '제사'입니다. 이처럼 사상적·종교적으로 제사는 유교 사회의 근간을 이루는 가장 중요한 제도입니다. 이는 제사가 개인적인 효나 가족의 차원에서는 물론, 국가 체계 전체와 연관되어 있기 때문입니다.

왜 기독교는 제사를 반대하는가?

앞에서 저는 유교 제사의 핵심이 '정성'에 있다고 했습니다. 그러나 이러한 유교 제사의 정성이라는 가치는 무교적인 기복 신앙과 결합하면서 퇴색되고 변질되어 버렸습니다. '조상신에게 음식을 잘 차려 놓고 잘 모시면 복을 받고, 그렇지 않으면 벌을 받는다'는 생각으로 제사를 지내는 사람들이 많습니다. 한 설문조사 결과에서도 볼 수 있듯이, 조상 제사를 단순히 '조상에 대한 추모 의식'으로 생각하는 분들과 '제사를 모시면 조상신이 와서 흠향하고 그 결과에 따라 자손들의 삶에 영향(복이나 벌로)을 미친다'고 생각하는 분들이 거의 같은 비율입니다.

사실 유교에서 말하는 '귀신'(鬼神)이라는 단어에는 매우 다양한 의미가 있습니다. 사람은 죽어서 귀신이 됩니다. 유교의 이기론(理氣論)에 의하면 내가 다른 사람이나 다른 만물이 아니라 바로 '나'일 수 있는 본질에 해당하는 부분이 리(理)이고, 내 몸을 구성하는 모든 내용이 기(氣)입니다. 살아 있는 만물은 리와 기가 모여 있는 상태고, 죽음이란 이 기가 흩어지는 것입니다.[2] 그런데 기에는 하늘의 요소인 혼기(魂氣)와 땅의 요소인 형백(形魄)이 있습니다. 사람이 죽으면(기운이 소진되면) 혼기는 하늘로 올라가고, 형백은 땅으로 돌아가는 것이지요.[3]

사람이 죽으면 기운이 흩어지는데, 제사에는 어떤 의미가 있을까요? 두 가지를 기억해야 합니다. 첫째, 사람이 죽으면 그 기운은 즉시 흩어져 없어지는 것이 아니라 오랜 기간에 걸쳐 흩어집니다. 즉 '흩어지지만 없어지는 것이 아니기'(산이비무, 散而非無) 때문에, 같은 핏줄인 후손의 제사가 의미 있다는 것입니다. 둘째, 제사를 지내는 자손은 기운이 같기 때문에 느껴서 통하는 이치(감통지리, 感通之理)가 있다는 것입니다.[4] 물론 이 경우에도 정성이 관건입니다. 진실함과 경건함을 다하지 않는다면 느껴서 통하는 이치는 없는 것이지요. 결론적으로 말해서, "귀신의 이치는 곧 마음의 이치이다"라고 말할 수 있고, 마음의 이치의 핵심은 '정성'에 있다고 할 수 있습니다.[5]

앞서 인용한 제례의 의미(조상을 받들어 추모하는 의식 또는 신령에게 음식을 바치며 기원을 드리는 행사)를 다시 생각해 보겠습니다. 제례의 정의에서 앞부분은 그리스도인이 보기에도 별 문제가 없습니다. 단순히 조상을 받들고 추모하는 것이 제례라면 기독교에서 반대할 이유가 없습니다. '추모예식'을 통하여 돌아가신 분에 대해 감사한 마음을 갖고, 나아가서 우리에게 가족을 주시고 조상을 주신 하나님께 감사하는 것은 당연한 본분이기 때문입니다. 네 부모를 공경하라는 명령이 십계명에도 있듯이, 부모님이 돌아가신 후 가족들이 함께 모여 추모예식을 갖는 것은 아름다운 일이라고도 할 수 있습니다.

그런데 문제는 뒷부분의 '신령'이라는 단어에 있습니다. '신령에게 음식을 바치며 기원을 드리는 행사'가 조상 제사를 넘어 천지만물에게 제사를 드리는 것을 포함한다고 해도, 문제는 '신령에게 음식을 바치며 기원을 드린다'는 행위 자체의 기능과 의미에 대해서 살펴보아야 하기 때문입니다. 신령에게 음식을 바치며 기원을 드리는 것은 돌아가신 분에 대한, 그리고 우리의 삶을 가능하게 한 산이나 강, 바다 등의 대상에 대해서 신분에 맞게 제사를 드리는 것은 옛사람들에게는 그리 이상한 일이 아니었습니다. 그러나 신령에게 음식을 바치며 기원을 드리는 것이 본질적으로 '정성'의 태도요, 당연한 태도라 해도 이것은 참으로 변질되기가 쉽습니다. 즉, 유교 사상 자체에는 제사의 정성의 결과에 따라 그 결과를 후손이 받게 된다는 사상, 즉 제사를 행할 때 정성이 있으면 복을 받게 되고, 정성을 다하지 못하면 복을 받지 못하거나 벌을 받게 되리라는 사상이 없다 해도, 무교의 영향을 받으면서 복을 받고 벌을 피하기 위해 제사를 지낸다는 생각으로 변질되는 것은 어떤 의미에서는 차라리 자연스럽게 변한 것이라고도 볼 수 있기 때문입니다. 왜냐하면 유교의 제사는 보본추원(報本追遠)이지만 무교는 기복면화(祈福免禍, 복을 기원하고 재앙을 면해 주기를 원하는 사상)의 목적으로 제사(또는 고사)를 지내기 때문입니다. 그래서 유교의 제사와 무교의 고사가 너무 비슷한 형태를 가지고 있기 때문에, 원래의 제사의 의미가 시대가 변해감에 따라, 또 양반을 제외한 민간 속에서는 유교적인 요소와 무교적인 요소가 역사 속에서 혼합되어 유교의 제사의 의미가 무교적 의미로 변질되게 되는 것입니다. 특히나 무교의 사후관, 즉 죽은 자가 귀신이 되어 떠돌다가 제사(또는 고사)음식을 받아먹고 자손들의 태도에 따라 재앙을 줄 것인지 안 줄 것인지를 결정한다는 사상이 유교의 '정성'을 강조하는 제사의 관념과 혼합이 되기 때문입니다.

바로 여기에 기독교가 조상 제사에 반대하는 이유가 있습니다. 제사가 단순한 추모를 넘어 신령에게 드리는 기원을 포함할 뿐 아니라, 무교적 요소마저 혼합되어 있는 마당에 기독교가 조상 제사를 무비판적으로 허용할 수는 없는 것입니다. 이런 이유로 기독교에서는 공식적으로는 여전히 조상 제사를 반대하고 있는 것입니다.

제사에 대한 성경의 가르침

그러면 성경은 제사에 대해서 어떻게 가르치고 있을까요? 제사 문제에 대하여 바울이 고린도전서에서 언급한 말씀을 새겨볼 필요가 있습니다. 바울은 고린도전서 10:23에서 "모든 것이 가하나 모든 것이 유익한 것은 아니요 모든 것이 가하나 모든 것이 덕을 세우는 것은 아니니"라고 말합니다. 그리스도인이 제사에 함께 참여하는 것이 '가'(可)한 행동일 수도 있습니다. 우리는 기본적으로 복음 안에서 자유인이기 때문입니다. 그러나 그러한 행동이 '유익'하거나 '덕을 세우는 행동'인지는 깊이 생각해 보아야 합니다. 왜냐하면 조상신이 후손들의 제사에 임하는 태도에 따라 복과 벌을 준다는 무교의 관점에서 제사에 임하는 분들도 있기 때문입니다. 자신은 단순히 조상을 추모하는 입장에서 제사에 참여하거나 절한다 하더라도, 제사에 대해 다른 관점을 갖고 있는 사람들은 그로 인해 시험에 빠질 수도 있기 때문입니다. 그래서 바울은 말합니다. "그런즉 너희의 자유가 믿음이 약한 자들에게 걸려 넘어지게 하는 것이 되지 않도록 조심하라"(고전 8:9).

물론, 여기서 한 가지는 분명히 해 둘 필요가 있습니다.

제사에 반대한다고 해서 가족과 친지들이 만나는 즐거운 모임 자체를 거부하는 것은 바람직하지 않다는 점입니다. 우리를 문중의 일원으로 태어나게 하신 하나님의 뜻을 생각한다면, 가족들의 행사에 적극적으로 참여하고, 또 자녀들에게 자신의 뿌리와 혈연적 유대감을 갖게 하는 것은 매우 좋은 일이기 때문입니다. 더구나 명절이나 제삿날은 믿지 않는 가족들을 만나 친교를 나누고 전도할 수 있는 가장 좋은 기회이기도 합니다.

우리는 무비판적으로 제사를 받아들이거나 회피할 것이 아니라, 제사의 본래 의미와 그 현대적 변용을 제대로 알고 지혜롭게 행동할 필요가 있습니다. 가족과 친지들에게 기독교 신앙이 가족이나 조상의 중요성을 강조한다는 점을 밝힐 필요가 있습니다. 기독교가 제사에 반대하는 이유를 차분히 설명할 필요도 있습니다. 제사 예식이 진행될 때 뒤에 다소곳이 앉아 여러 가족들과 친지들을 위해서 기도하는 것도 좋습니다. 특히 평소에 어려운 일을 당한 가족들을 챙겨주고, 만날 때마다 진심으로 위로한다면 기독교에 대한 그들의 편견이 누그러질 수 있을 것입니다. 제사 문제로 어려움이 있다 하여 가족을 멀리하는 것은 그리스도인이 피해야 할 가장 큰 잘못입니다.

14. 신학자의 눈으로 본 유교

'인간'에 초점을 맞춘 중립적 용어의 필요성

지금까지 유교의 핵심 사상, 유교의 역사, 유교의 현대적 의미에 대해서 다루었습니다. 이제 유교와 기독교의 본질적인 차이점을 다루려고 합니다. 저는 유교에 대해 비판하되, 주로 유교의 인간관에 초점을 맞출 것입니다.[1] 사실 체계가 다른 두 종교를 비교하려면 매우 정밀한 이론적 검토가 필요합니다. 모든 종교는 서로 다른 세계관과 전통을 기반으로 하기 때문입니다. 표면적 유사성에만 매몰되어 어느 한 종교의 범주 안에 다른 종교를 일방적으로 끼워 맞추는 것은 객관적이지도 중립적이지도 못합니다. 이러한 문제점을 극복하기 위하여, 저는 유교와 기독교 어느 한쪽 입장에서 서술하기보다는 제 삼의 가치중립적 입장에서 철학적인 용어로 양자를 설명하는 방법을 사용하고자 합니다. 이미 1부에서 밝힌 대로 가치중립적 용어인 인간의 본질적 가능성, 실존적 한계성, 극복 방법들이라는 세 가지 용어를 중심으로 유교와 기독교를 비교해 보겠습니다.[2]

유교와 기독교에 대한 구조적 분석

앞서 설명한 대로, 인간의 본질적 가능성이란 인간이 현재 처한 위치에서 보다 성숙한 존재로 나아갈 수 있다는 도덕적·종교적인 면에서의 가능성을 말합니다. 실존적 한계성이란 도덕적, 종교적 성숙을 향해 나아가려는 마음에 반하여 현실의 불완전한 모습에 안주하고 끊임없이 자신의 도덕적, 종교적 성숙에 방해되는 삶의 측면을 말합니다. 모든 종교는 실존적 한계성을 극복하고 본질적 가능성을 향해 나아가려고 합니다. 이상 세 가지 요소를 중심으로 유교와 기독교를 비교해 보면[3] 다음과 같습니다.

	유교	기독교
본질적 가능성의 근거	성선(性善)	하나님의 형상
성취자	성인(聖人)	예수 그리스도

인간의 본질적 가능성과 관련한 비교[4]

인간의 본질적 가능성에 해당하는 유교의 표현은 '성선설'입니다. 물론 순자의 성악설도 있지만, 유교의 주류는 공자와 맹자로 이어지는 성선설이 주류입니다. 우리나라의 주자학은 맹자의 성선설을 강조합니다. 내 본성이 선하므로, 수양을 통해 이 본성을 극대화해서 성인에 이르는 것이 바로 유교의 지향점입니다.

흔히들 기독교의 본성론이 성악설이라고 하는데, 사실은 그렇지 않습니다. 성경에 의하면 모든 인간은 하나님의 형상으로 창조되었습니다. 이 창조가 선악과 사건 이전의 일이라는 사실이 중요합니다. 인간은 본질적으로 하나님의 형상으로 창조되었기에 로마서에서는 다음과 같이 기록합니다. "하나님을 알 만한 것이 그들 속에 보임이라…창세로부터 그의 보이지 아니하는 것들 곧 그의 영원하신 능력과 신성이 그가 만드신 만물에 분명히 보여 알려졌나니"(롬 1:19-20). 이 하나님의 형상을 완전히 회복하신 이가 바로 예수 그리스도이십니다. 물론 예수 그리스도를 제외한 모든 인간은 하나님의 형상으로 지음받았음에도 불구하고 죄악에 빠져 삽니다. 그래서 예수 그리스도와 모든 인류의 차이점에 대해, 히브리서에서는 "모든 일에 우리와 똑같이 시험을 받으신 이로되 죄는 없으시니라"(히 4:15)라고 기록하고 있습니다.

유교에서는, 나의 본성이 선함에도 불구하고 그 선함을 계속 발현시켜 살지 못하는 것은 내 이기적인 욕심을 추구하는 사사로운 욕심(私慾) 때문이라고 합니다. 욕심 자체가 잘못은 아닙니다. 배가 고플 때 먹을 것을 찾고, 피곤할 때 누울 자리를 찾는 것은 자연스런 욕구입니다. 나의 이익만 추구하는 잘못된 욕심을 가리켜서 '사욕'이라고 하는데, 이 욕심이 인간의 한계성에 해당하고, 그 사욕에만 따라 사는 사람이 바로 '소인'(小人)입니다. '소인'의 반대가 '군자'(君子)이며, 군자의 가장 높은 경지가 바로 '성인'(聖人)입니다. 성경에서는 인간의 실존적 한계성을 '죄'라고 하고, 그러한 죄를 짓는 모든 인류를 다 '죄인'이라고 합니다.

	유교	기독교
실존적 한계성을 가진 인간의 모습	소인(小人)	죄인
실존적 한계성을 갖게 된 이유	사욕(人慾)	죄

인간의 실존적 한계성과 관련한 비교5)

위의 두 표에 담긴 기본 내용에 대해서는 학문적으로 별다른 이견이 있을 수 없습니다. 두 종교에서 드러난 구조적인 유사성이 매우 분명하기 때문입니다. 그러나 두 가지 점을 염두에 둘 필요가 있습니다.

첫째, 비교의 짝(성선-하나님의 형상, 성인-예수 그리스도, 소인-죄인, 인욕-죄)이 내용적으로도 동일하지는 않습니다. 둘 사이에 '구조적' 유사성은 있으나, 그 내용은 분명히 다르기 때문입니다. 예를 들어 인욕은 매우 인간 중심적이고 윤리적인데 반하여, 기독교의 죄는 윤리적인 내용보다는 하나님과의 관계가 단절되었다는 점을 강조합니다. 그래서 기독교에서는 죄를 원죄와 자범죄로 구분하지만, 인욕에는 그러한 구분이 없습니다.

둘째, 위의 두 가지 분석이 두 종교적 전통의 '구조적 유사성'과 '차이'는 보여 주지만, 이를 토대로 '어느 종교가 더 낫다'고 말하기는 힘듭니다. 그리스도인들은 기독교의 체계가 더 우월하다고 할 것입니다. 그러나 그것은 기독교의 신앙 고백이 전제된 상태, 즉 논리 이전에 기독교 신앙에 대한 '신앙적 참여'가 전제되어 있는 상태에서나 가능합니다. 유교적 체계를 더 나은 것으로 받아들이는 사람이라면 당연히 유교의 논리가 더 탁월하다고 주장할 것입니다. 그러므로 어느 종교가 더 나으냐 하는 문제는 객관적으로 결론을 내릴 수 없는 논의입니다.

두 사람이 각자의 선호에 따라 여행지를 선택해서 여행을 다녀온 후 자신의 여행지가 더 좋다고 주장한다면, 과연 누가 어떤 근거로 어느 한편의 손을 들어줄 수 있을까요? 설령 어느 한편의 손을 들어준다고 해도, 그것은 '논리적 판단'에 의한 것이라기보다는 '선호'에 의한 것이라고 보아야 할 것입니다. 열대 밀림을 선호하는 사람이라면 최고의 여행지로 아마존을 꼽겠지만, 유럽 문명에 관심 있는 사람이라면 아마존보다는 로마를 꼽을 것입니다. 유교와 기독교, 혹은 다른 종교 사이에서 어떤 종교가 더 나으냐 하는 것도 이처럼 논리 이전의 문제일 수 있습니다.

그러므로 이미 유교 전통에 익숙하여 유교야말로 최고의 종교라고 '선택'한 사람에게 위의 내용을 들어 논리적으로 기독교 복음을 전하는 것은 결코 쉬운 일이 아닙니다. 그렇다면, 유교 전통을 선택한 사람들에게 기독교 복음을 소개하고 변증할 방법은 전혀 없는 것일까요? 이런 논리대로라면 그냥 종교다원주의가 맞는 것일까요? 이런 몇 가지 문제의식을 품고 다음의 표를 살펴보겠습니다.

	유교	기독교
실존적 한계성을 극복하기 위한 이론 체계	수양론	성화론
실존적 한계성을 극복하기 위한 구체적 방법	거경궁리	믿음과 성화의 노력 (경건과 학문)

인간의 실존적 한계성 극복을 위한 방법론6)

위의 표는 인간의 실존적 한계성을 극복할 수 있는 방법론에 대한 내용입니다. 유교와 기독교는 각각 수양론(거경궁리)과 성화론(경건과 학문)이라는 두 구조적 유사성을 가지고 있습니다. 그러면 지금부터는 이 글의 주제와 관련하여 가장 중요한 핵심 문제, 즉 유교의 인간 이해와 연관하여 기독교 복음을 어떻게 변증할 수 있을지를 생각해 보겠습니다.[7] 이제 다음 마지막 표를 보겠습니다.

	유교	기독교
한계성 극복을 위한 노력의 필요성	인정	인정
완벽한 극복 가능성	인정	불인정

실존적 한계성 극복의 노력과 가능성

유교와 기독교는 각각 인간의 실존적 한계성을 극복하고 본질적 가능성(성선, 하나님의 형상)을 회복하기 위한 노력의 필요성을 각각 인정하고 있습니다. 그리고 앞서 살펴본 바와 같이, 두 종교 모두 인간의 한계를 완전히 극복한 모델로 성인과 예수 그리스도를 상정하고 있습니다. 그런데 두 종교적 체계의 결정적인 차이는 완벽한 극복 가능성에 있습니다. 완벽한 극복 가능성이란 '인간 스스로의 힘으로,' '현세에서' 인간의 실존적 한계를 완전히 극복하는 것이 가능한가를 묻는 것입니다.

이 지점에서 두 종교는 확실히 갈라섭니다. 유교는 기본적으로 인간이 '스스로의' 수양을 통해서 성인 됨이 가능하다고 주장합니다. 즉, 개인의 사사로운 욕심을 완전히 극복하고 이상적인 존재인 성인이 될 수 있다는 것입니다. 이러한 내용이 많은 경전에 등장하는데, 북송의 가장 대표적인 유학자 중 두 사람인 장횡거와 정이천의 글에 가장 잘 나타나 있습니다.

學以至聖人之道也 聖人可學而至歟 曰 然.[8]
(정이천이 가로되) 배움이란 성인의 도에 이르는 것이다. 묻기를 '성인이란 배워서 될 수 있는 것입니까? 대답해 말하기를, 그렇다.

學必如聖人而後已…求爲賢人而不求爲聖人 此秦漢以來學者大弊也.[9]
배움이란 반드시 성인이 된 이후에야 그만두어야 한다…현인이 되기를 구하기는 하지만 성인이 되는 것을 구하지 않는 것이야말로 진나라와 한나라 이래로 배우는 자들의 가장 큰 문제라고 생각한다.

위의 두 글은 유학자의 공부는 성인 됨을 그 목표로 삼아야 하는 것이고, 그 경지는 배워서 가능한 경지임을 간명하지만 매우 분명하게 보여줍니다. 물론 성인 바로 아래 단계인 현인(賢人)의 단계도 도달하기 어렵지만, 그 현인의 경계에 결코 만족해서는 안 된다고 말합니다. 그렇게 안주하는 것이 가장 큰 문제라는 점을 지적하면서, 성인은 학문에 의해서 분명히 도달이 가능하다는 것을 힘주어 강조하는 것입니다.

이에 반해 기독교에서는 실존적 한계성(죄)을 극복하기 위해 우리의 노력이 필요하지만, 그 완전한 극복은 인간의 노력만으로는 불가능하다고 가르칩니다. 기독교 역사에서 본인의 노력으로 죄를 극복하기 위해서 가장 노력한 사도 바울이 로마서 7장에서 고백한 것이 좋은 예입니다.

> 내 속사람으로는 하나님의 법을 즐거워하되, 내 지체 속에서 한 다른 법이 내 마음의 법과 싸워 내 지체 속에 있는 죄의 법으로 나를 사로잡는 것을 보는도다. 오호라 나는 곤고한 사람이로다. 이 사망의 몸에서 누가 나를 건져내랴. (롬 7:22-24)

바울의 고백은 우리가 성화를 위해 어떤 노력을 한들(기독교 전통에서는 이 성화의 노력조차도 은혜에 의한 것으로 고백합니다), 우리 스스로의 노력만으로는 이 세상에서 인간의 실존적 한계성을 '완벽하게' 극복한 예수 그리스도와 같은 성인이 될 수 없다는 점을 분명히 보여 줍니다. 로마서 3:23에서 바울은 "모든 사람이 죄를 범하였으매 하나님의 영광에 이르지 못하더니"라고 기록합니다. 죄인이라는 점에서는 예외 없이 "모든 사람"이 마찬가지라는 것이지요.

　유교 전통에서 예수 그리스도를 본다면, 그는 우리보다 먼저 실존적 한계를 극복한 삶의 모범자(exemplar)이시자 참인간(truly human)이신 분입니다. 그러나, 정통 기독교에서 고백하는 예수 그리스도는 단순히 우리의 모범자에서 그치는 분이 아니라, 구원자(savior, redeemer)이시며 참인간(truly human)인 동시에 참신(truly Divine)이신 분입니다. 이는 우리가 예수 그리스도를 따라갈 수는 있으나, 그분과 같이 하나님과의 합일(요 10:30)을 삶 속에서 완벽히 이룰 수 없다는 말입니다.

유교에 대한 기독교의 비판: 복음적 변증의 요소

　이제 가장 중요한 마지막 문제 하나를 다루어 보겠습니다. 완벽한 극복 가능성에 대한 두 종교 전통의 차이는 그저 '서로 다른' 가치중립적 문제인가, 아니면 어느 한쪽은 맞고 다른 한쪽은 '틀린' 문제인가 하는 점입니다. 이 문제는 이 책의 핵심 주제이자, 선교적 관점에서 유교에 대한 기독교의 변증 가능성을 모색하는 중요한 과제입니다. 이 점에 대해서는 다음 세 가지로 정리할 수 있다고 봅니다.

　첫째, 기독교는 유교에게 '인간이 아무리 수양을 한다 하여 사사로운 욕심을 완전히 끊고 현세 속에서 온전히 성인으로 살아가는 것이 가능한가'라고 진지하게 물어야 합니다. 공자 스스로도 사실 성인을 자처하지 않았습니다. 공자 사후에 성인으로 추존(追尊)되었을 뿐입니다. 유교의 모든 위대한 인물도 다 마찬가지입니다. 다들 공자처럼 성인으로 추존되었을 뿐입니다.

　인간이 스스로의 주체적 자각과 노력으로 모든 사욕(또는 죄)을 극복하고 이상적 인간상에 도달할 수 있는가 하는 문제는 기독교 신학적 질문일 뿐만 아니라 비교종교학적인 차원에서도 중요한 질문입니다. 왜냐하면 인간 스스로의 주체적 자각과 깨달음을 통해 실존적 한계를 극복할 수 있다는 유교의 가르침은 비단 유교뿐 아니라 불교, 도가 사상 등 동아시아 종교 전통 전체에 해당하기 때문입니다. 이 질문에 대해서 경험적으로 깊이 탐구해 보면 그에 대한 대답은 부정적일 수밖에 없다고 봅니다.

물론, 인간의 주체적 결단과 노력으로 윤리적으로 죄 없이 살아갈 수 있다고 보는 분들도 있을 것입니다. 그러나 '죄 없이 또는 완전히 사욕을 끊고 살아갈 수 있다'는 말은 두 가지 면에서 '가능하다'는 대답이 나와야 온전한 대답이 됩니다.

첫째는 시간적인 측면입니다. 몇 시간 또는 며칠이 아니라 '평생 동안' 그렇게 죄나 이기적인 욕심 없이 살아가는 것이 가능하냐는 것입니다. 둘째는 내면적인 측면으로서, 겉으로는 별 다른 죄나 욕심 없이 살아가는 것이 가능할지 모르지만, 마음속에 여전히 꿈틀거리는 욕심이나 충동, 죄악의 문제조차도 '주체적 결단과 수양'으로 과연 근원적으로 해소할 수 있느냐는 것입니다. 유교를 비롯하여 동양의 종교 전통에서는 이 '시간적'인 문제와 '내면적'인 문제조차도 완벽하게 해결될 수 있다고 주장합니다. 물론, 이렇게 딱딱 나누어서 말하지는 않지만, "내 노력으로 가능하다"는 말은 두 가지가 해결될 때 비로소 가능한 표현입니다.

그러나 과연 '나의 노력만으로' 그러한 이상적 인간이 될 수 있을까요? 시간적 한계와 내면적인 죄의 충동을 스스로의 노력만으로 해결할 수 있을까요? 유교를 비롯하여 동양의 종교 전통에서는 그것이 가능하다고 가르칩니다. 그리고 그것이 가능한 궁극적 경지는 논리적이고 객관적인 방법에 의해서 규정되기 어렵다는 의미에서 단순한 '이해'가 아니라 '체득'(體得)임을 강조합니다. 그러나 체득의 경지가 논리적으로 설명되기 어렵다고 해서 '체득'이라는 용어가 만병통치약이 될 수는 없습니다. 기독교에서도 큰 은혜를 체험한 후 한시적으로 그리고 내면적으로 죄 없이 살아갈 수 있는 가능성을 부정하지는 않습니다. 그러나 기독교의 기본적인 가르침은 그러한 궁극적인 경지는 '시간적으로 유한'할 수밖에 없고, '내면적인 죄악'의 문제는 늘 우리의 의지와 결단에도 불구하고 완전히 극복될 수 없어 평생 우리를 끊임없이 괴롭힌다는 것입니다.

둘째, 위와 같은 문제점 때문에 기독교에서는 '우리의 주체적 깨달음과 수양은 필요하나 결국 인간의 한계는 우리 스스로의 노력만으로는 극복이 불가능하다'는 점을 다시 한 번 강조합니다. 스스로의 노력만으로 그러한 궁극적 경지에 도달하는 것이 가능하다는 동양의 종교적 전통들에 대해서, 그것은 도리어 인간의 실존적 한계를 진지하게 다루지 못한 결과가 아닌가 하고 기독교 성경은 되묻는 것입니다.

이와 관련하여 유교를 비롯한 동양의 종교들이 기독교를 자주 비난하는 논리를 다시 한 번 생각해 볼 필요가 있습니다. 유교나 동양학을 연구하는 학자들은 기독교에 대해서 인간 스스로 문제를 해결하지 않고 신에게 의존하는 신 중심적인 나약한 종교 체계라고 비판하곤 합니다. 그러나 기독교는 결코 그런 종교가 아닙니다. 물론, 현상적으로는 그리스도인의 모습 속에 그러한 왜곡된 면도 있지만, 기독교 성경 자체가 그렇게 가르치는 것은 아닙니다. 기독교라는 종교와 그리스도인의 신앙적 모습은 분리되기 어렵지만, 학문적으로는 구분해서 살펴보아야 합니다.

기독교에서는 우리가 아무리 노력해도 여전히 우리의 내면에 꿈틀거리는 한계성(죄성)을 완벽하게 극복하기는 불가능하다고 가르칩니다. 이 말은 우리의 노력이 아예 필요 없다는 말이 결코 아닙니다. 아무리 목숨 걸고 노력해도 죄의 문제를 '시간적으로' 그리고 '내면적으로도' 완벽하게 극복할 수는 없다는 점을 '용기 있게' 인정한 것입니다. 그러므로 기독교는 인간 스스로가 자기 할 일은 저버리고 노상 신에게 의존하기만 하는 '약자들의 종교'가 아니라, 오히려 우리의 어떤 노력에도 불구하고 스스로 해결할 수 없는 한계를 인정할 줄 아는 정직한 종교입니다.

셋째, 유교의 인간관에는 서구 신학에서 다루어 온 신학적 인간학의 기본 내용을 비판할 수 있는 긍정적인 요소가 있음을 분명히 기억해야 합니다. 지금까지 서구 신학의 인간론에서는 주로 '인간의 타락과 인간의 죄성'을 강조해 왔습니다. 그러나 성경에서는 '타락' 이전에 '하나님의 형상으로 창조된 인간'이라는 표현이 먼저 등장합니다. 앞서 언급한 인간의 본질적 가능성→실존적 한계성→한계성 극복이라는 틀이 유교에서 성선→인욕→본성의 회복이라는 도식으로 나타나는 것처럼, 성경에서는 하나님 형상으로 피조됨→타락→형상의 회복(구원)이라는 도식으로 나타납니다.

서구 신학에서 강조해 왔던 (인류의) 타락→(예수 그리스도를 통한) 구원의 도식은 하나님 형상으로 창조된 인간이라는 첫 번째 요소를 간과하고 있습니다. 결과적으로 이러한 도식은 구원론에서 성화론의 약화를 가져올 수밖에 없었습니다. 성경은 모든 인간이 죄인임에도 불구하고 하나님께서 '의롭다고 여겨주셨다'는 면에서 칭의론을 강조합니다. 개신교 탄생의 모태가 된 마르틴 루터의 종교개혁도 죄인인 우리를 의롭다고 여겨주시는 하나님의 의의 재발견이었습니다. 왜 하나님은 죄인인 우리를 의롭다고 여기셨을까요? 인간은 하나님의 형상대로 창조되었음에도 불구하고 모든 인간은 죄성을 스스로 극복하지 못하는 존재이기 때문입니다. 중립적 용어로 표현하면 '본질적 가능성'에도 불구하고 '실존적 한계성'을 가진 존재라는 것입니다. 그래서 스스로의 노력으로 죄성을 극복할 수 없는 인간에게 하나님의 은혜와 용서, 자비가 구원에 필수적입니다. 그래서 기독교의 구원론에서는 죄인임에도 불구하고 (하나님의 사랑으로) 의롭다고 여겨 주시는 칭의론이 그 출발점이 되는 것입니다.

그런데 서구 신학의 전통처럼 '본질적 가능성'(하나님의 형상으로 창조된 존재)을 간과한 채 '선악과 사건'으로 대표되는 '실존적 한계성'을 첫 단계로 놓고 인간을 파악하면, 칭의론은 강조될 수 있으나 구원론의 또 다른 축인 성화론을 약화시키는 결과를 초래한다는 치명적인 문제가 있습니다. 인간론에서 '타락'만 우선적으로 강조된다면, '어차피 죄 지을 수밖에 없는 존재'라는 점이 필요 이상으로 부각되어 '칭의'를 얻은 구원받은 백성이 마땅히 행할 은혜 안의 거룩한 삶(성화의 노력)이 약화될 수밖에 없습니다. 서구의 대표적인 조직신학 서적에 '성화론'이 아예 생략되어 있거나, 구원론의 부록으로만 치부되거나, 매우 이론적인 명제적 선언으로만 그치는 경우가 많은 이유가 바로 그 때문일 것입니다. 이 점에서 유교는 성경에서 바라보는 인간 이해를 새롭게 조명해 줍니다. 물론, 인간이 자신의 한계를 완전히 극복할 수 있는가에 대한 유교의 낙관론에 대해 성경은 유교와는 다른 해결책을 제시한다는 점을 반드시 기억해야 할 것입니다.

최근에 서점에 가보면 유교 열풍이라 할 정도로 다양한 경전 해설서, 유교를 바탕으로 한 처세술이나 유교적 리더십, 유교와 현대사회 등에 관한 책들이 많이 나와 있습니다. 그 이유는 앞에서 설명한 대로 세계가 지구촌화되면서 동양에 대한 관심이 많아진 것, 유교의 종주국인 중국이 세계 최강국으로 도약하고 있는 것, 포스트모더니즘의 결과로 동양학에 대한 관심이 많아진 것 등 여러 가지 원인이 있습니다. 그런데 안타까운 것은 국내에는 정작 이러한 흐름에서 비껴 있다는 것입니다. 이른바 인문학의 부흥이나 동양학의 부흥이 서점에 가득 진열된 책만큼이나 학계나 독자들에게 연결되지 않는 점이 전공자로서는 참 안타까운 마음이 듭니다.

인문학의 부흥이나 다양한 학문 분야 사이의 소통이 화두가 되어가고 있는 현실 속에서 유교라는 오래된 우리의 종교 전통에 대해서 기독교 신학자의 입장에서 지금까지 쭉 살펴보았습니다. 외면할 수도, 간과할 수도 없이 우리 삶에 가장 깊숙이 스며든 종교적 전통이면서도 우리가 잘 알지 못하기에 가지게 된 잘못된 편견과 오해가 이 책을 통해 조금 시정되었기를 바랍니다. 그리고 이 책이 독자 여러분들께 이웃 종교 전통에 대해서 열린 마음을 가지면서도 그리스도인의 정체성을 분명히 할 수 있는 작은 도움이 되었기를 바랍니다.

주

1. 유교의 기본적 특성
1) 이 '儒'에 대한 설명은 성균관 홈페이지(http://www.skkok.com/)에서 발췌하여 요약한 것이다.
2) 자세한 내용은 「荀子」, 「儒效篇」 참조.
3) 그래서 서양에서 유교 철학을 전공한 학자들 중에서 예수님이 곧 성인과 같은 존재라는 의미에서 '성인 기독론'(Sage Christology)이라는 주제로 연구를 하기도 한다. 여기에 관심이 있다면 배요한, "유교와 기독교의 인간관에 관한 비교연구"(성균관대학교 대학원 미간행 석사학위 논문, 1997)가 좋은 자료가 될 것으로 생각한다.

2. 유교와 서양 철학
1) 농부의 철학과 상인의 철학으로 중국과 서양의 문명을 비교한 대표적인 학자와 저술은 중국 철학사에 대한 최고의 명저라고 꼽히는 「중국철학사」(형설출판사)와 제가 쓴 「흐름으로 보는 서양 사상」(동인서원)의 앞부분을 참조하기 바란다.
2) "聖人 與天地合其德 日月合其明 四時合其序 鬼神合其吉凶." 胡廣 等 纂修, 「性理大全」(一) (光成文化社, 1975), 143-144쪽.
3) "仁 愛人也." (「論語」, 「顏淵篇」 第二十二章).
4) "孝弟也者 其爲仁之本與." (「論語」, 「學而篇」第二章). 참고로 '弟'(제)는 동생이라는 뜻인데, 이 본문의 "제"는 '공손하다'(悌)는 뜻으로 쓴 것임을 기억하기 바란다.
5) 아래 내용은 필자가 쓴 책에서 발췌하면서 요약하고 정리한 것이다. 정확한 출처는 배요한, 「흐름으로 보는 서양사상」(서울: 동인서원, 1998), 44-51쪽이다.
6) 그래서 유교의 '인'(仁)에 해당하는 영어 번역이 무엇인가 하는 것이 지금도 여러 가지 다양한 의견이 있다. 가장 대표적인 번역이 'humanity'인데, 이 번역도 그리 좋은 번역은 아니다. 인(仁)의 의미에 대한 자세한 내용은 중국 유교 부분에서 다루기로 한다.
7) 동양의 예(ritual propriety)와 서양의 예의(manners, etiquette)는 기본적으로

상대방을 존중하는 자연스런 형식이라는 점에서 같다. 그러나 유교문화권에서 예는 예의 근원적인 차원인 인(仁)이 상대방을 나처럼 사랑하는 마음이라는 점에 초점을 맞추어 "예는 인으로부터 나와야 한다"는 점을 강조하고, 서양에서는 나와 상대방은 서로 다른 존재라는 전제에서 상대방이 가장 존중받는 느낌을 가지도록 하는 데 더 중점을 두는 차이가 있다. 즉 동양의 예와 서양의 예의는 겉으로 드러나는 모습은 비슷하지만 어떤 점을 더 우선적으로 강조하느냐에 차이가 있다고 할 수 있다.

3. 공자와 선진시대의 유학

1) 삼황오제: 중국역사의 시조인 중국 고대 설화 속 전설적 제왕들. 삼황은 복희 씨(伏羲氏), 신농 씨(神農氏), 여와 씨(女媧氏), 오제는 황제헌원(黃帝軒轅), 전욱고양(顓頊高陽), 제곡고신(帝嚳高辛), 제요방훈(帝堯放勳:陶唐氏), 제순중화(帝舜重華:有虞氏).
2) 삼대 이전의 시대를 중국 역사책에서는 당우시대(唐虞時代)라고도 표현한다. 당은 요(堯)임금의 시대, 우는 순(舜)임금의 시대로, 동작빈 교수에 의하면 당은 주전 2333년, 우는 2233년에 시작됐다고 한다. 그러나 당우시대의 연대 문제를 추정하는 데는 고고학적 근거가 부족하고, 이 책에서 다룰 범위에 벗어나므로 생략한다. 자세한 내용은 유승국, 「동양 철학연구」(동방학술연구원, 1983), 서울대학교동양과학연구회, 「강좌 중국사 1」(지식산업사, 1997) 중 "중국문명의 기원과 형성" 참조.
3) 일반적으로 왕조를 따로 지칭할 때에는 '상'으로 쓰지만 삼대를 함께 일컬을 때는 관용적으로 '하-은-주'의 은나라로 부른다. 은(殷)은 상 왕조의 마지막 수도일 뿐이며, 은이라는 명칭은 상 왕조가 멸망한 뒤, 주에서 상의 주민들을 낮게 호칭하던 것에서 비롯됐다.
4) 동이족의 '이'라는 글자를 우리는 오랑캐라는 뜻으로 알고 있지만, 본래 이족의 기본적 정서인 '인'(仁)을 뜻한다. 이족이 동쪽으로 건너와 산동 반도와 한반도에 거주했으므로 중국의 중심인 한족의 입장에서 '동쪽에 사는 오랑캐'라고 격하시켜 부르면서 동이족이라 불렀다고 추정된다. 자세한 내용은 류승국, 「동양철학연구」를 참조.
5) 「사기」의 「공자세가」, 유교사전편찬위원회 편, 「유교대사전」(박영사, 1990)의 "공자" 항목을 참고함.
6) 자(字): 관례(冠禮, 성인식)때 붙여 주는 이름. 본명은 부모님이 붙여 주시는 이름이지만, 자는 보통 윗사람이 본인의 기호나 덕을 고려해 붙이고, 자가 생기면 본명은 별로 사용하지 않는다. 흔히 윗사람이 이름을 물을 때에는 본명으로 대답하지만, 동년배 이하의 사람에게는 자를 쓴다. 다른 사람을 부를 때는 자를

사용하나 손아랫사람인 경우, 특히 부모나 스승이 그 아들이나 제자를 부를 때는 본명을 쓴다. 참고로, 호(號)는 자와 마찬가지로 높은 분의 본명을 부르는 것이 도리에 어긋난다고 해 사용한다. 한국에서는 삼국시대부터 호를 사용했는데, 조선시대에 사대부, 학자들에 이르기까지 보편화됐다. 호는 대부분 거처하는 곳, 자신이 지향하는 뜻, 좋아하는 물건을 대상으로 한 경우가 많았다.

7) 공자의 아버지이므로 공 씨여야 하는데 숙량흘이라 부르는 이유는, '자'를 설명한 것과 같은 이치다. 그의 성은 공, 이름은 흘, 자가 숙량이었다. 기록에 의하면 숙량흘은 키가 10척, 공자도 9척 6촌이었다. 당시 1척이 약 22.5센티미터이었음을 감안하면 공자의 키는 210센티미터가 넘는다. 「사기」의 공자에 대한 기술에도 공자의 별명이 키다리라고 돼 있으니 공자의 키가 아주 컸던 것은 분명하다.

8) 어떤 기록에는 공자가 24세 때 어머니가 돌아가셨다고 돼 있다.

9) 육예(六藝): 예(禮), 악(樂), 사(射, 활쏘기), 어(御, 말 타기), 서(書, 서예), 수(數, 수학) 여섯 종류의 기술. 공자가 말한 학문은 단지 글을 읽는 그런 활동만이 아니라 심신을 고루 단련하고 학문의 전반적 영역에 두루 능통하기를 강조한다는 점을 잘 보여준다.

10) 「유교대사전」, "예" 항목 참조.
11) 이기동, 「공자」, 23쪽.
12) 「논어」, 「위정편」 제이십이장.
13) 「논어」, 「학이편」 제십이장.
14) 「논어」, 「안연편」 제이십이장.
15) 「논어」, 「옹야편」 제이십팔장.
16) 「논어」, 「안연편」 제일장.
17) 「논어」, 「안연편」 제이장.
18) 「논어」, 「안연편」 제삼장.
19) 「논어」, 「자로편」 제십구장.
20) 「논어」, 「자로편」 제이십칠장. 이 문장에서 '목'(木)은 남에게 잘 보이려고 꾸미려 하는 것이 아니라 마음의 본바탕 자체가 순수하고 우직하다는 뜻이다. '눌'(訥)은 어눌하다는 부정적 의미가 아니라 글자 그대로 "안(內)으로 말한다(言)"는 표현 그대로, 말을 먼저 번지르르하게 내세우기보다 충분히 숙고해서 필요한 말만 하는 강직하고 차분한 어투를 뜻한다.
21) 「한비자」의 「충효편」, 「여씨춘추」의 「시군람」 등에 이미 이와 비슷한 내용이 나와 있다.
22) 「논어」, 「옹야편」 제십팔장.
23) 「논어집주」 서설.
24) 이기동, 「기독교와 동양사상」(동인서원, 2007), 153쪽.

25) 제자백가의 생졸연대에 대해서는 다양한 설이 많은데, 이 책에서는 Julia Ching, *Confucianism and Christianity* 및 여러 책들을 검토한 후 가장 개연성이 높은 것으로 정리했다. 각 학파에 대한 설명 중에서 노자와 장자는 현재 준비 중인 「신학자가 풀어 쓴 노장 이야기」(가제)에서 자세히 다룰 것이기 때문에 이 책에서는 생략했다. 표의 생졸연대는 「유교대사전」에 나온 내용이며, 책에 따라 다른 경우에는 괄호로 표시했다.
26) 김교빈·이현구, 「동양 철학에세이」(동녘출판사, 1993), 70-71쪽.
27) 어떤 학자들은 '묵'이 성이 아닌 학파의 이름이라고도 하고, 묵형(죄인의 얼굴에 죄명을 먹으로 떠 넣는 형태의 잔혹한 형벌)을 받았거나, 피부가 검어서 묵자라고 불렸다고도 추정한다.
28) 「묵자」, 「겸애편 상」.
29) 우리는 '맹자' 하면 맹모삼천지교의 일화를 떠올리지만, 청나라의 고증학자들에 의하면 이것은 사실이 아니라고 한다.
30) 「맹자」, 「공손추장구 상」 제이장.
31) 「맹자」, 「진심장구 상」 제일장.
32) 위의 책, 제사장.
33) 「중용」, 「제일장」.
34) 「맹자」, 「공손추장구 상」 세육장.
35) 이기동, 「맹자강설」(성균관대학교출판부, 2004), 176쪽.
36) 「맹자」, 「진심장구 상」 제십오장.
37) 「맹자」, 「고자장구 上」.
38) 위의 책.
39) 위의 책.
40) 순자의 성악설 관련 내용은 저자의 석사논문 일부를 수정해 게재함. 배요한, "유교와 기독교의 인간관에 관한 비교 연구"(성균관대학교대학원 유교 철학전공 미간행석사학위논문, 1996), 15-19쪽.
41) 「순자」, 「성악편」.
42) 위의 책.
43) 이기동, "순자의 예치사상," 「공자사상의 계승 1」, 75쪽 (열린책들, 1995).
44) 「순자」, 「성악편」에서는 "무릇 모든 이론은 변합(辨合), 즉 논리적이어야 하며 현실적으로 경험될 수 있어야 하는 것이니, 이러한 이론이라면 앉아서 그 이론을 말하고는 바로 일어나서 그 이론을 시행할 수 있는 것인데 맹자의 성선설은 그렇지 못하다(凡論者 貴其有辨合 有符驗 坐而言之 起而可設張 而可施行 今孟子曰 人之性善 無辨合符驗 坐而言之 而不可設張 而不可施行 豈不過甚矣哉 故性善 則坐聖王 息禮義矣)고 주장하며 현실에 바로 적용할 수 있는

직접적이고 구체적인 원리를 추구했다.
45) 송대 주자학의 용어로 표현하면, 맹자는 본연지성(本然之性)을, 순자(荀子)는 기질지성(氣質之性)을 각각 언급한 것이다.
46) 이기동, 위의 글, 76쪽.
47) 「순자」, 「성악편」.
48) 「한비자」, 「오두편」.
49) 김교빈·이현구, 「동양 철학에세이」(동녘, 2006), 181쪽.

4. 한당시대의 유학
1) Julia Ching, *Confucianism and Christianity*, 274-275쪽. 「유교와 기독교」(분도).
2) 「유교대사전」, "분서갱유" 항목 참조.
3) 청대 초반(17세기)에는 고문경학이 성행하였으나 공양학(公羊學)이 발달함에 따라 금문경학이 다시 크게 성행했다.
4) 「춘추번로」, 「음양의」.
5) 노사광, 「중국철학사 II-한당편」(탐구당, 1988), 3쪽.
6) 도가 사상에 대한 내용은 다음 책에서 자세히 다룰 예정이라, 여기서는 간단히만 다뤘다.
7) 위진 정권교체기의 혼란한 시기에 부패한 정치권력에 관심을 버리고 아름다운 자연(竹林)에 모여 거문고와 술을 즐기며 청담으로 세월을 보낸 일곱 명의 선비. 완적(阮籍), 혜강(嵇康), 산도(山濤), 향수(向秀), 유영(劉伶), 완함(阮咸), 왕융(王戎).
8) 오호, 즉 다섯 오랑캐는 흉노(匈奴), 갈(羯), 선비(鮮卑), 저(氐), 강(羌)을 말하며, 이 중에 한족이 세운 왕조도 있다고 한다. 그 수는 사실 열여섯 개 나라를 넘었는데, 일반적으로 오호십육국이라고 부른다.
9) 이 학자들의 사상에 대해서는 「신학자가 풀어 쓴 노장 이야기」에서 자세히 다룰 예정이다.

5. 송명시대와 그 이후의 유학
1) 위의 세 가지 내용은 이기동, 「동양삼국의 주자학」(성균관대학교출판부, 2003), 74-75쪽에 인용된 한유의 「논불골표」(論佛骨表)를 정리했다.
2) 한유, 「원도」.
3) 위의 책.
4) 「유교대사전」, "이고" 항목 참조.
5) 이기동 교수의 분석에 의하면 주렴계의 대표적 저서인 「태극도설」과 「통서」는 이고의 「복성서」와 일치하거나 유사한 점이 무려 23개라고 한다. 자세한 내용은 이기동, 위의 책, 94쪽 참조.

6) 「주역」, 「계사전」.
7) 사실 주렴계의 우주론적 확장을 이런 식으로 설명해 놓은 책은 거의 없고, 대부분의 '주렴계의 관심은 우주론에 있었다'는 다소 피상적인 언급만 하고 있다. 주렴계와 주렴계 이후 송대 유학자들의 우주론적 관심을 이렇게 해석하는 방식은 성균관대학교 이기동 교수로부터 배웠다. 자세한 내용은 이기동, 「동양삼국의 주자학」을 참조하라.
8) 장재, 「정몽」, 「제십일장」.
9) 「장자어록」 상, 313쪽. 진래, 「성리총서 5, 송명성리학」(예문서원, 1997), 114쪽에서 재인용.
10) 이기동, 「동양삼국의 주자학」, 112쪽.
11) 태양 비유와 물-얼음의 비유 진래, 「송명성리학」, 109-110쪽에서 인용.
12) 정확히 말하면, 장횡거는 본연지성이라는 용어 대신 천지지성이라는 용어를 사용했다. 기질지성에 대한 주자와 장횡거의 이해도 일치하지는 않는다.
13) 물론, 그렇다고 해서 정명도와 왕양명의 사상이 같다는 것은 결코 아니며, 맥락이 통한다는 뜻이다. 예를 들어 정명도는 정이천에 비해 좀더 내면적 수양을 강조했지만, 그렇다고 육상산이나 왕양명처럼 "마음 밖에는 사물이 없다"(心外無物)나 "마음이 곧 이치이다"(心卽理)를 주장하지는 않았다.
14) "仁者以天地萬物爲一體, 莫非己也." 「유서」, 「권이」 상, 15쪽. 장윤수, 「정주철학원론」, 370-371쪽에서 재인용.
15) "仁者渾然如萬物同體." 위의 책.
16) 「유서」, 「제육」. 노사광, 「중국철학사: 송명편」, 305쪽에서 재인용.
17) 이기동, 「동양삼국의 주자학」, 120쪽.
18) 진래, 「송명성리학」, 148쪽.
19) 위의 책, 149쪽.
20) 「유서」, 권삼, 67쪽, 진래, 위의 책 145에서 재인용.
21) 「유서」, 권십오, 162쪽, 진래, 위의 책에서 재인용.
22) 「성리대전」, 「권이십구」.
23) 「대학역문」, 치지격물조.
24) 「주자어류」, 「권구십사」, 2409쪽. 진래, 「송명성리학」, 248에서 재인용.
25) 「맹자」, 「진심장구 상」 제일장.
26) 이것을 유학에서는 '소종래'(所從來), 즉 그것이 연유한 바의 근원이라 한다.
27) 「중용」, 「제일장」.
28) 이 비유는 「주자어류」, 「권사」 성리일 제40조목에서 발췌했다.
29) 「주자어류」, 「권사」 성리일 제59조목.
30) 주자학에서 말하는 '지'는 지식보다 지혜에 더 어울린다. 이 구절의 '지'(知)는

사물의 이치를 깨달아 내 마음의 본성, 나아가 천명을 깨닫기 위한 수양적 의미가 강하며, 그렇기 때문에 '지'를 '앎'이라 번역했다. 격물치지 또는 '지'의 용도를 이런 기본적인 맥락을 바탕으로 살펴보라.

31) 「대학」, 「전오장」(격물치지보망장)의 주자주석.
32) 「주자어류」, 「권구」 보광록. 원문은 이기동, 「동양삼국의 주자학」, 185쪽에서 재인용.
33) 노사광, 「중국철학사: 송명편」 86쪽.
34) 이하 심즉리설에 대한 내용은 진래, 「송명성리학」을 요약정리함.
35) 안길환 편역, 「신역 전습록」(명문당, 1998), 26쪽.
36) 「전습록」 상, 37쪽.
37) 송길환 편역, 「전습록」 하, 375-376쪽.
39) 「맹자」, 「진심장구 상」, 제십오편 제일절.
39) 「맹자」, 「진심장구 상」, 제십오편 제이절.
40) 「양명전서」, 「권일」, 「전습록」상, 39쪽.
41) 안길환 편역, 「전습록」 상, 32쪽.
42) 위의 책.
43) 위의 책, 34-35쪽.
44) 위의 책, 36쪽.
45) 모종삼, 「모종삼 교수의 중국철학강의」(예문서원, 2011), 182-183쪽.

6. 유교의 전래와 주자학

1) 고려 말엽 이전 유학의 역사에 대해서는 성균관대학교유학과교재편찬위원회, 「유학원론」(성균관대학교출판부, 1994)을 참고해 정리했다.
2) '안향'(安珦)으로 더 잘 알려진 '안유'는, 초명인 '유'를 '향'으로 고쳤다가 조선시대에 들어와 문종의 이름과 같아져, 이를 피하기 위해 다시 '유'로 불렀다. 이후 안향으로 표기했다.
3) 주자의 생졸연대는 1130-1200년, 조선 건국은 1392년, 왕양명의 생졸연대는 1472-1529년이므로 여말선초는 주자학의 시대였다. 중국에서는 16세기부터 양명학이 유행했지만, 이미 주자학 중심으로 유학적 전통을 세운 조선은 양명학을 배척하면서 조선 말기까지 주자학 중심적 특성을 계속 유지했다. 조선 말기 주자학의 폐단이 발생했을 때 실학자들이 활발히 활동했지만 이들은 양명학자는 아니다. 물론 조선시대 소수의 양명학자들(예, 정제두)이 있었지만 세력이 미미했고, 주로 강화도에서 활동했기 때문에 '강화학파'라고 불린다.
4) 국사편찬위원회(http://db.history.go.kr)에서 일부 수정 인용하였다. 「고려사」, 「권일백오십」 열전 「권제이십팔」. 제신-이색, "이색이 상중에 토지제도의 폐단

등에 대해 상소하다."
5) 이기동, 「동양삼국의 주자학」, 197-198쪽.
6) 진래, 「중국고대사상문화의 세계」(유교문화연구소, 2008), 10쪽.
7) 조선 주자학을 이해하는 방식의 큰 틀과, 천인합일과 천인무간으로 중국과 조선의 주자학의 차이 규명에 대한 자세한 내용은 이기동, 「동양삼국의 주자학」, 박경심, 「목은 이색의 철학적 인간학」(도서출판 문사철, 2009) 참조.
8) 「목은문고」, 「권지일」 西京風月樓記. 원문은 한국고전번역원 홈페이지(http://www.itkc.or.kr)에서 발췌.
9) 「목은문고」, 권십 「직설삼편」. 이기동, 「이색, 한국성리학의 원천」(성균관대학교출판부, 2005), 81쪽에서 재인용.
10) 이기동, 위의 책, 83쪽.
11) 「목은문고」, 「권지사」 砥平縣彌智山潤筆菴記. 이 구절은 원래 「맹자」에 나와 있다.
12) 「양촌집」, 「제삼십일권」. 「한국문집총간」, 「제칠권」(1990), 277쪽.
13) 「회재집」, 「회재선생권지육」, 원조오잠 중 외천잠.
14) 「회재집」, 「제팔권」. 「한국문집총간」, 「제이십사권」(1996), 438쪽.
15) 위의 책.
16) 「회재선생문집」, 「권육」 기오 독치잠.

7. 퇴계와 율곡의 사상

1) 배요한, "기독지식인의 사회적 책무에 관한 소고," 「한국기독교신학논총」 제65호(2009년), 227-245쪽의 내용을 일부 수정해 인용함.
2) 정순목, 「퇴계평전」, 245-246쪽.
3) 이황, 「퇴계전서」 하, 권삼. 「퇴계언행록」(성균관대학교 대동문화연구원, 1958), 824.
4) 배요한, 위의 글; 227-245쪽의 내용을 일부 수정 인용함.
5) 금장태, 「퇴계의 삶과 철학」(서울대학교출판부, 1998), vii-viii쪽.
6) 위의 책; 이기동, 「동양삼국의 주자학」 참조.
7) 원문: "先生謙虛爲德 無一毫滿假之心 見道已明而望之若不見 德已尊矣而?然若無得 向上之心 至死如一日 其設心 以爲寧學聖人而未至 不欲以一善成名 嘗見世人有自許太過者 深以爲非 必擧以爲戒." 박희병 편역, 「선인들의 공부법」(창작과비평사, 1997), 89-90쪽에서 인용 후 일부 수정함.
8) 배요한, 위의 글; 227-245쪽의 내용을 일부 수정 인용함.
9) 이기동, 「동양삼국의 주자학」(성균관대학교출판부, 2002), 212-214쪽.
10) 배요한, 위의 글; 239-242쪽을 요약정리함.
11) 이기동, "한국선학이 한국 성리학 형성에 끼친 영향," 최근덕 외, 「조선조 성리철

학의 구조적 탐구」(성균관대학교출판부, 2001), 281쪽.
12) 배요한, 위의 글; 243-244쪽을 요약정리함.
13) 이퇴계, 「성학십도」 중 進聖學十圖箚 幷圖. 退溪學叢書編刊委員會 編, 「퇴계전서」, 퇴계학역주총서 제삼편(퇴계학연구원, 1989), 317-318쪽.
14) "敬字 又徹上徹下著工收效 皆常從事而勿失者也…而今玆十圖皆以敬爲主焉." 이퇴계, 「퇴계전서」, 「권십」 이십오항. 「한국문집총간」, 「제이십구권」(민족문화추진회, 1996), 296쪽.
15) 유학에서는 자신을 뜻하는 己(기), 身(신), 我(아), 吾(오) 등이 정확히 구분되어 쓰이지 않기 때문에 이 소제목에서 쓰인 '公我'가 '公己'가 되어도 크게 상관이 없지만 퇴계의 글에 '天我無間'이라고 쓰고 있으므로 '公我'로 소제목을 달았다.
16) 그림 7-1 이기동, 「기독교와 동양사상」(동인서원, 1999), 49쪽의 내용을 부분 수정 후 배요한, "기독지식인의 사회적 책무에 관한 소고," 240쪽에 인용한 것을 설명과 함께 재인용.
17) "一人之心卽天地之心 一己之心卽千萬人之心", 「퇴계선생문집」, 권십팔 「답기명언논개심통성정도」. 이기동, 위의 책(2003), 213쪽에서 재인용.
18) 「퇴계선생문집」, 「권칠」 서명고증강의. 원문 번역의 일부를 수정해 위의 책, 282쪽에서 재인용.
19) 금장태, 위의 책, 36쪽.
20) 위의 책, 39-40쪽.
21) 위의 책, 40-41쪽.
22) 황준연, 「이율곡, 그 삶의 모습」(서울대학교출판부, 2000)에서 요약정리함.
23) 「명종실록」, 명종 20년 11월 18일조. 위의 책, 81쪽에서 재인용.
24) 황준연, 「이율곡, 그 삶의 모습」(서울대학교출판부, 2000), 95-110쪽을 요약정리함.
25) 위의 책, 95-96쪽.
26) 「선조실록」 선조 2년 9월 25일. 원문의 번역은 황준연, 위의 책, 97쪽.
27) 「율곡전서」, 「卷四」 소차 2. 황준연, 위의 책, 109쪽에서 일부 수정해 인용함.
28) 황준연, 위의 책, 151쪽.
29) 「선조실록」 선조 17년 정월 16일조에는 율곡의 죽음에 대해 단지 "吏曹判書李珥卒"(이조판서이이졸, 이조판서 이이가 죽었다)는 일곱 글자만 나온다. 율곡의 말년에 대해 당시 대신들이나 벼슬아치들의 평가가 어떠했는지를 잘 보여준다.
30) 「선조수정실록」, 선조 17년 정월 1일조. 황준연, 위의 책, 226-227쪽에서 재인용.
31) 이기동, 「동양삼국의 주자학」, 267-287쪽과 강의 내용을 정리함.

32) 「퇴계집」, 「퇴계선생문집권지십육」 답기명언.
33) 류승국, 「한국 유학사」(성균관대학교 출판부, 2009), 220쪽.
34) 「율곡선생전서」, 「권십」 답성호원. 이기동, 「동양삼국의 주자학」, 281쪽에서 재인용.
35) 율곡, 위의 책; 이기동, 위의 책에서 재인용.
36) 율곡, 위의 책.
37) 「율곡선생전서」, 「권십」 답성호원. 이기동, 위의 책, 285쪽에서 재인용.
38) 인심도심설은 학자마다 다른 관점을 취하며, 논의가 매우 어렵기 때문에 생략했다.

8. 퇴율 이후 조선 유학의 역사
1) 한국철학사상연구회, 「강좌 한국철학」(예문서원, 1995), 169-183쪽을 요약정리함.
2) 퇴계학파가 '리'중심적 실천유학의 성격을 강조한 것은 분명 장점이지만 퇴계학파는 조선 후기로 내려오면서 도덕성의 강조와 신분제도의 안정적 유지라는 관점에서만 세계를 살핀 나머지, 급변하는 정세에 지나치게 보수적으로 대처함으로 근대화 과정에 긍정적인 기여를 하지 못했다는 비판을 받았다.
3) 이 논쟁에 관한 자세한 내용은 배요한, "인물성동이론에 대한 기독교신학적 성찰," 「장신논단」, 44-1호(장로회신학대학교출판부, 2012), 225-258쪽 참조.
4) 한국철학사상연구회, 「강좌 한국철학」(예문서원, 1995), 185-190쪽, 한국철학회 편, 「한국철학사(하권)」(동명사, 1987), 1-82쪽.
5) 한국철학사상연구회, 위의 책, 190-196쪽을 요약정리함.
6) 실학파의 계통에 대한 내용은 한국철학사상연구회, 「강좌 한국철학」(예문서원, 1995), 199쪽을 요약정리함.
7) 이율곡, 「천도책」. 「강좌 한국철학」, 205쪽에서 재인용.
8) 홍대용, 「의산문답」. 위의 책에서 재인용.

9. 현대 사회에 미치는 유교의 영향력
1) 이동희, 「유교문화의 전통과 미래」(문사철, 2011), 168-171쪽.
2) 정석종, 「조선후기 사회변동연구」(일조각, 1983), 249쪽. 한국역사연구회, 「조선시대 사람들은 어떻게 살았을까 I」(청년사, 1996), 19쪽에서 재인용.
3) 이동희, 위의 책; 168-171쪽.

10. 서구 지성계의 유교 신드롬
1) 볼프강 벨쉬,「우리의 포스트모던적 모던 1」(책세상, 2001), 34쪽.
2) 위의 책; 34쪽.

11. 중화의 힘, 유교
1) 장쯔강, "中國大陸學術界的基督敎硏究" 反思—着眼于改革開放以來的學術性評論: "중국대륙 학술계의 기독교 연구에 대한 회고와 성찰—개혁개방 이후의 학술성 평론에 착안하여"「2009년도 한중학술대회 자료집」(장로회신학대학교), 25-53쪽. 장쯔강 교수(북경대학과 철학과 종교계열 주임교수)는 북경대학교 철학과 장로회신학대학교가 공동개최한 세미나에서 이 내용으로 발표했다.
2) 서울공자아카데미 홈페이지(http://www.cis.or.kr) (2014년 2월 23일 접속).
3) 중앙일보, 2009년 9월 19일자 참조.
4) 중앙일보, 2008년 10월 3일자 참조.
5) 류길, "在中國社會科學院基督敎硏究中心成立大會上的講話,"「기독종교연구」, 제일집, 탁신평, 허지전주편, 북경: 사회과학문헌출판사, 1995, 제15항. 장쯔강, 앞의 글, 40쪽에서 재인용.
6) 장쯔강, 앞의 글, 47쪽.

12. 신학자가 공감하는 유교의 가르침과 향기
1) 아래의 내용은 필자가「교육교회」에 연재한 내용을 새로 정리한 것이다. 원고의 출처는 배요한, "우리가 유교를 통해 배워야 할 점들,"「교육교회」2009년 5월호(장로회신학대학교 기독교교육연구원), 40-45쪽.
2) 아래 서당교육에 대한 내용은 KBS인사이트아시아 유교제작팀,「유교 아시아의 힘」(예담, 2007), 363-364쪽의 내용을 인용, 요약한 것이다.
3) 위의 책, 365쪽.
4) 아래 고경명의 예는 위의 책, 376-377쪽에서 인용하여 요약한 것이다.
5) 금장태,「귀신과 제사-유교의 종교적 세계」(서울: 제이앤씨, 2009), 35-36쪽.
6) 이 아래의 내용은 필자가 쓴 "그리스도인, 세상의 소금과 빛: 철학적 접근" 대한예수교장로회총회교육자원부 편,「그리스도인, 세상의 소금과 빛」(한국장로교출판사, 2011), 195-206쪽에서 일부를 수정하여 인용했다.

13. 조상 제사에 대한 그리스도인의 태도
1) 아래 내용은 배요한, "조상 제사, 어떻게 볼 것인가?"「교육교회」2009년 7·8월호(장로회신학대학교 기독교교육연구원), 39-44쪽의 내용을 수정하여 인용한 것이다.

2) 위의 책, 290-291쪽.
3) 위의 책, 294쪽.
4) 위의 책.
5) 위의 책, 361쪽.

14. 신학자의 눈으로 본 유교

1) 아래의 내용은 배요한, "유교적 인간 이해에 대한 신학적 고찰: 인간의 본질적 가능성에 대한 선교적 논리 계발을 중심으로"「선교와 신학」제25호(장로회신학대학교 세계선교연구원), 2010년 2월, 199-233쪽의 내용 중 일부를 수정하여 인용하는 것임을 밝힌다.
2) 제3의 지대에서 체계가 다른 종교적 체계를 비교하는 것과 연관된 여러 이론적인 문제에 관심이 있으신 분을 위해 영어 자료를 소개한다. *The Human Condition: A Volume in the Comparative Religious Ideas Project*, Edited by Robert Cummings Neville (SUNY Press, 2001), 9-20쪽; 같은 시리즈, *Ultimate Realities*, 187-210쪽; 211-236쪽을 참조하기 바란다.
3) 아래의 표도 자세한 용어 설명이 필요하나 여기서 다 다루기에는 복잡한 내용이 필요해서 세세하게 다루지 않고 크게 다루었다.
4) 성선설에 대한 좀더 자세한 설명을 원하시는 분들은 이 책의 첫 번째 부분에서 「중용」(中庸)의 "천명지위성"(天命之謂性)을 다룬 부분을 살펴보기 바란다.
5) 일반적으로 '소인'(小人)은 '군자'(君子)와 대비되어 쓰입니다. 도덕적인 면에서 수양에 힘쓰고 수기치인에 힘쓰는 자를 군자, 그렇지 않은 사람을 소인이라고 부릅니다. 그리고 군자 중에 가장 도덕적으로 이상적인 지위에 있는 자가 바로 성인이라고 이해하면 되겠습니다.
6) 물론 여기에서 성화론은 구원받은 인간이 어떻게 거룩한 삶을 살아갈 것인가와 연관된 논의이다. 그래서 의롭다 칭함을 받은(칭의론) 인간의 거룩한 삶에 대한 내용이기 때문에 더 정확하게 표현하면 칭의-성화론이라고 할 수 있다.
7) 참고로 위의 세 표에 대한 좀더 자세한 논의를 살펴보려면 배요한, "기독교의 눈으로 타 종교 이해하기"에서 유교편을 다룬 글들인 2009년 4월호-8월호(장로회신학대학교 기독교교육연구원)를 참고하기 바란다.
8) 朱熹 撰, 成元慶 譯「近思錄」(明文堂, 1989), 56쪽, 58쪽.
9) 「宋史」, 「道學列傳」. 노사광 저, 정인재 역, 「중국철학사: 송명편」, 203쪽에서 재인용.

한국 중국의 주요 연대표

한국 | 중국

한국	중국	
고조선 (BC 2333-BC 108)	하(BC 2205-BC 1766)	
	상(BC 16C-BC 1122)	
	서주(BC 1122-BC 771)	춘추전국시대 (BC 770-BC 221)
	동주(BC 770-BC 256)	
마한 (BC 4C-BC 18) / 진한 (BC 4C-BC 57) / 변한 (BC 4C-BC 0)	진(BC 221-BC 207)	
	한 (BC 206-AD 220)	전한(BC 207-AD 8)
		후한(25-220)
백제 (BC 18-660) / 신라 (BC 57-668) / 가야 (BC 0-562) / 고구려 (BC 37-668) / 부여 (BC 2C-494)	삼국 (220-280)	위 (220-265) / 촉 (221-263) / 오 (222-280)
	진	서진(280-316) / 십육국(304-439)
		동진(317-420)
	남북조 (386-589)	남조 (420-589) / 북조 (386-581)
통일신라 (668-935) / 발해 (698-926)	수(509-618)	
	당(618-906)	
	오대십국 (902-979)	오대 (907-960) / 십국 (902-979)
고려 (918-1392)	송(960-1279)	
	원(1271-1368)	
	명(1368-1644)	
조선 (1392-1898)	청(1636-1912)	
대한제국 (1898-1948)	중화민국(1912-1949)	
대한민국 (1948. 8. 15.-)	중화인민공화국(1949. 10. 1.-)	

공자(BC 551-479)
묵자(BC 468-379)
노자 생졸 연대미상
맹자(BC 371-289)
장자(BC 369-286)
순자(BC 298-238)
한비자(BC ?-233)
동중서(BC 179-104)

한유(768-824)
이고(772-841)

주돈이(1017-1073)
소옹(1011-1077)
장재(1020-1077)
정호(1032-1085)
정이(1033-1107)
주자(1130-1200)

육구연(1139-1192)
왕수인(1472-1528)

이색(1328-1396)
권근(1352-1409)
서경덕(1489-1546)
이언적(1491-1553)
이황(1501-1570)
이이(1536-1584)
송시열(1607-1689)
유형원(1622-1673)
정제두(1649-1736)
정약용(1762-1836)

신학자가 풀어 쓴 유교 이야기

초판 발행_ 2014년 3월 14일
초판 5쇄_ 2018년 12월 24일

지은이_ 배요한
펴낸이_ 신현기

펴낸곳_ 한국기독학생회출판부
등록번호_ 제313-2001-198호(1978.6.1)
주소_ 04031 서울시 마포구 동교로 156-10
대표 전화_ (02)337-2257 팩스_ (02)337-2258
영업 전화_ (02)338-2282 팩스_ 080-915-1515
홈페이지_ http://www.ivp.co.kr 이메일_ ivp@ivp.co.kr
ISBN 978-89-328-1333-2

ⓒ 배요한 2014

책값은 뒤표지에 있습니다.
무단 전재와 복제를 금합니다.